Automation von Marketing und Sales für B2B-Unternehmer

Marc Gasser · Laura Mäder

Automation von Marketing und Sales für B2B-Unternehmer

Mithilfe der digitalen B2B-Roadmap den Umsatz steigern

Marc Gasser
Zürich, Schweiz

Laura Mäder
Zürich, Schweiz

ISBN 978-3-658-36858-6   ISBN 978-3-658-36859-3 (eBook)
https://doi.org/10.1007/978-3-658-36859-3

Die Deutsche Nationalbibliothek verzeichnet diese Publikation in der Deutschen Nationalbibliografie; detaillierte bibliografische Daten sind im Internet über http://dnb.d-nb.de abrufbar.

© Der/die Herausgeber bzw. der/die Autor(en), exklusiv lizenziert an Springer Fachmedien Wiesbaden GmbH, ein Teil von Springer Nature 2022
Das Werk einschließlich aller seiner Teile ist urheberrechtlich geschützt. Jede Verwertung, die nicht ausdrücklich vom Urheberrechtsgesetz zugelassen ist, bedarf der vorherigen Zustimmung des Verlags. Das gilt insbesondere für Vervielfältigungen, Bearbeitungen, Übersetzungen, Mikroverfilmungen und die Einspeicherung und Verarbeitung in elektronischen Systemen.
Die Wiedergabe von Gebrauchsnamen, Handelsnamen, Warenbezeichnungen usw. in diesem Werk berechtigt auch ohne besondere Kennzeichnung nicht zu der Annahme, dass solche Namen im Sinne der Warenzeichen- und Markenschutz-Gesetzgebung als frei zu betrachten wären und daher von jedermann benutzt werden dürften.
Der Verlag, die Autoren und die Herausgeber gehen davon aus, dass die Angaben und Informationen in diesem Werk zum Zeitpunkt der Veröffentlichung vollständig und korrekt sind. Weder der Verlag noch die Autoren oder die Herausgeber übernehmen, ausdrücklich oder implizit, Gewähr für den Inhalt des Werkes, etwaige Fehler oder Äußerungen. Der Verlag bleibt im Hinblick auf geografische Zuordnungen und Gebietsbezeichnungen in veröffentlichten Karten und Institutionsadressen neutral.

Planung/Lektorat: Angela Meffert
Springer Gabler ist ein Imprint der eingetragenen Gesellschaft Springer Fachmedien Wiesbaden GmbH und ist ein Teil von Springer Nature.
Die Anschrift der Gesellschaft ist: Abraham-Lincoln-Str. 46, 65189 Wiesbaden, Germany

Prolog

Digitalisierung ist alles andere als ein neuer Trend und doch hat die Corona-Pandemie eines gezeigt: Es besteht noch sehr viel Nachholbedarf im DACH-Raum. Das gilt insbesondere für B2B-Unternehmen, die nach dem Wegfall von Messen händeringend nach neuen Vertriebsmöglichkeiten Ausschau halten mussten. Spätestens jetzt sollte allen klar sein, dass ohne adäquate Digitalstrategie das eigene Unternehmen nicht mehr länger konkurrenzfähig bleibt. Der Wettbewerb drängt B2B-Unternehmen regelrecht zur Digitalisierung von Marketing und Sales.

Manfred Rommel, deutscher Politiker und ehemaliger Oberbürgermeister von Stuttgart, verglich einst in einer Rede die Wirtschaft mit dem Fahrradfahren: In der Wirtschaft ist es wie auf dem Fahrrad. Wer sich nicht fortbewegt, fällt um. Als begeisterte Bike-Enthusiasten empfanden wir dieses Bild als besonders treffend, wenn es darum geht, die Notwendigkeit der digitalen Transformation zu beschreiben. Leider beobachten wir in unserer Zusammenarbeit mit B2B-Unternehmen immer wieder, dass viele Prozesse nach wie vor manuell verwaltet werden. Dabei ließen sich mithilfe von Technologien viele Routineprozesse automatisieren und entsprechend schneller und effizienter gestalten – oftmals sogar ohne zusätzliche Ressourcen.

Deshalb haben wir das Modell der digitalen B2B-Roadmap entwickelt. Es geht im Wesentlichen darum, eine Strategie zu entwickeln, mittels derer Leads automatisiert durch die Customer-Journey geführt werden. Die folgenden sechs Kapitel beschreiben die einzelnen Bausteine, die du für die Entwicklung deiner digitalen Marketing- und Sales-Strategie benötigst. Dazu findest du am Ende jedes Kapitels jeweils Planungsvorlagen für deine persönliche B2B-Roadmap. Diese können über die angegebenen Links heruntergeladen werden.

- **Kap. 1 – Planung:** Um effizient ans Ziel zu kommen, ist eine gründliche Planung elementar. Im ersten Kapitel geht es deshalb um die Aufbereitung der Grundlagen, wie welche **Zielgruppe** angesprochen werden soll und wie diese gefunden wird. Dazu sind ein konsistentes **Messaging** sowie relevante Inhalte am richtigen Ort der Customer-Journey erforderlich. Die so entstehenden Inhalte sind wiederverwendbare Bausteine, die strukturiert in einer Bibliothek, dem **Content-Hub**, abgelegt werden. Schließlich wird die **Content-Journey-Map** für die funktionierende Digital-Marketing- und Sales-Strategie eingeführt.
- **Kap. 2 – Herzschlag:** Neue Technologien stellen Organisationen vor neue Herausforderungen und erhöhen den Veränderungsdruck. Um in Zeiten des stetigen Wandels erfolgreich zu sein, müssen B2B-Unternehmen neben der **Datenstrategie** die **Definition von Erfolg** und die **Organisationsstruktur** kritisch hinterfragen und kontinuierlich weiterentwickeln. Die Fähigkeit, eine sich wiederholende Transformation auf allen organisatorischen Ebenen durchzuführen, wird unabdingbar.
- **Kap. 3 – Relevanz:** Das Fundament einer Digitalstrategie sind Content-Bausteine. Dabei handelt es sich um informative Inhalte, die strukturiert über die Online-Kanäle, über die es die Zielgruppe zu erreichen gilt, publiziert werden. Damit dein Unternehmen in den Google-Resultaten auch von potenziellen Kunden gefunden wird, sind mehr als ein paar relevante Keywords nötig. Es geht vielmehr darum, die Inhalte in **Clustern** zu sogenannten **Pillars** zu gliedern. Die Strategie für eine nachhaltige **Lead-Generierung** führt Besucher zu Formularen, welche sie de-anonymisieren und ihnen einen Namen und eine E-Mail-Adresse zuordnen. Um kontinuierlich die richtigen Leads zu finden, ergänzen wir die Lead-Generierung mit einer **Outbound-Strategie**.
- **Kap. 4 – Engagement:** Ein Unternehmensauftritt mit relevanten Inhalten reicht nicht aus, um als Experte wahrgenommen zu werden. Erst die Interaktion der Zielgruppe mit den Inhalten verleiht der Strategie richtig Schub. Ohne **bezahlte Werbung und Performance-Marketing** dauert dieser Prozess zu lange. Die Leads müssen zudem regelmäßig, über Monate hinweg, durch **personalisierte Inhalte** über E-Mail und Webseite angesprochen werden. Durch **Lead-Nurturing** werden die Leads aktiv in Richtung Beratungsgespräch geführt.
- **Kap. 5 – Qualifikation:** Kaufbereite Leads zu erkennen, erfordert eine fortlaufende **Qualifikation der Leads** im Marketing und im Sales. Dazu müssen **Marketing und Sales zusammenarbeiten,** um die Leads für das Salesteam entsprechend zu **segmentieren und priorisieren.** Nur so erkennt der Lead

die Expertise der Unternehmung und nimmt sogar selbst Kontakt für ein Beratungsgespräch auf, wenn das Timing passt.
- **Kap. 6 – Automation:** Um den großen Mitbewerbern die Stirn bieten zu können, soll die Strategie nicht mehr Ressourceneinsatz benötigen. Ein **intelligentes Automatisieren** skaliert die in den vorherigen Kapiteln vorgestellten Prozesse. Es bieten sich unzählige Werkzeuge und immer mehr auch **Künstliche Intelligenz** an, um **der Konkurrenz durch Technologie voraus zu sein.**

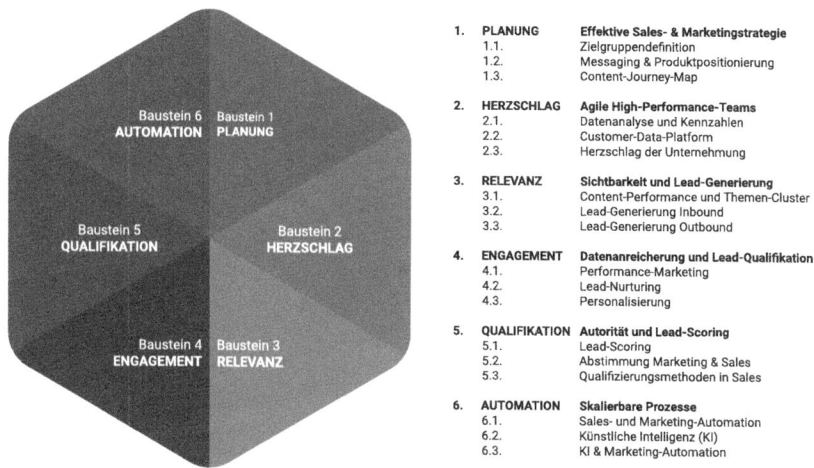

Bevor wir ins Rennen starten, möchten wir gleich eines vorwegnehmen: Für eine erfolgreiche Entwicklung deiner B2B-Roadmap ist es wichtig, dass die Sales- und Marketingteams nicht als zwei konkurrierende Einheiten behandelt werden. Im Sinne des „Smarketings" sind wir für einen kooperativen Ansatz und fassen beide Bereiche in einem Team zusammen. Denn letztlich geht es beim B2B-Roadmap-Modell genau darum: Strategisch in die gleiche Richtung zu gehen und die vorhandenen Ressourcen für ein gemeinsames Ziel zu nutzen – nämlich das Wachstum und damit letztlich auch den Umsatz des Unternehmens zu steigern.

Dieses Buch richtet sich an B2B-Unternehmer, die

- das Wachstum ihres Unternehmens mit System vorantreiben und so einen Wettbewerbsvorteil durch Automation erreichen wollen.
- bereit sind, die Marketing- und Vertriebsprozesse zu digitalisieren.

- möglicherweise genauso sportbegeistert sind wie wir und deshalb wissen, dass Erfolg eine strategische Planung, entsprechendes Training und Durchhaltewillen voraussetzt.

Wir wünschen dir viel Spaß bei der Lektüre.

Inhaltsverzeichnis

1	**Planung: Die effektive Marketingstrategie**	1
1.1	Kenne deine Zielgruppe und benutze Lead-Research	6
	1.1.1 Das ideale Kundenprofil für deine Produkte und Dienstleistungen	6
	1.1.2 Lead-Research und Segmentierung der Zielgruppe	8
	1.1.3 Situationen entlang der Customer-Journey	12
1.2	Die Bestandteile der Produktpositionierung	13
	1.2.1 Formuliere deine Kernbotschaft	13
	1.2.2 Die verständliche Produktpositionierung	15
	1.2.3 Der Content-Hub als Fundament	18
1.3	Plane Content und Leads entlang der Customer-Journey	20
	1.3.1 Durch B2B-Content-Marketing zu kaufbereiten Leads	22
	1.3.2 Durch B2B-Lead-Management zu kaufbereiten Leads	26
	1.3.3 Die Content-Journey-Map zur Planung von Content und Leads	31
	Literatur	36
2	**Herzschlag: Agile High-Performance-Teams**	39
2.1	Datenstrategie für die Unternehmensführung	42
	2.1.1 Die drei Grundpfeiler der Datenstrategie	44
	2.1.2 Datensilos	45
2.2	Datenanalyse entlang der Customer-Journey	47
	2.2.1 Die Customer-Data-Plattform für alle Kundendaten	47
	2.2.2 Die Performance-Kennzahlen	49

		2.2.3 Die wichtigsten KPIs für B2B-Unternehmen	52

	2.3	Anpassen der Organisationsstruktur	56
		2.3.1 Schaffen einer agilen Unternehmenskultur	56
		2.3.2 Meetings: Der Herzschlag des Unternehmens	59
		2.3.3 Zielsetzung durch Objectives and Key-Results (OKRs)	60
	Literatur		63

3 Relevanz: Neue Leads und Interessensprofile 65
   3.1 Die Content-Relevanz erhöhen 69
        3.1.1 Informative Inhalte sind die Hidden Champions 69
        3.1.2 Pillar-Pages und Cluster-Content 70
        3.1.3 Der Analyse-Takt 72
   3.2 Lead-Generierung durch die Inbound-Methodik 74
        3.2.1 Digitale Marketing-Leads 74
        3.2.2 Die Anatomie einer perfekten Landingpage 76
   3.3 Lead-Generierung durch die Outbound-Methodik 79
        3.3.1 Lead-Generierung durch Cold Mailing 79
        3.3.2 Lead-Generierung durch LinkedIn 81
   Literatur 84

4 Engagement: Datenanreicherung entlang der Customer-Journey 87
   4.1 Performance-Marketing für mehr Conversions 90
        4.1.1 Retargeting 90
        4.1.2 Profile-Targeting 92
        4.1.3 Intention-Targeting 94
        4.1.4 Lookalike-Audiences 95
   4.2 Lead-Nurturing für mehr Engagement 96
        4.2.1 Warum Lead-Nurturing für B2B-Unternehmen wichtig ist 98
        4.2.2 Die Nurturing-Strategie 99
        4.2.3 Automatisierung von Lead-Nurturing 102
   4.3 Personalisierung für mehr Engagement 105
        4.3.1 Vorteile von personalisiertem Marketing 106
        4.3.2 Personalisierung mittels inhaltsbasierter und kollaborativer Filterung 108
   Literatur 111

5 Qualifikation: Kaufbereitschaft erkennen ... 113
5.1 Lead-Qualifizierung ... 116
5.2 Kaufinteresse und Lead-Scoring ... 121
    5.2.1 Was ist B2B-Lead-Scoring? ... 121
    5.2.2 Der perfekte Lead ... 124
    5.2.3 Engagement-Lead-Scoring (ELS) ... 127
5.3 Die geteilte Verantwortung ... 131
    5.3.1 Der Marketing-to-Sales-Handover für den Unternehmenserfolg ... 131
    5.3.2 RevOps für den perfekten Marketing-to-Sales-Handover ... 132
5.4 Qualifizierung von Sales-Qualified Leads (SQL) ... 134
    5.4.1 Methoden der Lead-Qualifizierung ... 135
    5.4.2 Sales-Enablement für die effizientere Qualifizierung ... 140
Literatur ... 143

6 Automation: Prozesse, die skalieren ... 145
6.1 Automatisierung als Grundanforderung an B2B-Unternehmen ... 148
    6.1.1 Vernetzte Abteilungen ... 151
    6.1.2 Effizientere Marketing- und Salesprozesse durch Automation ... 152
    6.1.3 Implementierung von Marketing-Automation ... 153
6.2 Anwendungsfälle von Künstlicher Intelligenz im Marketing ... 154
    6.2.1 Die Analyse großer Datenmengen ... 155
    6.2.2 Intelligente Chatbots: auch im B2B-Marketing zeitsparend und nützlich ... 156
    6.2.3 Personalisierung von User-Experience ... 157
    6.2.4 Künstliche Intelligenz in der Texterstellung ... 158
    6.2.5 Maschinelles Lernen und Mustererkennung verändern die Welt des Marketings ... 160
6.3 Digitalstrategie mithilfe von KI ... 163
    6.3.1 Die zwei Dimensionen von KI ... 163
    6.3.2 KI und Marketing-Automation: das Power-Duo ... 165
    6.3.3 Kontrolle über die Datenschnittstellen ... 169
Literatur ... 171

7 Ziel (Schlusswort) ... 173

Über die Autoren

Marc Gasser, M. Sc., studierte Wirtschaftsinformatik an der Universität Uppsala in Schweden und an der Universität Zürich in der Schweiz. Als Gründer und Verwaltungsrat digitalisiert er seit 20 Jahren Marketing- und Salesprozesse. Als Vordenker für Marketing-Automation hilft er B2B-Unternehmen, durch vorhersehbaren Umsatz und ohne hohe Investitionen in Ressourcen und Zeit zu wachsen und den Wettbewerbsvorteil auszubauen. Zudem ist er Mitgründer und Fachbeirat des CAS Digital Sales & Marketing im B2B an der ZHAW Zürcher Hochschule für Angewandte Wissenschaften, Herausgeber des Marketing Automation Reports und ist Innosuisse-Experte bei der *Schweizerischen Agentur für Innovationsförderung*.

Marc Gasser hat in Schweden, Südkorea und Slowenien gelebt. Seine besonderen Interessengebiete sind Marketing-Automation, Künstliche Intelligenz und die Schweizer Berge.

LinkedIn: https://www.linkedin.com/in/marcgasser/

Laura Mäder ist eidg. dipl. Texterin und studierte Germanistik und allgemeine Sprachwissenschaften an der Universität in Bern. Bereits seit mehreren Jahren berät und arbeitet sie in B2B-Unternehmen als Expertin für Content-Experience entlang der Customer Journey. Zudem ist Laura Mäder Co-Autorin und Herausgeberin des *Marketing Automation Reports 2022*. Als Mitgründerin der B2B-Roadmap ist sie eine gefragte Expertin für Content-Strategie und -Automatisierung und hat in den letzten zwei Jahren bei über 40 Kundenprojekten im DACH-Raum die Automatisierung vorangetrieben. Laura Mäder lebt und arbeitet in Zürich. Zu ihren besonderen Interessengebieten gehören Storytelling und Content-Produktion mittels Künstlicher Intelligenz. In ihren freien Minuten beschäftigt sie sich mit Musik oder ist in den Alpen unterwegs.

LinkedIn: https://www.linkedin.com/in/laura-maeder/

Planung: Die effektive Marketingstrategie

Ein holpriger Start

Stefan keuchte, es fühlte sich an, als würde seine Lunge jeden Moment explodieren. Sein Shirt klebte am Körper und er spürte, wie die Schweißperlen von der Stirn der Schläfe entlang Richtung Kinn rannen und vor ihm auf den Lenker tropften. Dabei waren sie gerade mal eine gute Stunde unterwegs. Er hätte definitiv mehr trainieren sollen, doch für Sport blieb ihm so gut wie keine Zeit mehr, seit er vor drei Jahren die Unternehmung seines Vaters übernommen hatte. Stefan fluchte. Warum hatte er sich nur dazu überreden lassen, diese verflixte Bike-Tour zu machen? Er hätte nein sagen sollen. Er war nicht in der Form dafür und vor allem stapelte sich die Arbeit auf seinem Tisch sowieso schon ohne Ende. Seine Frau meinte, es würde ihm guttun, mal ein paar Tage abzuschalten. Von wegen. Stefan schnaubte verächtlich. Allein der Gedanke an sein überlaufenes E-Mail-Postfach ließ seinen Puls noch mehr in die Höhe schießen.

Der Plan zur Bike-Tour entstand vor drei Monaten in der Bar, nach dem vierten Bier. Einmal die Alpen zu überqueren, von Bruneck nach Agordo, davon hatten Sebastian, Antonio, Tim und er schon vor Jahren gesprochen. Damals unternahmen sie auch mindestens einmal im Jahr eine gemeinsame Bike-Tour. Doch berufliche Verpflichtungen und Familienzuwachs hatten dazu geführt, dass das Biken zur Nebensache wurde. Geblieben waren nur die Abende in der Stammkneipe. Und als Antonio das letzte Mal verkündete, dass er nach Japan auswandern würde, meinte Tim etwas angeheitert: „Kommt schon, Jungs, machen wir endlich diese Reise. Zum Abschied von Anto."

Und da war er nun. Ohne Training und mit brennenden Oberschenkeln. Missmutig strampelte Stefan weiter den Berg hoch, er hatte wirklich keine Lust mehr. Er stoppte. „Jungs, wartet mal, ich brauche eine Pause!" Am liebsten würde er den anderen sagen, dass er morgen wieder nach Hause fährt.

„Alles klar bei dir?", Sebastian tauchte neben ihm auf, „du wirkst ziemlich genervt."

„Ach, ich hätte nicht mitkommen sollen, das war keine gute Idee", entfuhr es Stefan.

„Viel los bei der Arbeit?"

„Ich weiß gar nicht, wo mir der Kopf steht."

„Dann ist es vielleicht gar nicht so schlecht, wenn du mal ein paar Tage abschalten kannst."

Stefan verdrehte die Augen. „Ich weiß ja nicht, wie das bei dir ist, aber meine Arbeit erledigt sich leider noch nicht von selbst", entgegnete er schnippisch. „Meine To-do-Liste ist randvoll. Und sie wird nicht kürzer sein, wenn ich wieder zurück bin."

„Das klingt ziemlich stressig."

„Ehrlich gesagt bin ich langsam am Ende meiner Kräfte." Stefan schaute resigniert zu Boden. Er merkte, wie müde er eigentlich war. „Und weißt du, was mich am meisten frustriert? Egal, was und wie viel ich mache, die Umsätze sind seit ein paar Monaten trotzdem rückläufig."

„Was glaubst du, woran das liegt?"

„Es kommen einfach zu wenige neue Aufträge rein. Dabei versuche ich echt alles. Ich bin auf Messen unterwegs, treffe Kunden, mache Online-Demos – doch irgendwie scheint nichts wirklich zu funktionieren." In Stefans Stimme war Verzweiflung zu hören: „Ich arbeite von früh bis spät und am Ende des Tages ist meine Pendenzenliste doch länger als am Morgen."

„Hast du dir schon mal überlegt, dass du nicht alles selbst machen musst?", Sebastian schaute Stefan direkt an.

„Aber wer soll es denn sonst machen?", entgegnete Stefan genervt, „wie gesagt, meine Umsätze sind rückläufig, ich kann nicht einfach neue Mitarbeiter einstellen. Aktuell bleibt nun mal das Meiste an mir hängen."

„Das ist aber nicht sehr nachhaltig."

„Ich weiß, dass ich etwas ändern muss. Aber zuerst müssen die Umsätze wieder steigen."

„Ich war selbst auch mal in einer ähnlichen Situation", sagte Sebastian. „Bevor ich mein letztes Unternehmen verkauft habe, gab es eine Phase, in der ich kurz vor der Pleite stand. Mir ging es wie dir: Ich arbeitete rund um die Uhr, kämpfte an allen Fronten und am Ende der Woche hatte ich doch keine

1 Planung: Die effektive Marketingstrategie

neuen Kunden. Also gab ich noch mehr Einsatz. ‚Je mehr ich mache, desto mehr erreiche ich auch', das war jahrelang mein Motto."

Er nahm einen Schluck Wasser, dann fuhr er fort: „Doch schließlich kam ich an einen Punkt, an dem ich nicht mehr konnte. Und ich wusste, ich muss jetzt etwas ändern. Das Problem kannte ich ja, ich hatte zu wenige Kunden. Gleichzeitig hatte ich aber zu wenig Zeit, mich noch mehr um die Kundenakquise zu kümmern. Dann begriff ich, dass ich genau da ansetzen musste."

Stefan unterbrach ihn: „Genau das ist auch mein Problem! Ich kann einfach nicht noch mehr Zeit investieren. Aber eigentlich sollte ich das, da hast du schon recht."

„Und genau das ist der falsche Ansatz", erwiderte Sebastian lachend. „Es geht nicht darum, möglichst viel Zeit zu investieren, sondern darum, die Zeit, die wir haben, so effektiv und effizient wie möglich zu nutzen. Sprich: Wir sollten unsere Zeit nur mit wirklich heißen Leads verbringen, denn dort ist die Chance auf einen Abschluss am höchsten."

„Das klingt theoretisch super, in der Praxis ist das aber kaum realisierbar", entgegnete Stefan.

„Warum nicht? Wir müssen dazu lediglich einen Prozess schaffen, damit wir die Leads automatisiert durch die Customer-Journey führen können, bis sie schließlich für ein Beratungsgespräch oder einen Kauf bereit sind."

Stefan schaute ihn verwirrt an: „Aha. Und wie genau soll das funktionieren?"

„Wir brauchen einen Plan. Und dafür müssen wir zuerst das richtige Fundament schaffen", antwortete Sebastian. ◄

Der Megatrend der Digitalisierung beeinflusst die Art und Weise, wie wir wirtschaften, bereits seit Jahren. Durch die Corona-Pandemie wurde der Effekt noch weiter verstärkt, weswegen wir uns aus unternehmerischer Sicht besser jetzt als in Zukunft den folgenden Herausforderungen stellen müssen:

- Das Nutzer- und Einkaufsverhalten hat sich nicht nur im B2C, sondern vor allem auch im B2B maßgeblich verändert. Gemäß dem *bvik-Trendbarometer* (2020) gaben über 80 % der Teilnehmer an, dass B2B-Kunden der Zukunft eine ähnliche Customer-Experience erwarten wie im B2C.
- Eine digitale Vertriebsstrategie wird auch für B2B-Unternehmen zunehmend relevanter. So zeigte McKinsey in einer Studie, dass mehr als 70 % der B2B-Entscheidungsträger remote oder digitale Interaktionen bevorzugen (Bages-Amat et al., 2020).
- Die Zusammenarbeit von Marketing und Sales ist zukünftig erfolgsentscheidend.

	erfolgreiche	Ø	erfolglose
verwendet Metriken zur Messung von Inhaltsleistung & ROI	95%	80%	62%
stellt Inhalte bereit, wann und wo es relevant ist	93%	71%	37%
priorisiert Informationsbedarf gegenüber Werbebotschaften	88%	66%	50%
pflegt Listen von Abonnenten / Leads / Prospects / Kunden	83%	68%	51%
Marketing Automation für die Leadgenerierung, -qualifizierung	79%	62%	21%
dokumentiert die Strategie zur Vermarktung von Inhalten	69%	41%	16%

Abb. 1.1 Erfolgsfaktoren B2B-Content-Marketing. (Antworten aus Content Marketing Institute und MarketingProfs, 2020a)

Um als B2B-Unternehmen erfolgreich zu sein, musst du dich immer schneller an neue Rahmenbedingungen anpassen können. Eine adäquate Digitalstrategie ist daher für B2B-Unternehmen unverzichtbar – einer der wichtigsten Treiber dafür: das Marketing. Zumindest, wenn es nach dem bvik-Trendbarometer (2020) geht. Dort gab mehr als die Hälfte der Befragten an, dass das Marketing ein starker Treiber digitaler Transformationsprozesse für alle Bereiche im Unternehmen ist. Die Studienautoren leiten daraus ab, dass das Marketing aufgrund von Markt- und Kundennähe eine hohe strategische Relevanz für das Unternehmen hat und – insbesondere im Kontext der digitalen Transformation – entscheidend dazu beitragen kann, wettbewerbsfähig zu bleiben.

Doch das scheint alles andere als einfach zu sein. So werden jährlich Milliarden in Marketing investiert, ohne dass Erfolge sichtbar werden. Viele Unternehmer versuchen sich halbherzig an einer Strategie, ohne die eigenen Probleme und Herausforderungen ihres Betriebes und vor allem auch die ihrer Zielgruppe wirklich zu kennen.

Erfahrungswerte aus über 100 Digitalisierungsprojekten zeigen alle die gleichen, wichtigen Grundlagen für die Konzeption, Planung und Ausführung von erfolgversprechendem B2B-Marketing. B2B-Unternehmen, welche gemäß ihrer eigenen Einschätzung eine erfolgreiche Marketingstrategie umsetzen, gaben bei der Umfrage zu den B2B-Marketing-Benchmarks die in Abb. 1.1 gezeigten Antworten (Content Marketing Institute & MarketingProfs, 2020a).

1 Planung: Die effektive Marketingstrategie

Abb. 1.2 Übersicht Kap. 1 – Plan

Es zeigt sich also, dass die Marketingstrategien von Unternehmen, welche die in Abb. 1.1 genannten Prozesse umsetzen, erfolgreicher sind. Diese Aussagen wurden auch beim Marketing Automation Report 2022 der ZHAW bestätigt (N = 480, CMOs DACH) (Zumstein et al., 2022).

▶ **Die drei Erfolgsfaktoren bei der Planung für die digitale Sales- & Marketingstrategie** Definiere zuerst die Zielgruppen und entwerfe ein konsistentes Messaging. Die Produktpositionierung kann sich für jede Zielgruppe unterscheiden. Die gemeinsame Erarbeitung der Content-Journey-Map hilft bei der konsequenten Umsetzung.

Wenn man eine Marketingstrategie planen und umsetzen möchte, die einen Wettbewerbsvorteil schafft gegenüber größeren Unternehmen, ist das richtige Planungs-Fundament notwendig. Die drei Bausteine werden nachfolgend vorgestellt (Abb. 1.2).

1.1 Kenne deine Zielgruppe und benutze Lead-Research

1.1.1 Das ideale Kundenprofil für deine Produkte und Dienstleistungen

Viel hilft viel – so denkt noch heute ein Großteil der B2B-Unternehmen im DACH-Raum. Deshalb versuchen sie, so viele Personen wie möglich zu erreichen in der Hoffnung, dass ein paar davon dann zu Kunden werden. Dass dies kein besonders effizienter Weg ist, liegt auf der Hand. Anstatt die breite Masse anzusprechen und hohe Streuverluste in Kauf zu nehmen, geht es im B2B-Marketing darum, die Kunden zu erreichen, die zu dir und deinem Produkt bzw. deiner Dienstleistung am besten passen.

Diesen Ansatz verfolgt beispielsweise das **Account-Based Marketing (ABM)** und hat dabei vieles mit Dating gemeinsam. Wenn du auf Partnersuche bist, datest du auch nicht jeden beliebigen Kandidaten in deinem Umfeld. Du konzentrierst dich auf wenige „vielversprechende" Personen, mit denen es etwas werden könnte. Dafür definierst du vorab deine Wunschkriterien für dein Gegenüber und findest in einem ersten Flirt heraus, ob ihr beide kompatibel seid. Stimmt die Chemie, kommt es zu einem Date, andernfalls geht jeder wieder seinen eigenen Weg.

Eine etwas andere Strategie verfolgt das **Inbound-Marketing.** Hier geht es darum, dass dein Unternehmen bzw. dein Produkt im Internet von potenziellen Kunden gefunden wird. Um Leads zu generieren, müssen im Inbound-Marketing guter Content nach allen Regeln der Suchmaschinenoptimierung (SEO) und Lead-Magnets genutzt werden, die deine Leads anziehen und de-anonymisieren. Damit du diese Inhalte aber überhaupt erstellen kannst, musst dir zunächst im Klaren darüber sein, wen du damit anlocken willst.

Unabhängig davon also, welche der beiden Strategien du verfolgst (wir empfehlen eine Kombination aus beiden), gilt es zunächst herauszufinden, wer deine Zielgruppe ist. Dies kann mittels Ideal-Customer-Profile und/oder Buyer-Persona erfolgen.

Ideal-Customer-Profile versus Buyer-Persona
Das Ideal-Customer-Profile (ICP) und die Buyer-Persona weichen in wichtigen Punkten voneinander ab. Die Unterschiede solltest du genau kennen, bevor es an die Erstellung dieser Profil-Beschreibungen geht.

Die Buyer-Persona findet man im B2B ebenso wie im B2C. Das ICP hingegen ist ein typisches Instrument aus dem B2B-Marketing – der Schwerpunkt liegt stärker auf dem Unternehmen und den darin agierenden Personen. Es handelt sich sozusagen um die harten Fakten, die messbar sind. Ein ICP umfasst Daten wie

- Unternehmensgröße
- Umsatz
- Branche
- Geografische Lage
- Exakte Jobposition und Verantwortungsbereich
- Berufserfahrung

Für die Erstellung des Ideal-Customer-Profiles ist eine enge Zusammenarbeit zwischen dem Marketing- und Salesteam unerlässlich. Die Salesabteilung verfügt bereits über viele wertvolle Daten in Bezug auf deine Zielkunden, die hervorragend für die Profilerstellung geeignet sind. Idealerweise enthält das ICP auch Überlegungen zu Werttreiber und Einwänden:

- **Werttreiber:** Gemäß dem Gabler Wirtschaftslexikon stellt ein Werttreiber „allg. einen beeinflussbaren Faktor dar, der eine hohe Relevanz für das finanzielle Ergebnis eines Unternehmens bzw. einer Unternehmenseinheit besitzt" (Weber & Gleißner, 2018). Dabei unterscheidet man zwischen finanziellen und operativen Werttreibern. Mitarbeiter eines Unternehmens werden in der Regel an einer Reihe von Geschäftszielen gemessen und im Extremfall befördert oder entlassen, wenn die Ziele erreicht bzw. verfehlt werden. Dein Produkt ist für sie nur dann relevant, wenn es ihnen einen Mehrwert verschafft, um die Geschäftsziele zu erreichen. Für einen CEO z. B. könnten die wichtigsten Werttreiber sein, den Umsatz zu steigern, die Kosten zu senken und die Planbarkeit zu erhöhen.
- **Einwände:** Bei der Erstellung des ICP solltest du dir auch überlegen, welche Einwände potenzielle Kunden haben könnten, um dein Produkt nicht zu kaufen. Je nach Job-Rolle können diese Einwände unterschiedlich ausfallen. Das Problem ist, dass sie dir in der Regel nicht sagen, was die wahren Gründe dafür sind, warum sie nicht zu zahlenden Kunden werden. Vielleicht wollen sie deine Gefühle nicht verletzen, vielleicht haben sie ihre eigene Agenda in ihrem Geschäft, die sie nicht offen kommunizieren möchten, oder sie sind sich ihrer Bedenken nicht einmal bewusst. Stattdessen sagen sie dir oft etwas in der Art wie: „Ich habe nicht das nötige Geld, die Zeit oder die Autorität, um mit dir zu arbeiten."

Bei **Buyer-Personas** hingegen handelt es sich um fiktive Charaktere, die eine Zielgruppe repräsentieren. Ziel ist es, einen möglichst detaillierten Einblick in den Alltag der Zielgruppe zu erhalten und so die Reaktionen auf verschiedene Marketing-

und Vertriebsmaßnahmen einschätzen zu können. Eine Buyer-Persona verkörpert jeweils eine ganze Gruppe und deren Eigenschaften:

- **Angaben zur Person:** Name, Alter, Bildung, Rolle im Unternehmen usw.
- **Ziele und Aufgaben:** Welche beruflichen und persönlichen Ziele hat die Persona?
- **Unterstützung bei der Zielerreichung:** Welche Abkürzungen und Hilfen wünscht sich die Persona auf dem Weg der Zielerreichung?
- **Herausforderungen und Hürden:** Welche Herausforderungen hat die Persona? Was hindert sie an der Zielerreichung? Welche Fähigkeiten und Ressourcen fehlen ihr?
- **Tagesablauf:** Wie sieht ein typischer Tagesablauf der Persona aus? Der Tagesablauf hilft dabei, die Aktivitäten und den Kontext der Persona nachvollziehen zu können.

Unabhängig davon, auf welche Strategie du deinen Schwerpunkt legst, es lohnt sich auf jeden Fall, beide Profile sorgfältig auszuarbeiten. Denn mit dem ICP legst du fest, wer überhaupt angesprochen werden soll, während die Buyer-Personas bestimmen, wie man am besten mit der Person kommuniziert.

1.1.2 Lead-Research und Segmentierung der Zielgruppe

Sobald du weißt, wer deine Wunschkunden sind und was sie antreibt, kannst du mit Lead-Research beginnen. Dabei geht es nicht darum, eine möglichst hohe Anzahl an Leads zu generieren, sondern die richtigen – Qualität vor Quantität ist hier entscheidend!

Der Prozess des Erkennens und Findens potenzieller Kunden wird auch als Prospecting bezeichnet. Allerdings ist dies fälschlicherweise oft nur beim Sales angesiedelt. Wir haben die Erfahrung gemacht, dass die Suche nach den richtigen Leads besser bereits im Marketing beginnen sollte. Laut Vertriebs- und Marketingstatistiken verzeichnen Unternehmen ein 27 % schnelleres Gewinnwachstum, wenn beide Teams koordiniert arbeiten (InsideView, 2018). Beim Prospecting handelt es sich um eine milliardenschwere Branche, in der Unternehmen aller Größenordnungen Lead-Research-Teams einstellen und ausbauen, um potenzielle Kunden zu finden. Im Laufe der Zeit wurden Dutzende von Tools entwickelt, die bei der Lead-Research unterstützen, und mit dem Aufschwung des digitalen Vertriebs in den letzten zehn Jahren sind die Tools für die Akquise hervorragend geworden. Am Ende des Kapitels findest du einen Link, unter welchem wir dir ein paar dieser Tools vorstellen, die wir selbst bereits genutzt haben und entsprechend empfehlen können.

Lead-Research mit LinkedIn

Ein optimaler virtueller Ort für eine Begegnung mit dem Wunschkunden sind soziale Netzwerke. Im B2B ist insbesondere LinkedIn von großer Bedeutung für die Lead-Generierung (im deutschsprachigen Markt allenfalls noch Xing). Eine Studie zeigt, dass 89 % der besten Verkäufer angeben, dass sie durch die Nutzung von LinkedIn als Vertriebsinstrument mehr Geschäfte für ihr Unternehmen abschließen können (LinkedIn, 2018). LinkedIn hat sich deshalb zu einem der wichtigsten Instrumente für die Akquise von Kunden entwickelt.

LinkedIn ist die aktuellste, vollständigste und am leichtesten zugängliche professionelle Kontaktdatenbank für die B2B-Kundenakquise. Im Jahr 2021 sind über 756 Mio. Berufstätige auf LinkedIn registriert. Zudem sind die meisten Unternehmen der Welt auf der Plattform präsent. Du bekommst damit Zugang zu Entscheidungsträgern und Einflussnehmern auf der ganzen Welt, was LinkedIn zu einer regelrechten Goldmine von echten und genauen Daten macht.

Der *LinkedIn Sales Navigator* hat sich zum mächtigsten Tool für die Akquise entwickelt und verfügt über die genauesten Kontakt- und Unternehmensdaten. Jede andere Prospecting-Software nutzt den Sales Navigator, um an Daten zu kommen – immerhin handelt es sich um die genaueste und einzige Datenbank, die von den Leads selbst aktualisiert wird. Der Sales Navigator kann zwar keine Kontaktinformationen (Business-E-Mails und Telefonnummern) liefern, aber es gibt eine Handvoll Tools, die du in Verbindung mit dem Sales Navigator verwenden kannst, um diese hinzuzufügen. Wenn es darum geht, neue Kunden aufzuspüren, ist er unsere erste Wahl.

Doch bei so vielen Daten den Überblick zu behalten, ist gar nicht einfach. Ohne die richtigen Tools, die dich bei der Suche nach den Leads unterstützen, wird es mühsam. Zum Glück stehen dir mittlerweile verschiedene Methoden zur Verfügung, die dir dabei helfen, relevante öffentliche Informationen aus den User-Profilen herauszufiltern und zu sammeln. Diese Tools – oftmals Scraper genannt – gibt es mit den unterschiedlichsten Funktionen und Ausführungen: von einfachen Google-Chrome-Plugins für das Extrahieren von E-Mail-Adressen und verwendeten Technologien bis hin zur Software für die Vertriebsautomatisierung. Solche Tools können dir die Datenanreicherung für Lead-Research erheblich erleichtern und sind damit eine sinnvolle Investition.

Abb. 1.3 zeigt die Ausprägungen der Lead-Research. Unternehmen, die deine Webseite besuchen, kannst du mittels IP-Tracking identifizieren, denn jeder Rechner hat seine eigene IP-Adresse. Wenn ein Nutzer deine Webseite besucht,

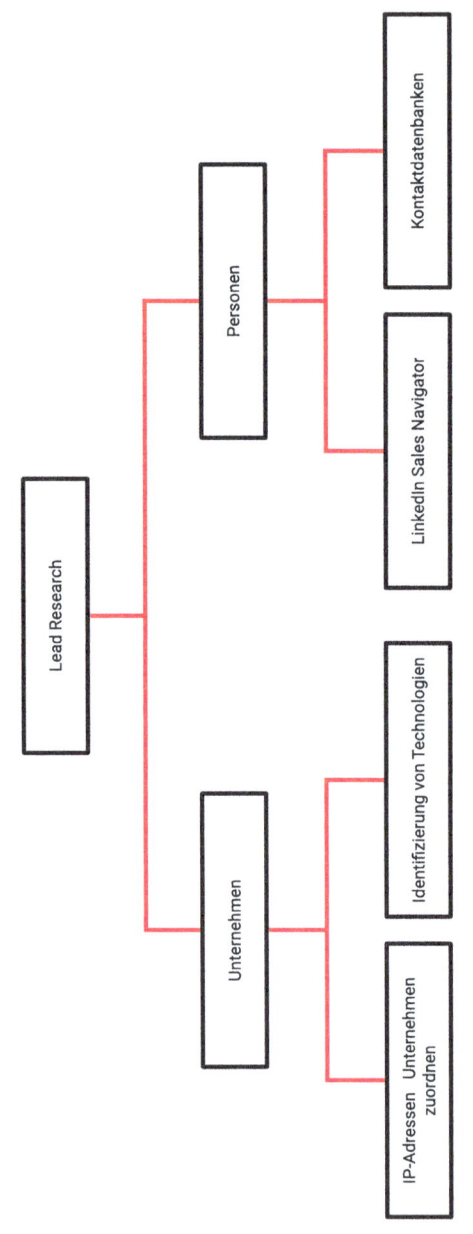

Abb. 1.3 Die Ausprägungen von Lead-Research

erfährt dein Server davon. Um Webseitenbesucher über die IP-Adresse bestimmten Unternehmen zuzuordnen, kannst du entsprechende Datenbanken nutzen. Das funktioniert natürlich nur mit Unternehmen, private Nutzer lassen sich nicht direkt identifizieren.

Über andere Lösungen findest du zudem heraus, welche Technologien ein Unternehmen nutzt, da diese Technologien z. B. über eine Integration mit der Webseite sichtbar werden. Für die Personensuche haben wir eine stets aktuelle Liste weiterer spannenden Werkzeuge zusammengetragen, die für das Prospecting und die Lead-Research genutzt werden können.

▶ Hier geht's zur Auflistung: b2broadmap.com/software.

Kundendatenbanken

Wenn es um Lead-Research geht, hast du eine Vielzahl von Möglichkeiten. Das hört sich zunächst zwar gut an, macht es aber fast unmöglich herauszufinden, mit welchen Datenbanken du die besten Ergebnisse erzielst. Die verschiedenen Plattformen sind für unterschiedliche Kunden konzipiert. Sie unterscheiden sich hinsichtlich der Datengenauigkeit, der Zielgruppen, der Funktionalität der Plattform und der Preisgestaltung.

Es gibt viele zwielichtige Gestalten in dieser Branche und vielleicht bist du schon einmal von einem Anbieter enttäuscht worden, der nicht zu dir gepasst hat. Du wirst den Mangel an Transparenz dieser Datenbanken selbst erkennen.

Es gibt riesige Kundendatenbanken wie *Zoominfo* oder *Clearbit*. Die größten haben über 70 Mio. E-Mail-Kontakte und 50 Mio. direkte Telefonnummern. In den meisten Nutzerbewertungen wird die Genauigkeit und Aktualität der Daten mit etwa 80 % angegeben. Viele Nutzer geben an, dass sie zusätzliche E-Mail-Finder-Tools in Kombination mit diesen Datenbanken verwenden, um die gelegentliche Ungenauigkeit auszugleichen.

Wenn du jedoch bereits bestimmte, hochrangige Zielkontakte in mittelständischen oder großen Unternehmen (vorwiegend in Nordamerika) identifiziert hast und deren Kontaktdaten benötigst, dann sind diese großen Datenbanken vermutlich die beste Wahl für dich. Unternehmen mit mehr als 1000 Mitarbeitern verfügen in der Regel über solide Kontaktinformationen. Wenn du dich hingegen an kleinere Unternehmen oder an Unternehmen außerhalb Nordamerikas wendest, sind die Daten laut vielen Bewertungen nicht so nützlich.

1.1.3 Situationen entlang der Customer-Journey

Deinen Wunschkunden zu kennen und ihn via Lead-Research zu finden, reicht allerdings nicht aus. Größtenteils ist das Timing ausschlaggebend dafür, ob ein Lead ein Interesse für deine Unternehmung zeigt. In welcher Situation befindet sich der Lead gerade und welche Bedürfnisse hat er?

Um darauf Antworten finden zu können, ist es wichtig, dass du dir die Customer-Journey vor Augen führst. In jeder Phase hat deine Buyer-Persona andere Bedürfnisse und Fragen, die befriedigt resp. beantwortet werden müssen. Um es noch komplizierter zu machen: Bedenke stets, dass die Leads überall im Kaufprozess einsteigen können. Während der eine bereits bestens informiert ist und weiß, was er benötigt, ist ein anderer noch ganz am Anfang und muss zuerst den Markt kennenlernen.

Wichtig ist, dass du dir für die gesamte Customer-Journey Situationen überlegst, in denen sich deine potenziellen Kunden befinden können. Diese Situationen (auch Schlüsselmomente oder Sales-Trigger genannt) entstehen durch interne und externe Veränderungen und können struktureller, personeller oder regulatorischer Natur sein. Sie lösen also einen Bedarf aus, der den Lead dazu bringt, nach Lösungen und damit nach deinem Unternehmen zu suchen.

Folgend eine Auflistung einiger Situationen, die eine erste Berührung mit deinem Unternehmen auslösen können:

- Recherche von Konkurrenzprodukten über Suchmaschinen
- Stellenausschreibungen
- Neues Produkt wird lanciert
- Geplanter oder durchgeführter Messeauftritt
- Bestimmte Technologien, die eingesetzt werden
- Relaunch der Webseite
- Firmenfusion oder Investitionen
- Sicherheitsvorfall in der gleichen Branche

Beispiel: Situation „Recherche von Konkurrenzprodukten"

Googelt jemand nach „Salesforce Alternative", so taucht in den ersten Suchergebnissen HubSpot auf. Klickt man darauf, gelangt man auf eine Landingpage von HubSpot, auf der das Unternehmen sein Produkt mit dem von Salesforce vergleicht. Neben neutralen Informationen zu den technischen Spezifikationen und Anwendungsfällen sind auch Aussagen von Kunden enthalten. Diese Testimonials positionieren klar die Vorteile von HubSpot.

HubSpot will damit die Such-Intentionen abfangen, wenn jemand nach Alternativen für eines ihrer Konkurrenzprodukte, in diesem Fall Salesforce, sucht. HubSpot positioniert sich dadurch über gute Google-Rankings und holt die Suchenden auf seine Seite, bestenfalls auf eine eigens dafür erstellte Landingpage. Der Vorteil: Wenn der Besucher auf dieser Seite weitere Informationen anfordert und dafür seine Kontaktdaten hinterlässt, zeigt das seine Intention. Nämlich, dass er auf der Suche nach einer Alternative zu Salesforce ist.◄

Ein Lead, der von vornherein als B2B-Kunde zu deinem Unternehmen passt, der die relevanten Informationen auf deiner Webseite findet und zufrieden durch jede Phase der Customer-Journey geht, wird diese höchstwahrscheinlich auch mit einem Kauf abschließen. Lead-Research führt also zu passenden Leads. Das Denken in Situationen entlang der Customer-Journey hilft dabei, die Leads entsprechend abzuholen, sodass sie nicht zur Konkurrenz abwandern. Das Resultat sind effizientere Saleszyklen und höhere Abschlussquoten.

1.2 Die Bestandteile der Produktpositionierung

1.2.1 Formuliere deine Kernbotschaft

Unsere Erfahrungswerte zeigen, dass auf den Webseiten von B2B-Unternehmen meist die Wörter „Produkte", „Dienstleistungen" und „Lösungen" wiederholt werden. Offenbar orientieren sich viele B2B-Unternehmen aneinander, wenn es um Kundennutzen geht. Mit generischen Schlagworten wie „Innovationskraft" oder „Qualitätsführerschaft" kann sich heute allerdings niemand mehr differenzieren, und im daraus resultierenden „Sea of Sameness" (Meer der Gleichartigkeit) gehen lange Listen von Produktmerkmalen und Wertversprechen einfach unter. Wenn du einfach Lösungen anbietest, Kosten senkst und einen außergewöhnlichen Kundenservice bietest, lockst du niemanden zu einem Beratungsgespräch. Und schon gar nicht heben dich solche Versprechen von anderen Unternehmen ab.

Was macht eine gute Kernbotschaft aus?
In vielen Fällen entscheidet eine gute Kernbotschaft darüber, ob sich jemand angesprochen fühlt und sich weiter mit deinem Unternehmen respektive deinem Angebot

auseinandersetzt – oder zur Konkurrenz geht. Die Philosophie hinter einer guten Botschaft ist, dass sie den Wert deiner Marke in Bezug auf das, was du für deine Kunden tust, vermitteln sollte, und nicht das, was du verkaufst. Oder einfacher ausgedrückt: Sie zeigt auf, wie dein Produkt deiner Zielgruppe dabei helfen kann, ein bestimmtes Problem zu lösen.

Eine gute Kernbotschaft

- grenzt dich von der Konkurrenz ab,
- ist leicht verständlich,
- ist relevant für deine Buyer-Personas, sodass sich diese mit ihr identifizieren können,
- und sie ist vor allem auf den Punkt gebracht.

Damit du deine Kernbotschaft formulieren kannst, musst du also zunächst wissen, was dein Unternehmen bzw. dein Produkt einzigartig macht. Was ist deine **Unique-Selling-Proposition (USP)**?

Die Antworten auf folgende Fragen repräsentieren nur einen Teil der Informationen, die deinen potenziellen Kunden über dich vorliegen sollten:

- Was macht dein Produkt besonders? Hat es einen speziellen emotionalen oder faktischen Nutzen für den Käufer?
- Welches Bedürfnis befriedigt es?
- Wie helfen deine Leistungen der Zielgruppe?
- Welches Ziel verfolgst du als Unternehmen?
- Welche Vorteile hat dein Produkt im Vergleich zum Konkurrenzprodukt?

1.2.2 Die verständliche Produktpositionierung

Eine Positionierung für ein Produkt zu finden, ist auch im B2B eine der wichtigsten Unternehmensaufgaben. Was im B2C-Bereich oft einfach erscheint, stellt so manch ein B2B-Unternehmen aufgrund von komplexen und oftmals sehr technischen Produkten vor große Herausforderungen. Und so funktioniert die Positionierung dann genau darüber: über die Aufzählung der Produkteigenschaften.

Das ist schade, denn niemand versteht, warum ein Produkt herausragend ist, wenn lediglich nüchtern Fakten aufgelistet werden – oder weißt du, warum ein

1.2 Die Bestandteile der Produktpositionierung

NAS mit PCIe-10GbE-Netzwerkkarte und Quad-Core-Prozessor für dein Unternehmen einen echten Vorteil gegenüber einem anderen Speichersystem darstellt? Oder was ein NAS überhaupt ist? Genauso geht es deinen potenziellen Kunden, wenn du nur mit Fachbegriffen und Auflistungen arbeitest. Hier setzt nun die Produktpositionierung an: Es geht darum, deiner Buyer-Persona zu zeigen, welchen Vorteil sie von deinem Produkt hat.

Dass das eigene Produkt respektive die Dienstleistung schlecht positioniert sein könnte, darüber schaut man ganz gerne großzügig hinweg. Oder man erkennt es schlichtweg nicht. An folgenden Anzeichen erkennst du eine schlechte Positionierung:

- Dein Vertrieb muss Kunden lange erklären, worum es überhaupt geht, bevor sie es verstehen.
- Du hast eine schlechte Retention-Rate oder eine hohe Churn-Rate.
- Du hast zwar viele interessierte Leads, letztlich kaufen sie aber bei deinem Mitbewerber.
- Deine Interessenten empfinden den Preis als zu hoch. Nur wenn du einen großzügigen Rabatt gewährst, kannst du überhaupt verkaufen.

Wann ist eine Positionierung gut?
Wenn du zur Zielgruppe gehörst und mit einem gut positionierten Produkt konfrontiert wirst, vergisst du es so schnell nicht mehr. Hervorragende Beispiele hierfür finden sich bis heute fast ausschließlich im B2C-Markt. Denke nur an die Positionierung jedes neuen iPhones: Die Message ist hier eindeutig – technisch ganz vorne, optisch eine Liga für sich und das alles, ohne Daten zu verkaufen. Vom Chip im iPhone ist dabei meist ebenso wenig die Rede wie von anderen technischen Details. Ganz wichtig: Das iPhone ist kein gewöhnliches Smartphone und wird auch nicht als solches positioniert, was strategisch klug ist, da es weniger kann als andere Smartphones. Dass wir das nicht monieren, ist vorwiegend auf die Positionierung als Gerät an sich zurückzuführen, das ganz eigene Qualitäten hat.

Derartige Beispiele einer strategischen Positionierung aus dem B2C-Bereich lassen sich problemlos auf den B2B-Markt übertragen. Auch hier besteht das zentrale Ziel darin, der Zielgruppe schlagkräftige Argumente für dein Produkt zu liefern, mit denen sie etwas anfangen kann.

Zusammengefasst zeichnet sich eine gute Produktpositionierung durch folgende Merkmale aus:

- Sie ist auf das Wissen und die Bedürfnisse der Zielgruppe abgestimmt.
- Die Mehrheit deiner Kunden will nicht mehr ohne deine Lösung arbeiten.
- Sie schafft keinen Rechtfertigungsdruck für fehlende Funktionen.
- Sie kommuniziert den Nutzen.
- Sie benennt, worum es sich bei dem Produkt handelt und was es einzigartig macht.

Drei Schritte für die perfekte Produktpositionierung

Erreichen lässt sich eine solche strategische Positionierung in drei einfachen Schritten.

Schritt 1: Was kann dein Produkt besser als die Konkurrenz?

Du musst nicht nur deine Zielgruppe, sondern auch dein Produkt gut kennen. Auch hier lohnt es sich, ein Profil zu erstellen. Um vom Produkt zur Positionierung zu kommen, musst du wissen, welche Funktionen es bietet und worin der Nutzen liegt. Frage dich, was deine Kunden tun würden, wenn es deine Lösung nicht gäbe. Über welche einzigartigen Eigenschaften verfügt dein Produkt?

Zudem ist es wichtig, die Konkurrenz gut zu kennen:

- Was kann sie?
- Was kann dein Produkt nicht, was das Konkurrenzprodukt kann?
- Was kann dein Produkt besser?

Die Qualität eines Produktes ist nur so gut, wie sie von den Kunden wahrgenommen wird. Du selbst kannst die Produktqualität nicht objektiv beurteilen. Deine Kunden hingegen können das, weil sie die Produkte mit jenen von Mitbewerbern vergleichen.

In diesem Schritt sortierst du alle Vorteile deines Angebots nach verschiedenen Vorzügen. Aber auch das daraus für den Kunden resultierende Endergebnis ist von Bedeutung. Deine Meinung über deine eigenen Stärken ist ohne Beweise irrelevant. Die Formulierung des Nutzens geht noch einen Schritt weiter: Sie stellt die Vorteile in den Kontext eines Ziels, das der Kunde erreichen möchte.

Schritt 2: Finde einen Marktreferenzrahmen

Wenn du deine Kategorie klug wählst, arbeiten alle Annahmen für dich. Du musst nicht jedes Merkmal auflisten, denn es wird davon ausgegangen, dass alle Produkte in der Kategorie die grundlegenden Funktionen der Kategorie haben. Im Umkehrschluss heißt das aber: Eine schlechte Wahl der Kategorie kann für dich zum Nachteil werden. Wenn die von uns gewählte Marktkategorie Annahmen auslöst, die

1.2 Die Bestandteile der Produktpositionierung

nicht auf unser Produkt zutreffen, werden wir einen Großteil unserer Marketing- und Verkaufsanstrengungen darauf verwenden müssen, diese Annahmen zu bekämpfen. HubSpot nutzt den Marktreferenzrahmen *Marketing-Automation*. Implizit wird angenommen, dass Funktionen rund um die Verwaltung von Kontakten und E-Mail-Marketing enthalten sind. Diese Funktionen müssen beim ersten Berührungspunkt wie z. B. auf der Startseite nicht explizit genannt werden, sondern werden von den Lesern vorausgesetzt, sobald sie *Marketing-Automation-Software* lesen.

Schritt 3: Welche Trends kannst du nutzen?
Trends, die einen greifbaren Bezug zum Produkt aufweisen, helfen häufig dabei, den Nutzen eindeutig zu kommunizieren. Durch die Nennung des Trend-Schlagworts wird ein massiver Bedeutungsrahmen aufgerufen, der den Angesprochenen einige Vorzüge vermittelt, ohne dass du weit ausholen müsstest. So impliziert der Begriff „Industrie 4.0", dass es um die Digitalisierung der industriellen Produktion geht. Einkäufer können so besser verstehen, wie ein Produkt mit den allgemeinen Prioritäten des Unternehmens zusammenhängt. Eine solche Trendpositionierung sollte jedoch vorsichtig erfolgen und nicht zu leeren Phrasen führen, die am Ende nur Verwirrung stiften. Achte also darauf, dass du solche Trend-Begriffe nicht wahllos aneinanderreihst, weil die Begriffe gerade im Trend sind. Der Zusammenhang zu deinem Unternehmen muss gegeben sein.

Kernbotschaft und Positionierung kombiniert im One-Liner

Sobald du deine Kernbotschaft und Positionierung erarbeitet hast, gilt es jetzt, dies in einem aussagekräftigen One-Liner zu verpacken. Ein One-Liner ist eine kurze und prägnante Antwort auf die Frage: „Was macht dein Unternehmen?" Im B2B-Marketing solltest du keinesfalls darauf verzichten, denn der One-Liner hilft dir dabei, ein komplexes Produkt innerhalb kürzester Zeit zu erklären.

Ein One-Liner besteht aus drei Teilen:

1. **Problem:** Was ist das Hauptproblem des Kunden, das du eliminieren willst?
2. **Solution:** Was ist deine einzigartige Lösung?
3. **Reward:** Wie verändert sich das Leben des Kunden, wenn er dein Produkt kauft (Beschreibung der Transformation)?

So weit zur Theorie. In der Praxis könnte das dann in etwa so klingen:

„Zu viele Immobilienunternehmen investieren in schöne, luxuriöse Außenanlagen, aber begnügen sich mit einer einfachen Beleuchtung – weil sie nicht wissen, welchen Unterschied eine individuelle Lichtlösung machen kann."

Dieser One-Liner stammt von *Landscape Lighting Pro of Utah*, einem Spezialisten für Landschaftsbeleuchtungen oder Beleuchtungen im Außenbereich. Der erste Teil des Satzes umreißt in einfachen Worten das Problem, der zweite Teil verdeutlicht, dass es Zeit für die Investition in eine aufwendigere Beleuchtung ist. Gleichzeitig enthält die Lösung einen wichtigen Hinweis darauf, was das Angebot von *Landscape Lighting Pro of Utah* auszeichnet: die Individualisierbarkeit der Beleuchtungen.

1.2.3 Der Content-Hub als Fundament

Für B2B-Unternehmen ist hochwertiger Content für die digitalen Touchpoints wichtiger als je zuvor. Viele klassische Aktivitäten haben sich für das Marketing und den Vertrieb, wie etwa die wichtigen Messen, stark gewandelt. Es stellt sich also die Frage, wie du den Kontakt zu deinen B2B-Kunden und -Leads halten kannst. Content-Hubs spielen hier eine immer wichtigere Rolle, denn sie helfen B2B-Unternehmen, den so wichtigen Expertenstatus aufzubauen.

Ein Content-Hub ist eine zentrale Sammelstelle für alle Artikel, welche deine Buyer-Persona während ihrer Customer-Journey unterstützen. Häufig geht es im B2B um erklärungsbedürftige Produkte. Es ist daher typisch, dass der B2B-Kunde früh auf seiner Customer-Journey vertiefende Informationen nachfragt. Ein Content-Hub ist dazu da, die Inhalte entlang der Customer-Journey zu strukturieren und den Kunden so auf seiner Journey zu begleiten. Der entscheidende Vorteil: Du weißt genau, wofür sich dein Kunde interessiert und welche Informationen er wahrscheinlich noch benötigt, um in der Customer-Journey weiter vorzurücken. Aber es gibt noch weitere Vorteile:

- **Bessere Nutzererfahrung:** Der Hub ist im Idealfall das Herz deiner Online-Marketing-Distribution. Alle Inhalte sind an einem zentralen Ort gesammelt und das erleichtert es, das Nutzererlebnis zu vereinheitlichen. Dank den qualitativ hochwertigen Inhalten, die strukturiert abgelegt sind, können diese einfacher am richtigen Ort der Customer-Journey wiederverwendet werden. Durch die passenden Inhalte wird die Wahrscheinlichkeit verringert, dass der Besucher vorzeitig zur Konkurrenz abwandert.
- **Mehr Conversions:** Ein Content-Hub dient auch als Instrument, um Besucher in Leads zu konvertieren. Im Content-Hub wird ein Inhalt abgelegt und

1.2 Die Bestandteile der Produktpositionierung

in Themen kategorisiert. Wenn du weiterführende Inhalte zu einem Thema anbietest, profitiert nicht nur die Nutzererfahrung, sondern personalisierte Vorschläge zu thematisch ähnlichen Whitepapers, Webinaren oder E-Books (im Tausch gegen die Kontaktdaten) führen zu besseren Conversions. Auch passende Platzierungen von Produkten innerhalb von Artikeln sind so leichter umzusetzen.

- **Mehr Reichweite und Insights:** Ein Content-Hub hilft dir, die organische Reichweite deiner Beiträge zu erhöhen, weil er die Inhalte auf eine für Social Media leicht verwertbare Weise verfügbar macht. Sichtbarkeit und Brand-Awareness verbessern sich dadurch. Über die Besucher deines Hubs kannst du wertvolle Daten sammeln, auswerten und auf dieser Basis deine Content-Marketing-Strategie optimieren. Welche Inhalte werden besonders oft und lange aufgerufen? Welche Wege legen Nutzer auf deinem Content-Hub zurück? Welche Besucher schauen regelmäßig vorbei?

Die Content-Assets

Wie wir im Abschn. 1.2.1 bereits besprochen haben, ist es nicht nur wichtig zu wissen, wer deine Buyer-Persona genau ist. Sondern um diese optimal abholen zu können, musst du auch beginnen, in Situationen zu denken. Das betrifft natürlich auch deine Inhalte, die im Content-Hub bereitgestellt werden. Je nachdem, in welcher Situation sich ein potenzieller Kunde befindet, können die Texte und die Produktpositionierung variieren. Die in dem vorliegenden Abschnitt bereits genannten Situationen lassen sich in drei Kategorien einteilen:

1. **Fokus Industrie:** Kann deine Lösung in mehreren Industrien genutzt werden, so empfiehlt es sich, Inhalte zu erstellen, die die Anwendung in den einzelnen Industrien aufzeigen. Beispiele dafür wären spezifische Industrie-Landingpages oder Fallstudien von Kunden aus verschiedenen Branchen.
2. **Fokus Konkurrenz:** Gerade, wenn du bekannte Konkurrenten hast, lohnt es sich, dein Produkt als Alternative zu diesen zu positionieren. Dafür eignen sich etwa Blogartikel, in denen du dein Produkt mit der Konkurrenz vergleichst (wichtig: sei möglichst neutral).
3. **Fokus Pain-Point:** Überlege dir, welche typischen Probleme dein Produkt löst. Dein Content thematisiert dann die Pain-Points der Zielgruppe und zeigt auf, wie sie mit dem Produkt gelöst werden können – z. B. mittels Fallstudien über bestehende Kunden.

Wichtig ist, dass es sich hierbei nicht um ein „entweder oder" handelt. Im Gegenteil: Wir empfehlen dir, dass du (falls möglich) für alle drei Kategorien entsprechenden

Content erstellst – jeweils für die verschiedenen Phasen der Customer-Journey. Daraus lassen sich dann auch unterschiedliche Produktpositionierungen ableiten. Bei allen Inhalten sollte aber stets die Frage im Zentrum stehen: Wie können wir unserer Zielgruppe das Gefühl geben, dass wir sie verstehen?

▶ Mit einer Content-Hub-Software kannst du vorhandene Inhalte in einer zentralen Bibliothek zusammenfassen und so Redundanzen (z. B. zwei oder mehr Kopien desselben Inhalts, die von verschiedenen Standorten aus bereitgestellt werden) und nicht synchronisierte Versionen beseitigen. Die Migration kann schrittweise erfolgen. Du kannst Daten von einem einzelnen CMS oder von verschiedenen Plattformen, die von mehreren Teams genutzt werden, auf einmal übertragen.

1.3 Plane Content und Leads entlang der Customer-Journey

Auch wenn der klassische Marketing-Funnel beinahe 100 Jahre alt ist, gibt es erstaunlich wenige Beweise dafür, dass dieser das tatsächliche Verhalten der Buyer-Persona widerspiegelt. Das Konzept entstammt einer Zeit, in der Direktverkäufe an der Tagesordnung standen, und hat sich in den letzten Jahrzehnten in unterschiedlichen Bereichen bewährt (Abb. 1.4).

Bahnbrechende Technologien und Innovationen machen es jedoch notwendig, das Konzept des Marketing-Funnels an das neue Medienumfeld anzupassen, denn es weist zwei wesentliche Schwächen auf:

Abb. 1.4 Schwächen des klassischen Marketing-Funnels

1. **Klassische Marketing-Funnels sind zu linear:** In der realen Welt kommen Kunden auch im B2B auf ganz unterschiedlichen Ebenen mit verschiedenen Touchpoints in Berührung. Abhängig vom Produkt lassen sich einige dieser Kontaktpunkte steuern, andere wiederum entstehen zufällig und können nur schwer vorausgesagt werden. Der traditionelle Marketing-Funnel, bei dem die Leads oben in einem Trichter landen (Top-of-Funnel) und dann ein Bruchteil davon unten zu Käufern wird (Bottom-of-Funnel), ist hierbei zu starr. Er ignoriert die einzelnen Phasen der Customer-Journey, welche alles andere als linear verläuft. Kunden steigen an verschiedenen Stellen ein und legen einen individuellen Weg zurück – abhängig vom Wissensstand, den sie mitbringen.
2. **Fehlende Kundenorientierung:** Traditionelle Marketing-Funnels sind darauf ausgerichtet, Kunden zu kommerzialisieren und Umsätze zu steigern. Diese Ausrichtung ist in unserer digitalisierten Welt nicht mehr zeitgemäß. Durch höhere Verkäufe generierst du weder Vertrauen noch Loyalität. Daher stehen die Kundensensibilisierung sowie der gezielte Vertrauensaufbau heutzutage im Vordergrund. Mit jedem Touchpoint gilt es, Kompetenz zu vermitteln und die Bedürfnisse des Kunden zu befriedigen.

Die Überlegenheit der Customer-Journey
Während der Funnel also darauf abzielt, Webseitenbesucher in Leads und Leads in Kunden zu verwandeln, stellt die Customer-Journey den gesamten Weg einer Person vom Interesse und der Aufmerksamkeit bis hin zur Kaufüberlegung und Konversion dar. Überall kann der Lead einsteigen und auch zurückgehen oder nach dem Kauf erneut begeistert werden.

Je nach Marketingstrategie kann die Customer-Journey einfach oder sehr komplex sein. Das Ziel der Customer-Journey ist es, besser zu verstehen, was der Lead in den unterschiedlichen Phasen benötigt. Sie soll zeigen, wie deine Zielgruppe von deinem Unternehmen erfährt, was ihr Interesse weckt, wann und warum sie sich zum Kauf entschließt und wie du sie letztlich effektiver und effizienter von Anfang bis Ende begleiten kannst. In einer Customer-Journey geht es um den Wissensstand des potenziellen Kunden in den verschiedenen Phasen.

Deshalb fokussieren wir uns vermehrt auf die Customer-Journey und gehen auf den Funnel nicht vertieft ein.
Als Unternehmer weißt du, dass nicht nur dein Unternehmen, sondern all deine Konkurrenten gleichzeitig um die Aufmerksamkeit von potenziellen Kunden kämpfen. Um dich von deinen Mitbewerbern abzuheben, gilt es, deinen Wiedererkennungswert zu prägen und mit jedem Touchpoint positive Eindrücke zu wecken. Nur so ist es möglich, dass sich Interessenten auch in späteren Phasen an dein Angebot

erinnern und es in Erwägung ziehen. Um dich von deinen Mitbewerbern abzuheben, muss dein Content daher Mehrwerte bieten, die deine Zielgruppe ansprechen und abholen. Zudem gilt es, die einzelnen Themen aufeinander sowie auf die einzelnen Touchpoints abzustimmen. So gelingt ein homogener Auftritt innerhalb der Customer-Journey, der deine Besucher in einzelne Themenwelten führt.

1.3.1 Durch B2B-Content-Marketing zu kaufbereiten Leads

Content-Marketing ist für B2B-Unternehmen eine der wirksamsten Methoden, um Leads zu generieren. Überzeugende Inhalte sind daher essenziell, um die Marketing- und Geschäftsziele zu erreichen. Content-Marketing ist längst ein Must-have für B2B-Unternehmen. Warum?

1. **B2B-Einkäufer haben ein Informationsbedürfnis:** Seit Langem sind nicht mehr nur Privatkunden im Internet auf der Suche nach wichtigen Produktinformationen. Studien zufolge informieren sich 67 % der B2B-Käufer dort über mögliche Anschaffungen (Ramos et al., 2019). Die Recherche wird immer intensiver betrieben, während die Ansprüche an hochwertige Inhalte wachsen. Mit den entsprechenden Inhalten hast du darum einen maßgeblichen Einfluss auf den Kaufentscheidungsprozess.
2. **Content-Marketing steigert die Bekanntheit:** Hochwertiger Content hilft dir dabei, dauerhaft mehr Bekanntheit zu gewinnen. Wusstest du beispielsweise, dass kleine Unternehmen ihr Lead-Wachstum mithilfe eines einfachen Blogs um 126 % steigern können (Zhu, 2015)? Deine Inhalte können nicht nur Interessenten, sondern auch Suchmaschinen überzeugen, allen voran den Google-Algorithmus. Da Suchanfragen in den meisten Fällen zugunsten der ersten drei Google-Treffer ausfallen, können dir hochwertige Inhalte einen wertvollen Vorsprung gegenüber der Konkurrenz verschaffen. Zwar wären die gefragten Plätze auch über eine bezahlte Kampagne zu erreichen. Doch dies ist lediglich ein befristeter Erfolg, der zudem deutlich höhere finanzielle Aufwendungen mit sich brächte.
3. **Content-Marketing weckt das Vertrauen deiner Kunden:** Ein wichtiger Pfeiler des Content-Marketings ist die Beziehung zur Zielgruppe. Aktuell erkennen viele Unternehmen diesen Trend zu Kundenzentrierung und möchten aktiv Vertrauen aufbauen. Gaben vor zwei Jahren nur 68 % der Befragten an, Vertrauen aufzubauen sei ein Ziel ihrer Kampagne, stieg der Wert in diesem Jahr auf 81 % (Content Marketing Institute und MarketingProfs, 2020b).

Hochwertige Inhalte sind der beste Weg, um Unternehmenskunden die eigene Expertise zu demonstrieren. Bereits 2014 zeigte der *Demand Gen Report,* dass 95 % aller B2B-Kunden sich eher für den Lieferanten entscheiden, der während des gesamten Kaufprozesses hochwertige und relevante Inhalte zur Verfügung stellte (Demand Gen Report, 2014).

Die drei Bausteine von erfolgreichem Content-Marketing
Funktionierendes Content-Marketing setzt voraus, dass regelmäßig neue Inhalte veröffentlicht werden. Eine nützliche Hilfe für die Planung von Inhalten bietet das Hygiene-Hub-Hero-Modell (3-H-Modell). Es wurde ursprünglich von Google entwickelt, um kommerziellen Nutzern des YouTube-Kanals eine Anleitung für die programmatische Planung ihrer Inhalte zu geben. Der Wert des Modells geht jedoch über den Videokontext hinaus. Wir haben diese Methodik erweitert. Sie basiert auf drei Content-Arten (Abb. 1.5):

1. Inhalte für Relevanz
2. Inhalte für Engagement
3. Inhalte für Autorität

Content-Marketing setzt auf Kontinuität und bringt den User mit informativen Beiträgen, nützlichen Tipps und Aktionen dazu, die Webseite und Kommunikationskanäle des Unternehmens immer wieder zu besuchen. Dennoch haben die wenigsten Unternehmen keine klare Strategie für ihr Content-Marketing, von definierten Arbeitsprozessen ganz zu schweigen. Die kontinuierliche Verbreitung dieser drei Content-Typen führt zur Meinungsführerschaft und zu Autorität – damit sich qualifizierte Leads aktiv bei dir melden.

Um ein Thema erfolgreich zu besetzen, ist ein strategisches Konzept unabdingbar. Der Planungsvorgang unterteilt sich grob in drei Bereiche:

1. **Definition des Ist-Zustands:** An welche Zielgruppe wendet sich dein Unternehmen? Wer sind die Mitbewerber? Wie umkämpft ist der Markt?
2. **Erstellung eines Content-Plans:** Ein Content-Plan respektive Redaktionsplan legt fest, mit welchen Content-Typen und auf welchen Kanälen welche Inhalte verbreitet werden sollen. Viel wichtiger finden wir jedoch, dass im Content-Plan die Zuordnung des Contents zu einem Thema festgehalten wird, welches man als Unternehmen besetzen will. Auch die Stelle der Customer-Journey, an der ein Content-Asset positioniert wird, gehört in den Content-Plan.

3. **Bewertung der Maßnahmen:** Anhand von wesentlichen Kennzahlen und Reports wird der Erfolg der Kampagne kontrolliert und die Strategie für weitere Schritte optimiert.

Erster Baustein: Content-Relevanz

Die Grundlage für erfolgreiches Content-Marketing ist der **Content für Relevanz**, der oft auch als Hygiene- oder Hilfe-Content bezeichnet wird. Diese SEO-relevanten Inhalte beziehen sich in erster Linie auf die Suchanfragen der Zielgruppe und helfen, Antworten auf die Fragen im Kaufprozess zu geben. Ratgeber, erklärende Videos oder Tutorials fallen beispielsweise in diese Kategorie, aber auch User-Generated Content wie Rezensionen und Produktbewertungen.

Dieser sogenannte Pull-Inhalt dient dazu, die Sichtbarkeit in den Suchergebnissen zu erhöhen und deine Kunden langfristig zu binden, da er ihnen echten Mehrwert bietet. Du teilst damit wertvolle Tipps (idealerweise wöchentlich), die beim Lösen eines spezifischen Problems deiner Branche helfen. Wenn du als Experte wahrgenommen werden willst, dann musst du dich in deine Buyer-Persona hineinversetzen und dir überlegen, vor welchen Herausforderungen sie steht und welche Themen sie interessieren.

> **Beispiel: Relevanter Content**
>
> Stefan ist für sein Unternehmen auf der Suche nach einer Software für die Lagerhaltung. Bei seiner Recherche stößt er auf einen Anbieter, der auf seinem Blog spannende Inhalte zum Thema liefert. So thematisiert er beispielsweise, was eine gute Lagerhaltung ausmacht oder welche Anforderungen der Markt an die Lagerhaltung der Zukunft stellt. Stefan ist überzeugt, dass dieser Anbieter etwas von seinem Fach versteht, weshalb er ihn kontaktiert. ◄

Dieser Content wird über Social Media verteilt und mithilfe von Remarketing den Webseitenbesuchern auch auf anderen Plattformen gezeigt. Die Besucher sollen so regelmäßig zu deinem Angebot zurückfinden. Aber dazu später mehr.

Zweiter Baustein: Content-Engagement

Diese Art des Contents soll User dazu bringen, das Thema zu abonnieren. Er ist auf die Interessen der Zielgruppe ausgerichtet und wird in regelmäßigen (z. B. monatlichen) Abständen veröffentlicht.

Content für Engagement, auch Hub-Inhalte genannt, soll die Nutzer dazu bringen, in regelmäßigen Abständen auf die Corporate Webseite zurückzukehren, sich

1.3 Plane Content und Leads entlang der Customer-Journey

Baustein 3: Content-Autorität Die kontinuierliche Umsetzung und Verbreitung von relevantem Content (Vertrauen).

Baustein 2: Content-Engagement Benutzerführung über funktionalen und informativen Content (User Experience).

Baustein 1: Content-Relevanz Regelmäßige Bereitstellung von SEO-Content (Bewusstsein).

Abb. 1.5 Drei Bausteine des erfolgreichen Content-Marketings

mit einem Thema vertieft auseinanderzusetzen, und er navigiert den Nutzer entlang der Customer-Journey zu weiteren Artikeln. Diese Inhalte sorgen also dafür, dass das bereits gewonnene Interesse der Zielgruppe nicht nachlässt.

Es handelt sich hierbei um Push-Inhalte, die ganz gezielt publiziert und verteilt werden. Diese Inhalte bieten einen relevanten Mehrwert, der die Nutzer möglichst unaufdringlich auf ihrer Reise begleiten und zur Interaktion anregen soll. Ein beliebtes Beispiel im B2B sind umfassende Guides, Pillar-Pages (mehr dazu in Kap. 3) oder herunterladbare Whitepapers, die wichtige Themen umfassend behandeln.

Wichtig ist, dass du deine Leser nicht nur mit Artikeln auf die Webseite lockst, die Aufmerksamkeit erregen, sondern du musst sie auch im weiteren Kaufprozess mit relevantem Mehrwert überzeugen. Das schaffst du, indem du dein Angebot aus verschiedenen Blickwinkeln beleuchtest und thematisierst. Erschaffe Themenwelten, in die die Leser immer wieder eintauchen, sich informieren und sich entlang deiner Customer-Journey bewegen können.

Dritter Baustein: Content-Autorität

Beim dritten Baustein handelt es sich um Inhalte, die die Autorität des Unternehmens verdeutlichen. Mit Autorität ist der Expertenstatus gemeint: Ein Unternehmen positioniert sich als Experte zu einem bestimmten Thema. Content für Autorität soll vorwiegend Aufmerksamkeit erregen, zur Reichweite beitragen und die Zielgruppe auf unterhaltsame und emotionale Weise ansprechen. Es handelt sich um aufwendige Inszenierungen, bei denen der reine Nutzwert zweitrangig ist. Die Inhalte können z. B. exklusive Interviews sein, aber auch aufwendige Videoproduktionen oder Studien, die aufgrund ihrer Relevanz von den Medien aufgegriffen oder in sozialen Netzwerken geteilt werden.

Bei der Erstellung aller drei Content-Arten geht es insbesondere um Vertrauen und Glaubwürdigkeit. Dabei ist es wichtig, dass du alle deine Inhalte so gestaltest, dass sie für deine Zielgruppe einen echten Mehrwert bieten. Guter Content stellt die Bedürfnisse des Kunden in den Mittelpunkt. Die Planung der einzelnen Kampagnen erfolgt immer aus der Kundenperspektive.

1.3.2 Durch B2B-Lead-Management zu kaufbereiten Leads

Lead-Management umfasst alle Maßnahmen, die dazu dienen, potenzielle Kunden in tatsächliche Käufer zu verwandeln, und ist vorwiegend für B2B-Unternehmen respektive Unternehmen mit erklärungsbedürftigen Dienstleistungen und Produkten interessant. Sobald eine längere Entscheidungszeit des Käufers erforderlich ist, leistet Lead-Management einen wertvollen Beitrag für Marketing und Vertrieb. Es bietet nicht nur einen transparenten Prozess und Methoden, um den Beitrag des Marketings zum Unternehmenserfolg messbar zu machen, sondern ermöglicht auch die Definition von Metriken wie Scoring oder Rating. Durch ein optimales, ganzheitliches Lead-Management können potenzielle Interessenten individuell und nach ihren aktuellen Bedürfnissen mit Informationen versorgt und so für einen Verkaufsabschluss qualifiziert werden. Weitere Vorteile von Lead-Management sind:

1. **Erkennen des Onlineverhaltens von Interessenten:** Die Analyse ergibt, welche Themen und Produkte gut funktionierten. Es lassen sich Muster erkennen, wenn ein Lead mit Inhalten interagiert, und basierend darauf können relevante Inhalte für potenzielle Käufer definiert werden. Das Lead-Management nutzt in der Regel dynamische Formulare, um Daten von Interessenten zu erfassen. Wurde einmal der Job-Titel eingegeben, soll dieses Formular-Feld nicht nochmals abgefragt werden. Vielmehr interessiert dann, welches Problem der Lead priorisiert angehen möchte.
2. **Bessere Datenqualität und Abstimmung zwischen Marketing & Sales:** Externe Datenquellen oder Formular-Abfragen können genutzt werden, um die Datenqualität der Leads zu erhöhen. Durch die Analyse, welche Inhalte ein Lead liest, wird eruiert, wie tief er sich bereits mit einem Thema oder einem Produkt auseinandersetzt. Diese Qualifizierung wird als Schnittstelle zwischen Marketing und Vertrieb genutzt. Die Übergabe der Leads findet erst statt, wenn der Lead ein konkretes Kaufinteresse zeigt. Durch die Bewertung der Leads kannst du Muster erkennen und die richtigen Leads priorisieren.
3. **Aktionen automatisieren:** Arbeitsschritte können durch Workflows automatisiert werden. So wird einem Interessenten bspw. nach dem Ausfüllen eines Formulars ein Whitepaper zugeschickt. Reagiert er auf diese E-Mail, können weitere Inhalte vorgeschlagen werden, die weiter vorne in der Customer-Journey angesiedelt sind. So wird der Lead Schritt für Schritt mit passenden Inhalten in Richtung Kaufgespräch geführt. Lässt der Lead sich dadurch leiten, können ihm mittels Lead-Scoring Punkte vergeben werden, um festzuhalten, wie aktiv er sich mit den Inhalten auseinandersetzt. Auf das Thema Lead-Scoring gehen wir im Kap. 5 genauer ein.

Die drei Bausteine von erfolgreichem Lead-Management

Erfolgreiches Lead-Management besteht aus drei Bausteinen (Abb. 1.6), die wir nachfolgend besprechen:

1. **Lead-Generierung:** In dieser Phase will sich der Interessent in der Regel einen ersten Überblick verschaffen. Geeignete Angebote, um den Besucher über ein Formular in einen Lead zu konvertieren (De-Anonymisierung), sind Checklisten, E-Books, Whitepaper und Anleitungen.
2. **Lead-Nurturing:** An diesem Punkt hat der Lead bereits interessante Inhalte gelesen und seinen Namen sowie seine E-Mail-Adresse bekanntgegeben. Jetzt ist es an der Zeit, zusätzliche Empfehlungen zu Inhalten abzugeben und über weitere Formulare die Datenqualität des Leads zu verbessern. Geeignete Inhalte sind Webinare, Factsheets, Fallstudien oder sogar Einladungen zu persönlichen Informationsgesprächen.
3. **Lead-Scoring:** Die Bewertung der Leads soll zeigen, wann der Lead den Kaufzeitpunkt in der Customer-Journey erreicht. Geeignete Inhalte, um die Kaufentscheidung positiv zu beeinflussen, sind Produktbeschreibungen, technische Spezifikationen, Datenblätter, kostenlose Produktproben, Gutscheine, Test- oder Demoversionen oder vergünstigte Angebote für einen begrenzten Zeitraum.

Erster Baustein: Lead-Generierung

Lead-Generierung wird meist an der Anzahl der Leads (Kontakte) gemessen, die in einer bestimmten Zeit generiert werden. Hierbei wird zwischen Warmakquise und Kaltakquise unterschieden. Bei der **Warmakquise** hatte der Kontakt bereits eine Geschäftsbeziehung, du kennst ihn und seine Wünsche, Ziele und Bedürfnisse. **Kaltakquise** hingegen bedeutet, dass der potenzielle Kunde zum Zeitpunkt der Kontaktaufnahme noch keine Geschäftsbeziehung hat und du ihn nicht persönlich kennst.

Bei der Kaltakquise müssen die datenschutzrechtlichen Bestimmungen berücksichtigt werden. Sobald ein Lead ein Kontaktformular ausfüllt oder bei einem Artikel auf der Webseite einen Kommentar abgibt, werden der Name und die E-Mail-Adresse abgefragt. Gleichzeitig wird in diesem Formular auch die Einwilligungserklärung für die Verarbeitung der eigenen personenbezogenen Daten nach Art. 6 Abs. 1 lit. a) der Datenschutz-Grundverordnung (DSGVO) per Checkbox angekreuzt.

Der Lead muss diese Einwilligungserklärung dann nochmals bestätigen (Double-Opt-in-Verfahren). In der Regel wird hierzu eine E-Mail an den Lead gesendet, in der er aufgefordert wird, durch einen Klick auf einen Link die Einwilligung zu bestätigen. Dass für diese Zustimmung das Double-Opt-in-Verfahren angewandt werden muss, ist so nicht in der DSGVO festgelegt. Das heißt, das Fehlen des Double Opt-ins bei der Newsletter-Anmeldung stellt

1.3 Plane Content und Leads entlang der Customer-Journey

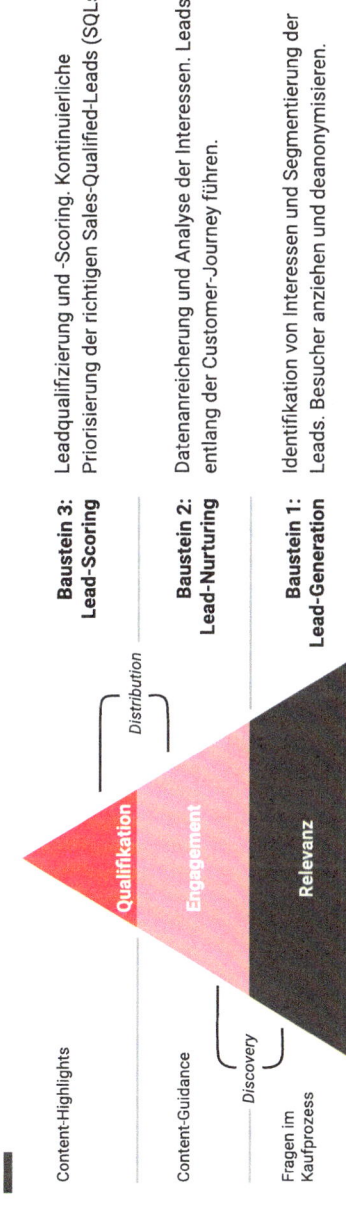

Abb. 1.6 Drei Bausteine für erfolgreiches Lead-Management

an sich zunächst keinen Verstoß gegen die Datenschutz-Grundverordnung dar. Gleichzeitig ist es aber im Interesse der Unternehmung, das Double-Opt-in als Anmeldeprozess zu nutzen. Denn die DSGVO legt weiterhin fest, dass man als Newsletter-Versender jederzeit nachweisen können muss, dass die Abonnenten der Verarbeitung ihrer personenbezogenen Daten zugestimmt haben. Für den E-Mail-Versand an Bestandskunden gibt es eine spezielle Ausnahmeregelung.

Bei der Kaltakquise werden die folgenden Maßnahmen verwendet, um die Zusammenarbeit zwischen Vertrieb und Marketing durch das Lead-Management zu erleichtern:

- Relevante Inhalte für potenzielle Käufer festlegen
- Den Interessenten einen Mehrwert bieten
- Das Online-Verhalten von Interessenten ermitteln
- Kontakte (Leads) generieren
- Kontakte qualifizieren
- Antwortquoten optimieren

Da sich die Situation auf den Märkten und damit auch das Kaufverhalten der Kunden ständig ändert, werden Entscheidungen oft mit einer langen Vorlaufzeit getroffen. Bevor sich ein potenzieller Käufer mit dem Unternehmen in Verbindung setzt, werden zuerst Informationen über Dienstleistungen und Produkte online recherchiert. In Kap. 3 befassen wir uns ausführlicher mit dem Thema Lead-Generierung.

Zweiter Baustein: Lead-Nurturing

Für Unternehmen ist es wichtig, in der Entscheidungsphase eines potenziellen Kunden Top-of-mind zu sein, damit die Entscheidung zu ihren Gunsten getroffen wird. Deshalb kommt dem Lead-Nurturing (Leadpflege) eine wichtige Rolle zu. Dazu gehören Marketing-Qualified-Leads (MQLs) und Sales-Qualified-Leads (SQLs). In der ersten Phase der Customer-Journey will der Interessent nur Informationen sammeln. Für das Unternehmen bedeutet das, dass diese auf die individuellen Bedürfnisse des Interessenten zugeschnitten werden sollten. Um ein nachhaltiges Interesse an den Produkten oder Dienstleistungen des Unternehmens zu wecken, eignen sich z. B. Industrie-Reports, (Video-)Podcasts oder Whitepapers.

Sobald das Interesse geweckt ist, soll der Interessent zum nächsten Schritt in der Customer-Journey geführt werden. Durch personalisierte Empfehlungen informativer Inhalte (das können auch Links zu Fachartikeln sein, welche nicht von dir stammen) kann er von einem MQL in einen SQL verwandelt werden. Ausführliche Informationen zum Thema Lead-Nurturing findest du in Kap. 4.

Es ist wichtig, dass du die einzelnen Kontaktpunkte der Customer-Journey aufeinander abstimmst. Besonders im B2B-Marketing, bei dem es oftmals um sehr hohe Investitionssummen geht, bedarf es guter, professioneller und ausführlicher Informationen sowie des ständigen Drehens an kleinen Stellschrauben, um den Kunden langfristig in die gewünschte Richtung zu lenken. Das Prinzip hinter diesem Ansatz nennt sich „Nudging". Anstatt potenzielle Kunden mit einer Aufforderung zum Handeln zu überrumpeln, soll Nudge-Marketing deine Kunden mit subtilen Hinweisen sanft zu der gewünschten Handlung bewegen.

Nudging ist im Wesentlichen eine Strategie zur Beeinflussung des Leads: Indem du manipulierst, wie und wann du dem Lead Informationen präsentierst, kannst du sie zu dem Verhalten bewegen, das du dir erhoffst. Auf subtile Art und Weise wirbst du für die gewünschte Entscheidung, damit die Menschen diese treffen.

Die Nudge-Theorie ist seit Jahrzehnten in der Politik und in der Verhaltensökonomie verbreitet und wurde 2008 in einem Buch der Wirtschaftswissenschaftler Richard Thaler und Cass Sunstein bekannt gemacht. Darin beschreiben die Autoren einen Nudge als „jeden Aspekt der Entscheidungsarchitektur, der das Verhalten der Menschen auf vorhersehbare Weise verändert, ohne Optionen zu verbieten oder ihre wirtschaftlichen Anreize wesentlich zu verändern" (nach Thaler & Sunstein, 2008, S. 6; Übersetzung der Autoren).

Dritter Baustein: Lead-Scoring
Beim Lead-Scoring werden Aktionen und Handlungen potenzieller Kunden entlang der Customer-Journey mit Punkten bewertet. Jedes Unternehmen entscheidet individuell, welche Aktion wie viele Punkte einbringt. Je mehr Punkte ein potenzieller Kunde erhält, desto eher ist er bereit für ein Angebot. Ein erfolgreicher Geschäftsabschluss wird immer wahrscheinlicher, wenn das Timing stimmt. Auch mit dem Thema Lead-Scoring werden wir uns noch intensiver beschäftigen, siehe dazu Kap. 5.

1.3.3 Die Content-Journey-Map zur Planung von Content und Leads

Nun geht es darum, die jeweils drei Bausteine von Content und Leads zusammenzuführen – wir tun das mit der Content-Journey-Map. Das Modell schafft die nötige Klarheit, um die Theorie in greifbare Maßnahmen umzusetzen, verbessert die Kommunikation und vor allem lassen sich begrenzte Ressourcen effizienter nutzen. Zudem bietet das Modell eine Denkweise bezüglich Leads und Inhalten, die über das Alles-oder-Nichts-Prinzip einer traditionellen Kampagne hinausgeht.

Das Modell funktioniert allerdings nur, wenn die „Geheimzutat" Engagement stimmt. Denn genau um dieses geht es letztlich im B2B-Marketing. Selbst ohne die pandemischen Herausforderungen ging es im B2B-Marketing in den letzten Jahren turbulent zu. Innerhalb nur einer Dekade haben wir einen explosionsartigen Zuwachs an technischen und digitalen Marketinglösungen erlebt. Gleichzeitig hat sich auch die Kundenerwartung massiv entwickelt. Die B2B-Kunden sind deutlich anspruchsvoller geworden – vorwiegend durch die Omnipräsenz der digitalen und medialen Sofortlösungen, aber auch durch die außerordentlichen B2C-Erlebnisse, wie sie von Unternehmen wie Apple, Amazon und Co. geschaffen wurden.

Weil heute ein IT-Entscheider, ein Einkaufsdirektor, ein Geschäftsführer im B2B schon lange nicht mehr zum Telefon greift, um sich Angebote einzuholen, kommt Content ins Spiel. Kundenerwartungen wie z. B. exakte und zum richtigen Zeitpunkt erhaltene Informationen, einfache Bedienbarkeit oder Nutzerführung werden daher auch an den Content im B2B-Kontext gerichtet. Authentizität und Transparenz sind die Werte, an denen du dich zusätzlich orientieren sollst. Dein Content wird also Teil deines Sales- und Marketingteams.

Um deine Inhalte so aufzubereiten, dass sie genau den Anforderungen deiner Kunden entsprechen und sie ihn bei der Kaufentscheidung erfolgreich begleiten, musst du wissen, wie die Content-Journey-Map – vom Augenblick des ersten Kennenlernens bis zur Entwicklung zum markentreuen Kunden – tatsächlich aussieht. Die Content-Journey-Map hilft dir dabei, den Überblick über all die Möglichkeiten nicht zu verlieren und im Team die Prioritäten abzustimmen.

Die Planung beginnt: deine Content-Journey-Map

Die Content-Journey-Map visualisiert die Aufgaben, die für die Implementierung eines digitalen Marketing- und Salesprozesses nötig sind. Es ist eine Aktionsliste, welche alle Aufgaben für effektives Lead-Management und Content-Marketings übersichtlich darstellt. Diese Übersicht hilft bei der Priorisierung der richtigen Aufgaben. Wichtig dabei ist: Die Content-Journey-Map hat auch den Nutzer im Fokus und verläuft deshalb nicht wirklich linear; gerade in den Phasen der Informationsbeschaffung, der Preis- und der Produktvergleiche entstehen oft Schleifen, die die Entscheidungsfindung relativ unvorhersehbar machen können (Abb. 1.7).

> ▶ Die Content-Journey-Map kann über die folgende URL heruntergeladen werden: b2broadmap.com/content-journey-map.

1.3 Plane Content und Leads entlang der Customer-Journey

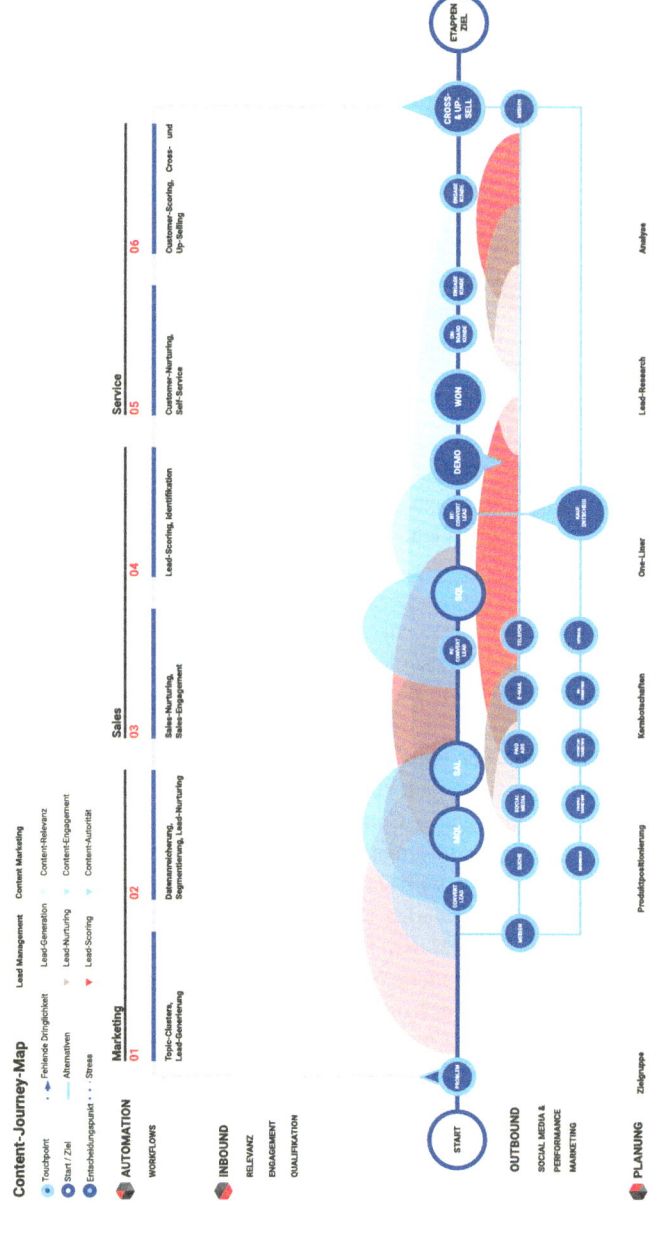

Abb. 1.7 Content-Journey-Map

Deine Content-Journey-Map dient dazu, den konkreten Informationsbedarf im Verlauf des Entscheidungs- und Kaufprozesses zu ermitteln und es deinem Kunden möglichst leicht zu machen, sich für dich zu entscheiden. Auch wenn sich Content in die Typen Relevanz, Engagement und Autorität einteilen lässt, ist die Unterscheidung in informative und unterhaltsame Inhalte ebenfalls relevant. Informative Inhalte sind immer diejenigen, die Wissen vermitteln, Probleme lösen oder eine Anwendung erklären, wie z. B. FAQ-Seiten, Video-Tutorials, Pressemitteilungen, Checklisten und Webinare.

Unterhaltsamer Content ist ebenfalls relativ selbsterklärend – vordergründig unterhält oder inspiriert er. Beispiele dafür sind virale Videos, Online-Quizze, Umfragen, Gewinnspiele oder Memes. Es gibt natürlich auch Schnittmengen aus beidem, also sogenannte „Edutainment"-Formate. Hierbei kombiniert man den Mehrwert der Information mit dem Mehrwert der Unterhaltung wie z. B. attraktiv gestaltete Infografiken, interaktive Produktdemos oder inspirierend aufbereitete Case-Studies.

Die einzelnen Phasen deiner Content-Journey-Map können dem Marketing-Modell bestehend aus Attract, Engage, Convert und Delight zugeordnet werden. Das hilft dir besser zu verstehen, welche Inhalte für welche Phase am geeignetsten sind:

- **Attract:** Hier wird die Aufmerksamkeit generiert, der Bedarf erklärt. Dein Content darf in dieser Phase auf keinen Fall zu werberisch klingen. Geeignet sind reichweitenstarke Inhalte wie Werbung, intelligente SEO-Maßnahmen und Social-Media-Posts.
- **Engage:** Aus einem Besucher wird ein Lead. Das Interesse an deinem Produkt entsteht, Informationen werden eingeholt – mittels eines Formulars wird er nun de-anonymisiert. Geeigneter Content in dieser Phase sind Datenblätter, Whitepapers, FAQs, Webinare, informative Blogposts und Studienergebnisse.
- **Convert:** Aus dem Interessenten wird ein Kunde. In dieser Phase kommt es meist zum direkten Kontakt mit dem Kunden, etwa über ein Beratungsgespräch, einen Analyse-Call, ein Online-Seminar usw. Entsprechend sind auch die Inhalte sehr spezifisch wie z. B. maßgeschneiderte Newsletter oder Landingpages.
- **Delight:** Aus dem Kunden wird nach dem Onboarding ein Botschafter. Das ist das Stadium für Customer-Retention, für die Kundenpflege und gegebenenfalls für Upsell-Angebote wie Premium-Tarife und Ähnliches. Auch Churn-Management findet an dieser Stelle statt. Eine sensible Phase für deinen Content, in der er besonders strategisch und datengestützt eingesetzt werden sollte (Abb. 1.8).

1.3 Plane Content und Leads entlang der Customer-Journey

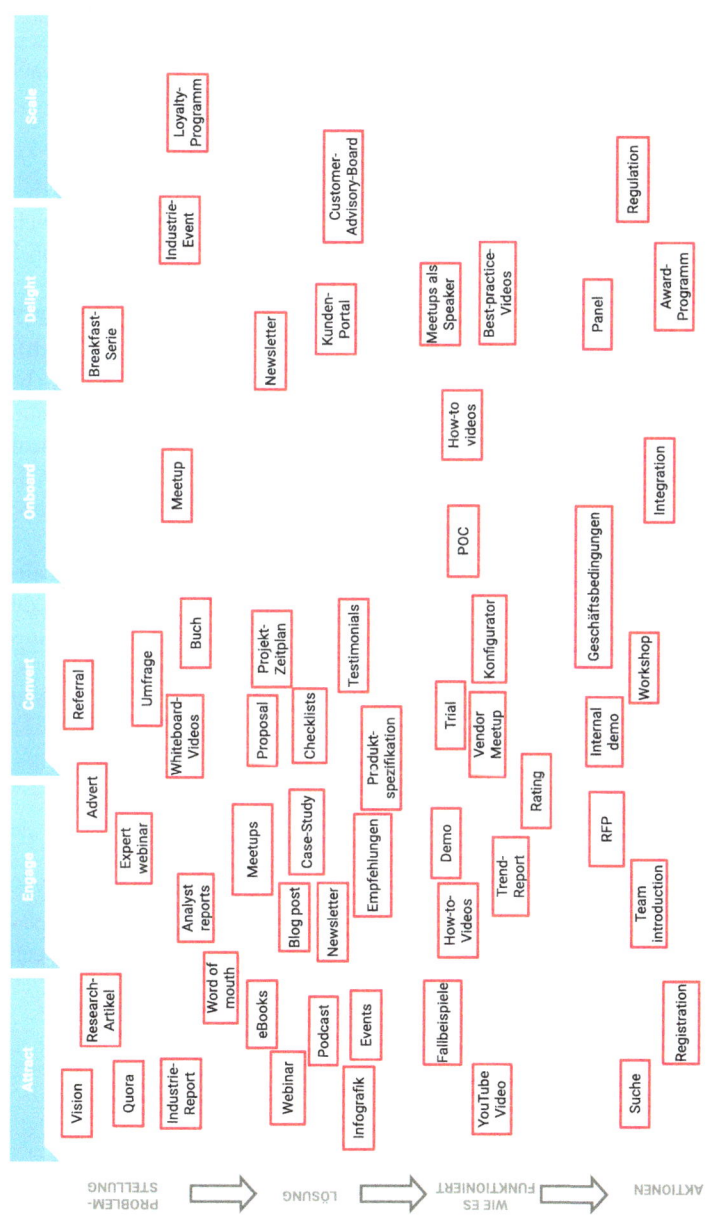

Abb. 1.8 Content-Beispiele für die einzelnen Phasen der Customer-Journey

Die besten, innovativsten und unterhaltsamsten Content-Ideen würden ohne eine Strategie der Content-Journey-Map ins Leere laufen. Nur dein genaues Wissen über deine Kunden, ihre Bedürfnisse und ihre Customer-Journey bietet dir eine zielführende Richtung im „Dschungel" der Content-Marketing-Möglichkeiten.

> **Etappenziel**
>
> Um eine erfolgreiche digitale Marketing- und Sales-Strategie im B2B-Bereich zu etablieren, müssen zunächst die Grundlagen aufgearbeitet werden. Dabei geht es darum, dass du dir darüber im Klaren bist, welche **Zielgruppe** du überhaupt ansprechen willst. Welches ist dein **ideales Kundenprofil (ICP)**? Nur, wenn du das weißt, kannst du diese auch erreichen **(Lead-Research)**. Dazu sind ein **konsistentes Messaging** sowie **relevante Inhalte am richtigen Ort der Customer-Journey** notwendig. Die so entstehenden Inhalte sind wiederverwendbare Bausteine, die strukturiert in einer Bibliothek, dem **Content-Hub,** abgelegt werden. All diese Komponenten bilden die Grundlage für die **Entwicklung deiner Content-Journey-Map** und damit das erste Etappenziel der **B2B-Roadmap.**
>
> Für dieses Kapitel stehen die Planungsbausteine, Checklisten und Fallbeispiele unter nachfolgendem Link zum Download bereit. Alles, was du benötigst, um die Prozesse auf ein Blatt Papier zu bringen, sind ein gedrucktes Exemplar der B2B-Roadmap und ein paar Post-its.
>
> Die drei Downloads für das Kap. 1 – Planung: b2broadmap.com/baustein/planung
>
> - Die Bausteine der B2B-Roadmap
> - Die Planung der Zielgruppe, der Kernbotschaften und des Messagings
> - Die Planung der Content-Journey-Map
>
> Weiterführende Links und praktisches Fachwissen sind in Form von umsetzbaren Inhalten, Fallbeispielen, Online-Kursen und ausführlichen Ressourcen unter b2broadmap.com verfügbar.

Literatur

Bages-Amat, A., Harrison, L., Spillecke, D., & Stanley, J. (2020). *These eight charts show how COVID-19 has changed B2B sales forever*. McKinsey. https://www.mckinsey.

com/business-functions/marketing-and-sales/our-insights/these-eight-charts-show-how-covid-19-has-changed-b2b-sales-forever. Zugegriffen: 13. Jan. 2022.

bvik. (2020). bvik Trendbarometer Industriekommunikation 2020. bvik. https://bvik.org/bvik-trendbarometer-industriekommunikation-ergebnisse-2020/. Zugegriffen: 13. Jan. 2022.

Content Marketing Institute, & MarketingProfs. (2020a). *B2B Content Marketing 2020a: Benchmarks, Budgets, and Trends – North America.* Content Marketing Institute. https://contentmarketinginstitute.com/wp-content/uploads/2019/10/2020_B2B_Research_Final.pdf. Zugegriffen: 13. Jan. 2022.

Content Marketing Institute, & MarketingProfs. (2020b). *11th Annual B2B Content Marketing Benchmarks, Budgets, and Trends: Insights for 2021.* https://contentmarketinginstitute.com/wp-content/uploads/2020b/09/b2b-2021-research-final.pdf Zugegriffen: 15. Okt. 21.

Demand Gen Report. (2014). *2014 Lead Nurturing Benchmarking Study.* https://www.demandgenreport.com/industry-resources/research/2936-the-2014-lead-nurturing-benchmarking-study/Zugegriffen: 13. Jan. 2022.

InsideView. (2018). *The State of Sales and Marketing Alignment in 2018: How Leading B2B Companies Drive Growth by Aligning Go-To-Market Teams.* InsideView. https://query.prod.cms.rt.microsoft.com/cms/api/am/binary/RE36vJj. Zugegriffen: 13. Jan. 2022.

LinkedIn. (2018). *State of Sales 2018.* linkedin.com. https://business.linkedin.com/content/dam/me/business/en-us/sales-solutions/cx/2018/images/pdfs/state-of-sales-ebook.pdf. Zugegriffen: 13. Jan. 2022.

Ramos, L., Robertson, C., Camuso, M., Basseches, J., & Turley, C. (2019). *Customer-Centered Messaging Helps Boost B2B Revenues By Motivating Buyer Action.* Forrester. https://www.forrester.com/report/CustomerCentered-Messaging-Helps-Boost-B2B-Revenues-By-Motivating-Buyer-Action/RES146297. Zugegriffen:13. Jan. 2022.

Thaler, R., & Sunstein, C. (2008). *Nudge: Improving decisions about health, wealth, and happiness.* Yale University Press.

Weber, J., & Gleißner, W. (2018). Werttreiber. https://wirtschaftslexikon.gabler.de/definition/werttreiber-47107/version-327342. Zugegriffen: 13. Jan. 2022.

Zhu, L. (2015). *Blogging Businesses Experience 126% Higher Lead Growth Than Non-Blogging Businesses.* https://blog.hubspot.com/blog/tabid/6307/bid/5519/blogging-businesses-experience-126-higher-lead-growth-than-non-blogging-businesses.aspx. Zugegriffen: 13. Jan. 2022.

Zumstein, D., Oswald, C., Gasser, M., Mäder, L., Thüring, U., & Völk, K. (2022). *Marketing Automation Report 2022.* https://www.pedalix.com/de/marketing-automation-report-2022. Zugegriffen: 31. Jan. 2022.

Weiterführende Literatur

Dunford, A. (2019). *Obviously Awesome: How to Nail Product Positioning so Customers Get It, Buy It.* Ambient Press.

Miller, D. (2017). *Building a StoryBrand: Clarify Your Message So Customers Will Listen.* Harper Collins Publ.

Webster, T. (2021). *Find Your Red Thread: Make Your Big Ideas Irresistible.* Page Two Books, Inc.

Herzschlag: Agile High-Performance-Teams

Im Team Richtung Ziel

Trotz der Pause war Stefan bereits wieder außer Puste. Er fragte sich, wann er eigentlich so unsportlich geworden war. Früher gehörte Sport fest zu seinem Alltag, zusätzlich fuhr er täglich 10 km mit dem Rad zur Arbeit. Doch mit der Übernahme der Firma wurden die Tage länger, die Wochenende voller und am Ende blieb neben der Familie gar keine Zeit mehr – und selbst die kam oft zu kurz. Seine Frau zeigte zwar viel Verständnis und hielt ihm so gut sie konnte den Rücken frei, obwohl sie beruflich ebenfalls ziemlich eingespannt war. Trotzdem schaffte sie es, nebenbei die Familie zu managen, und das war mit den fünfjährigen Zwillingen alles andere als ein Zuckerschlecken. Er hatte oft ein schlechtes Gewissen, wenn er es wieder einmal erst spät am Abend nach Hause schaffte oder den Familiensonntag doch nicht genießen konnte, weil er in Gedanken ständig bei der Arbeit war.

Es musste sich wirklich etwas ändern. Sebastian hatte ja völlig recht damit, dass sein momentanes Arbeitspensum absolut nicht nachhaltig war. Ob sein Ansatz eines automatisierten Sales- und Marketing-Prozesses allerdings der richtige Weg dafür war, wagte er zu bezweifeln. Immerhin kam Sebastian aus einem modernen SaaS-Umfeld, neue Technologien waren für ihn kein Fremdwort. Für ein traditionelles B2B-Unternehmen aus der Produktionsbranche, wie seines eines war, sah es aber seiner Meinung nach anders aus.

Stefan war skeptisch. Zwar ärgerte er sich regelmäßig über die festgefahrenen Strukturen und starren Prozesse in seiner Firma. Schon öfter hatte er versucht, diese neu aufzugleisen, Neues kam bei seiner Belegschaft aber meist nicht gut an. Oder nach ein paar Wochen hatten sich dann trotzdem wieder alte Muster eingeschlichen – auch bei ihm, so ehrlich musste er sein. Eigentlich schon ziemlich paradox, dachte Stefan: Sie hielten an alten Prozessen fest, weil er keine Zeit hatte, diese neu zu denken und richtig zu implementieren, aber gleichzeitig ärgerte er sich darüber, wie veraltet und ineffizient sie waren. Abrupt wurde er aus seinen Gedanken gerissen. Die anderen waren umgedreht und fuhren auf ihn zu. „Wir sind falsch." Sichtlich verärgert bremste Antonio neben ihm, „können alles wieder zurück".

„Wie, alles?" Entsetzt schaute Stefan die anderen an.

„Zurück dorthin, wo wir losgefahren sind."

„Red' keinen Unsinn", unterbrach ihn Tim, „wir sind nur bei der letzten Kreuzung falsch abgebogen. Wir hätten zunächst noch ein Stück weiter geradeaus gemusst, bevor wir rechts abbiegen."

„Dort wird mir keine Straße angezeigt." Antonio drückte auf seiner Sportuhr herum.

„Du mit deiner Uhr! Sicher gibt's dort einen Weg, wollen wir wetten?"

„Also anstatt zu wetten, wär's mir lieber, wenn wir einfach mal die Route prüfen könnten. Vielleicht sind wir ja doch richtig? Ich habe nämlich keinen Bock, den ganzen Berg, den ich hier hochgestrampelt bin, wieder runter zu müssen, nur damit ich dann an einem anderen Ort wieder hoch kann", mischte sich Stefan verärgert ein.

„Ja, ich habe schon bemerkt, dass du Opa ständig hinterherhinkst. Du warst schon mal fitter", zog Antonio ihn auf. Auch wenn Stefan wusste, dass er nur Spaß machte: Den leicht spöttischen Unterton konnte man nicht überhören.

„Hey Jungs, kommt mal wieder runter", rief Sebastian dazwischen, „Stefan hat recht. Wir sollten die Route nochmals durchgehen, bevor wir uns erneut verfahren."

„Oder wir gestehen uns einfach ein, dass es eine blöde Idee war, und brechen ab." Stefans Laune war am Tiefpunkt angekommen.

„Ach komm, das mit Opa war doch nicht ernst gemeint", Antonio lachte. „Stefan, ernsthaft, du kannst nicht einfach aufgeben." Die anderen nickten zustimmend.

„Das wäre wirklich schade", fügte Tim hinzu. „Von dieser Tour haben wir schon früher geträumt und immer ist etwas dazwischengekommen. Wir haben sie ständig aufgeschoben. Wenn wir sie jetzt nicht machen, dann machen wir sie nie!"

„Das stimmt. und früher hätten wir niemals aufgegeben. Besonders du nicht Stefan." Antonio schaute ihn herausfordernd an. Stefan wusste genau, was jetzt folgte. „Jetzt komm bitte nicht wieder mit dieser Gesch…" Bevor er den Satz beenden konnte, fiel ihm Antonio bereits ins Wort: „Der Stefan von früher ist am Morgen nach der Silvesterparty völlig verkatert von Zürich nach

Thun geradelt. Nur, um seiner damaligen Flamme zu beweisen, wie toll er ist. Dabei hat es sie noch nicht mal interessiert." Die anderen begannen herzlich zu lachen.

„Tja, ich habe schließlich mit ihrem Typen gewettet, dass ich's schaffe. Da konnte ich doch keinen Rückzieher machen", nun musste auch Stefan lachen. „Und hey, immerhin habe ich in Thun dann meine heutige Frau kennengelernt!"

„Ach, das waren noch Zeiten", Tim wischte sich die Tränen aus den Augenwinkeln. „Wir haben so viel zusammen erlebt, vor allem auch dank dir, Stefan!"

„Das stimmt", pflichtete Sebastian ihm bei. „Dich musste man nie zu etwas überreden. Im Gegenteil: Du warst immer an vorderster Front mit dabei und hast uns alle motiviert. Vor allem bei den Bike-Wettkämpfen damals! Du hast immer das Beste aus uns herausgeholt. Mit Erfolg! Wir waren wirklich ein starkes Team!"◄

Um erfolgreich einen Marketing- und Sales-Prozess zu implementieren, benötigst du die richtigen Mitarbeiter. Sie bilden das Herzstück eines jeden Unternehmens. Um die besten Talente für dich zu gewinnen, musst du allerdings ein entsprechendes Umfeld bieten – und das bedeutet weit mehr als eine „marktgerechte Vergütung" und „moderne Arbeitsbedingungen".

Erfolgreiche Unternehmen wie Google, Netflix und Co. machen es vor: Das Übertragen von Verantwortung und selbstbestimmtes Arbeiten über Teams und Bereiche hinweg führen zu besseren Resultaten. Dabei geht der Trend weg von klassischen Hierarchien und isolierten Abteilungen hin zu interdisziplinären und selbstorganisierten Teams. Die Vorteile dieser neuen Arbeitsweise kommen aber nur dann zum Tragen, wenn sie auch in eine agile Organisationsstruktur eingebettet sind.

Wenn wir allerdings einen Blick in die B2B-Unternehmen aus dem DACH-Raum werfen, fällt auf: In vielen Fällen funktioniert die Zusammenarbeit innerhalb des Marketings und in den verschiedenen Abteilungen alles andere als reibungslos. Vor allem in großen Betrieben ist häufig Silodenken an der Tagesordnung. Das Marketing- und das Salesteam machen jeweils ihr eigenes Ding, ohne die Chancen für andere Abteilungen im Blick zu behalten. Wir finden: Für ein strategisches B2B-Marketing gibt es nichts Schlimmeres als demotivierte Einzelkämpfer, die sich gegenseitig im Weg stehen.

Das hat nicht nur einen negativen Effekt auf deine Motivation und Effizienz, sondern wirkt sich meist auch schnell negativ auf dein Datenmanagement aus.

Wenn jede Abteilung eigene Daten sammelt, wiederholen sich identische Prozesse immer und immer wieder. Viele B2B-Unternehmen arbeiten noch immer mit isolierten Datensilos. Jede Abteilung nutzt ihren eigenen Datenpool und ihre eigene Software, isoliert von den Mitarbeitern anderer Abteilungen.

Datensilos bieten jedoch nur in bestimmten Situationen Vorteile. Im Zuge der digitalen Transformation werden sie für B2B-Unternehmen aber oft zum Problem, denn: Datensilos bremsen die Produktivität, verlangsamen Prozesse, verhindern die Anpassung von Unternehmensstrategien, verursachen hohe Kosten und beeinträchtigen die unternehmensweite Kommunikation und die Beziehung zu den Kunden. Ein schneller Zugriff auf hochwertige Daten ist für dein B2B-Unternehmen unerlässlich. Nur so kann dein Unternehmen auch in Zukunft im Wettbewerb bestehen.

▶ **Die richtige Datengrundlage und eine agile Organisationsstruktur für High-Performance-Teams** Die Fähigkeit, eine sich wiederholende Transformation auf allen organisatorischen Ebenen durchzuführen, wird unabdingbar. Eine erfolgreiche Zusammenarbeit im Team erfordert eine solide Datengrundlage und eine agile Organisationsstruktur.

Damit du all deine Datensysteme miteinander verknüpfen und sie als Ganzes auswerten kannst, benötigst du eine Datenstrategie und einen Kontrollmechanismus, wie sich deine Kunden entlang der Customer-Journey bewegen. Das funktioniert jedoch nur, wenn du auch eine entsprechende Organisationsstruktur und ein schlagkräftiges Team entwickelst. Mehr dazu in diesem Kapitel (s. auch Abb. 2.1).

2.1 Datenstrategie für die Unternehmensführung

Alle sind sich einig, dass Daten für die Unternehmensführung wichtig sind, aber nur wenige nutzen diese Erkenntnis auch in der Praxis. Es ist erschreckend: Eine Veröffentlichung der Harvard Business Review (2018) zum Thema „Data Growth" zeigt, dass rund 60 % aller Entscheider stark auf die Investitionen in Datenanalysen fokussiert sind. Was im ersten Moment gut klingt, bedeutet im Umkehrschluss allerdings, dass ganze 40 % sich mit dem Thema Big Data und Datenanalyse wenig bis gar nicht beschäftigen.

Wenn es um die Datenbestände im B2B und deren Qualität in der Einschätzung der B2B-Unternehmer geht, ist es angebracht, von einer Krise zu sprechen.

2.1 Datenstrategie für die Unternehmensführung

Abb. 2.1 Übersicht Kap. 2 – Herzschlag

So zeigt eine aktuelle Studie von CapGemini, dass gerade mal 27 % der Führungskräfte mit der Datenqualität zufrieden sind und nur 20 % vertrauen ihren eigenen Daten (CapGemini Research Institute, 2021). Das ist gefährlich in einem Umfeld, in dem Daten die Grundlage für den Erfolg darstellen. Die Qualität der Daten wird in Zukunft maßgeblich über den Erfolg des Unternehmens mitentscheiden.

Die Unzufriedenheit der Marketer mit der Datenqualität ist ein Warnsignal, das du deshalb definitiv ernst nehmen solltest, denn Entscheidungen im Unternehmen basieren auf Daten. Wenn die Grundlage unzureichend ist, weil falsche Daten gespeichert sind, kannst du keine Entscheidungen treffen. Eine geringe Datenqualität behindert etwa Prozessoptimierungen und die Automatisierung. Eine geringe Datenqualität auch auf Transformationsprozesse aus. So ist insbesondere das Erreichen der nächsten Digitalisierungsstufe häufig mit deutlich mehr Aufwand als eigentlich notwendig verbunden.

Die digitale Welt bietet für das Marketing eine schier unerschöpfliche Vielzahl an Möglichkeiten, Daten zu erheben. Aber wie geht man am besten mit der immer größer werdenden Datenflut um, die in Wirklichkeit eher mit einem Tsunami zu vergleichen ist? Die besten Algorithmen und modernen Ansätze im maschinellen Lernen bleiben wirkungslos, wenn deine Software mit Daten arbeitet, die

Fehler enthalten und andere Probleme aufweisen. Bevor du dir über fortgeschrittene Aspekte wie deinen MarTech-Stack[1] Gedanken machen kannst, müssen die Grundlagen stimmen, und das beginnt mit der Arbeit an der Datenqualität.

2.1.1 Die drei Grundpfeiler der Datenstrategie

Qualitativ hochwertige Daten sind das Fundament, auf dem das Unternehmen steht. Sie prägen die Kundenbeziehung, die Kundenanzahl und die Effektivität der eingesetzten Marketing-Automation-Systeme. Es mag allerdings ermüdend sein, sich mit ewig langen Tabellen und statistischen Daten zu beschäftigen. Für eine ausgeklügelte Geschäfts- und Marketingstrategie reichen jedoch wenige Daten, die regelmäßig miteinander verglichen werden.

Die Datenstrategie ist ein formulierter und zielgerichteter Verfahrensplan, der es dem Unternehmen ermöglicht, Wissen aus Daten zu gewinnen. Mit anderen Worten: Sie ist ein Fahrplan für die Nutzung der Datenanalyse zur Optimierung des bestehenden Geschäfts und möglicherweise auch zur Entwicklung neuer Geschäftsmöglichkeiten. Wichtig: nicht zu verwechseln mit einer Digitalstrategie. Letztere bezieht sich auf die Digitalisierung und die Erschließung neuer digitaler Kanäle. Eine Datenstrategie hingegen ist ein konkreter Geschäftsplan für die gewinnorientierte Nutzung von Daten, die ein Haupt- oder Nebenprodukt der Digitalisierung sind.

Die Datenstrategie legt klare Ziele mit Zeitvorgaben fest. Außerdem werden der voraussichtliche Einsatz von Ressourcen und die Rahmenbedingungen genannt, um die festgelegten Ziele zu erreichen. Dazu gehören sowohl die technischen als auch die rechtlichen Anforderungen (Datenschutz, Datensicherheit). In der Datenstrategie werden die Herausforderungen nachvollziehbar benannt und es wird festgestellt, ob die vorhandenen Arbeitskräfte in ihrem derzeitigen Zustand über die notwendigen Kapazitäten und Qualifikationen verfügen oder ob Maßnahmen zum Erwerb von Know-how ergriffen werden sollten. Zudem werden klare Ziele mit Zeitvorgaben festgelegt.

Eine durchdachte Datenstrategie verhindert somit, dass man sich in einer Datensammelwut verzettelt oder mit den falschen Projekten beginnt. Dadurch soll sie Frustration vermeiden und sicherstellen, dass das Bewusstsein von den richtigen Daten die Unternehmung voranbringt.

---

[1] MarTech-Stack (Marketing-Technology-Stack) umfasst alle Technologien wie Tools und IT-Systeme, die ein Unternehmen bzw. dessen Marketingabteilung zur Verwaltung, Ausführung, Messung und Optimierung der Marketingaktivitäten einsetzt.

Grundsätzlich basiert eine erfolgreiche Datenstrategie auf folgenden drei Grundpfeilern:

1. **Definition von Zuständigkeiten:** Wenn nicht klar definiert wird, wer für welche Daten in welchem Umfang zuständig ist, kümmert sich am Ende niemand darum. Dazu zählt nicht nur, dass die richtigen Daten gesammelt und analysiert werden, sondern auch für Datenhygiene und Datenschutz muss die Verantwortung klar benannt werden.
2. **Qualität vor Quantität:** Bloße Datenmengen bringen dich nicht voran. Für eine nachhaltige Datenstrategie benötigst du eine klare Aufteilung, die deine Daten nutzbar macht. Dazu ist es wichtig, dass du die Customer-Journey vor Augen hältst und pro Phase definierst, welche Daten genau gesammelt werden müssen. Mehr dazu in Abschn. 2.3.
3. **Aktualität:** Mit jeder Handlung verändern sich auch die Kundendaten. Dies solltest du im Blick behalten, denn nur aktuelle Daten gewährleisten eine solide Entscheidungsgrundlage. Konsequenz ist an dieser Stelle die wichtigste Eigenschaft, um mit einem eigenen Daten-Audit für die Ausarbeitung einer langfristigen Strategie zu sorgen.

Je umfangreicher und komplexer deine Datenmengen sind, desto empfehlenswerter ist es, an diesem Punkt einen Experten mit an Board zu holen. Das heißt nicht, dass du zwingend einen Data-Analysten einstellen musst. Es reicht, wenn du dir jemanden für das initiale Set-up holst – insbesondere dann, wenn keine entsprechende Kompetenz im Unternehmen vorhanden ist.

2.1.2 Datensilos

US-$ 900 Mrd. Investitionen in die Digitalisierung, dies sind knapp 70 %, waren 2018 reine Geldverschwendung (Forbes, 2018) und haben das Unternehmen in der Digitalisierung nicht vorangebracht. Das Hauptproblem: die Datensilos und der Mangel an Integration und Abstimmung. Unternehmen schaffen neue Datensilos mit jeder neuen Investition.

Doch was sind Datensilos überhaupt? Datensilos sind Datenspeicher, die unter der Kontrolle einer Abteilung verbleiben und vom Rest der Organisation isoliert sind, ähnlich wie Getreide in einem landwirtschaftlichen Silo vor äußeren Einflüssen abgeschirmt wird. Datensilos entstehen aus unterschiedlichen Gründen. Ein gemeinsamer Nenner liegt jedoch meist in der Organisationsstruktur. Hat ein Unternehmen eine bestimmte Größe erreicht, werden spezialisierte Teams ins

Leben gerufen, um Arbeitsprozesse zu beschleunigen, wodurch sich der Informationsfluss zwischen den Teams verlangsamt. Abteilungen und Teams sind hinsichtlich Datenerfassung und -verarbeitung nicht aufeinander abgestimmt. Datensilos entstehen häufig, wenn die Rohdaten nicht konsistent weiterverarbeitet oder wenn sie für andere Anwendungen unlesbar gespeichert werden. Auch eine Vielzahl an unterschiedlichen Systemen führt zu inkonsistenten Datenformaten. Mitarbeiter respektive Abteilungen sind häufig darauf angewiesen, dass ihre Daten in einem bestimmten Format vorliegen. Ist das nicht der Fall, sind umständliche Konvertierungen erforderlich und die Fehleranfälligkeit steigt erheblich.

Die Gefahren von Datensilos

Während Datensilos an der Oberfläche harmlos erscheinen mögen, besteht ein erhöhtes Risiko, dass du als Unternehmer längerfristig falsche Entscheidungen triffst. Gefahren von Datensilos sind:

- **Datenqualität:** Datensilos verringern die Qualität und damit die Aussagekraft deiner Daten, denn isolierte Daten sind schnell veraltet oder ungenau. Mehrere Kopien eines Datensatzes beeinträchtigen eine Analyse erheblich. Messen und Vergleichen mit verzerrten Daten ist nicht nur ziemlich sinnlos, sondern auch gefährlich: Es führt zu falschen Annahmen und möglicherweise zu Fehlinvestitionen.
- **Langsame Prozesse:** Datensilos verlangsamen dein Unternehmen. In der schnell drehenden Digitalisierung müssen Führungskräfte oft schnelle und fundierte Entscheidungen treffen. Aber obwohl du technisch gesehen über alle Informationen verfügst, die du benötigst, sind die Daten, wenn sie noch nicht analysiert wurden oder über mehrere Teams verteilt sind, nutzlos.
- **Interne Zusammenarbeit:** Datensilos behindern die interne Zusammenarbeit und die direkte Kundenkommunikation. Wenn die Mitarbeiter nur einen Teil des Gesamtbildes sehen, verpassen sie die Möglichkeit, an gemeinsamen Zielen zu arbeiten oder den vollen Wert der bereits erfassten Daten zu ermitteln. Wenn es zudem kein zentrales System zur Datenspeicherung gibt, erhöht das die Gefahr, dass Mitarbeiter, die auf die Daten zugreifen müssen, ihre eigenen Kopien für den schnellen Zugriff speichern. Wie will man so die Kunden verstehen und in Echtzeit die richtige Nachricht zur richtigen Zeit über den richtigen Kanal versenden?

Ein ganzheitlicher Ansatz wird für die Kundengewinnung und -bindung im digitalen Zeitalter immer wichtiger. Schätzungen zufolge verdoppelt sich das Datenvolumens alle drei Jahre. Diese Datenmenge zu beherrschen, wird zukünftig eine zentrale Kompetenz aller Marketing- und Sales-Mitarbeiter sein. Analyse-Tools werden den Alltag in Zukunft bestimmen – eine gute Datenqualität ohne Datensilos ist dafür unerlässlich.

Eine Möglichkeit, um Datensilos aufzubrechen und Kundenbeziehungen neu zu definieren, heißt Customer-Data-Platform (CDP). Im Abschn. 2.3 erfährst du mehr darüber.

2.2 Datenanalyse entlang der Customer-Journey

Bereits im Jahre 2015 waren durchschnittlich sechs Touchpoints auf verschiedenen Kanälen nötig, um einen Kunden zu gewinnen (McKinsey, 2015). Mittlerweile sind etliche Touchpoints und Kanäle dazugekommen – entsprechend nahm auch die Komplexität massiv zu. Das Customer-Relationship-Management (CRM) hat dabei das Ziel, jeden Kontakt möglichst effizient durch die Customer-Journey zu führen und den Customer-Lifetime-Value zu erhöhen. CRM-Systeme konzentrieren sich jedoch lediglich auf die Datenerfassung und -verwaltung. Im Vertrieb geht es allerdings um einen Prozess. Es geht darum, immer eine nächste Handlung hervorzurufen und die Leads in die letzte Phase des Verkaufsprozesses zu bringen: das Beratungsgespräch respektive den Verkaufsabschluss.

Bisher gab es keinen Plattformtyp, der das Potenzial hatte, alle Daten der Customer-Journey zusammenzuführen und gleichzeitig dem Unternehmen zugänglich zu machen. Ein CRM bietet zwar eine umfassende Sicht auf einzelne Kunden, die Daten sind jedoch oft nur so gut wie die Personen, welche das CRM bedienen. Es ist deshalb nicht ungewöhnlich, in vielen CRMs veraltete Datensätze vorzufinden.

2.2.1 Die Customer-Data-Plattform für alle Kundendaten

Die Customer-Data-Platform (CDP) liefert den Schlüssel zu einem umfassenden datengesteuerten Marketing. Es handelt sich hierbei um eine Kundendatenplattform, die alle Interaktionen und Aktivitäten entlang der Customer-Journey zu einheitlichen Kundenprofilen zusammenfügt, um damit valide Aussagen über das Kundenverhalten machen zu können. Die Software dient als zentrale Sammelstelle für Kundendaten. Sie ist in der Lage, alle Arten und Quellen von Kundendaten zu verbinden, ob intern oder extern, strukturiert oder unstrukturiert:

- **Transaktions- und Auftragsdaten:** E-Commerce-, Verwaltungs- und Service-Systeme, und somit Daten über Bestellungen, Kunden- und Produktwert und Serviceanfragen.
- **Verhaltensdaten:** Produkte und Kategorien, Klicks, Interaktionsdaten, Newsletter-Klickraten und besuchte Seiten.
- **Profildaten:** Kontaktdaten, Opt-ins, psychografische Datenpunkte, Vorlieben. Diese Daten können vom Kunden selbst über Formulare angereichert werden.
- **ERP- und PIM-Daten:** Gekaufte Produkte, Preise und Transaktionsdaten für individuelle Kunden. Typischerweise kommen diese Daten von PIM- oder ERP-Systemen. Größere Unternehmen haben mit ihren Lieferanten standardisierte Austauschformate (EDI), um die Effizienz zu steigern.

Die genannten Beispiele sind nur die Spitze des Eisbergs – die CDP ist für jede Art und Kategorie von (derzeit bekannten) Daten ausgelegt. Wahrscheinlich gerade deshalb ist die CDP eine der am schnellsten wachsenden Marketing-Technologien. Durch die zentrale Verwaltung und Orchestrierung von Kundendaten können anspruchsvolle Marketingkonzepte umgesetzt werden. Weitere Vorteile sind:

- **360-Grad-Kundenprofile:** Die Customer-Data-Platform (CDP) ist darauf ausgelegt, jegliche Touchpoints zu integrieren und zu analysieren. Im Gegensatz zu Google Analytics geht es bei der CDP darum, die Daten einem potenziellen Kunden zuzuordnen und alle Interaktionen eines Leads zusammenzuführen. Die Daten umfassen das Verhalten an den Touchpoints (Klick-Verhalten, Interaktionen) sowie die dazugehörigen Bestellungen, Produktdaten, Retouren, Garantiefälle, Bildschirmauflösungen und demografische Daten.
- **Segmentierung & Personalisierung:** Die Zusammenführung von Kundendaten und den passenden Inhalten hilft, den Lead zu segmentieren. Wenn man die 360°-Sicht von einem Lead hat, können etwa Anfragen per Chat, Messaging oder E-Mail via Bot klassifiziert und an das passende Produkt- oder Vertriebs-Team weitergeleitet werden, damit die Kunden gleich zu einem kompetenten Ansprechpartner gelangen.
- **Datendemokratisierung und der Kampf gegen Datensilos:** Die immer wichtigeren Themen wie Daten-Konformität (Compliance) und Datenschutzgrundverordnung (DSGVO) verleihen der CDP noch mehr Bedeutung. Die CDP ist darauf ausgelegt, alle Kundendaten für andere Anwendungen bereitzustellen. Diese Funktion erlaubt die kontrollierte Datenausgabe für andere Abteilungen oder Channels und natürlich auch die Bereitstellung oder Löschung der Daten, falls dies von einem Kontakt angefordert wird. So werden Silos konsequent

aufgelöst und es wird die Vision erreicht, die Kunden nahtlos auf ihrem Weg zu begleiten und zu unterhalten.

Bereits heute investieren zahlreiche Unternehmen in eine Customer-Data-Platform, um die wachsende Flut an Daten bewältigen zu können. Denn CDP verschaffen dir eine viel umfassendere Sichtweise auf deine Kunden. So kannst du diese besser verstehen und in Echtzeit auf sie und ihre Intentionen reagieren. Aber Achtung: Dass den Zugang zu allen Daten hast, heißt nicht, dass du auch alle benötigst. Wichtig ist, dass du dich bei der Analyse auf die relevanten Daten stützt.

Nachdem wir uns den Kundendaten gewidmet haben, geht es nun darum, wie gemessen werden kann, mit welchen Inhalten ein Kontakt interagiert, und wie die Content-Performance bestimmt werden kann.

2.2.2 Die Performance-Kennzahlen

Zielgerichtetes Online-Marketing unterstützt Unternehmen beim Beziehungsaufbau mit dem Kunden und wirkt sich zudem positiv auf die Reputation des Unternehmens aus. Dies ist im B2B besonders zeitintensiv, da es kaum spontane Einkäufe gibt. Vielmehr muss die Kundenbeziehung über einen langen Zeitraum aufgebaut und gepflegt werden, um die individuellen Unternehmensziele zu erreichen. Dafür benötigst du hochwertige Inhalte, mittels derer du Kunden und Interessenten ansprechen und die eigene Reichweite langfristig ausbauen kannst. Mit der Wichtigkeit von B2B-Content-Marketing haben wir uns in Kap. 1 bereits auseinandergesetzt.

Doch woher weißt du, ob deine Inhalte erfolgreich sind? Zur Erfolgsbestimmung deines Contents existiert eine sogenannte Performance-Pyramide. Die Pyramide unterscheidet verschiedene Ebenen, um die Content-Performance möglichst ganzheitlich zu erfassen, zu analysieren und zu bewerten. Die Basis bilden folgende Ebenen: Traffic, Besucher und Umsatz. Abb. 2.2 zeigt eine Übersicht über alle relevanten Kennzahlen der einzelnen Ebenen.

- **Traffic-Kennzahlen**
  - **Page-Views (Seitenaufrufe):** Diese Kennzahl zeigt, wie oft deine Seite aufgerufen wurde – unabhängig davon, wie viele unterschiedliche Personen es sind. Eine hohe Anzahl an Seitenaufrufen kann ein Indiz dafür sein, dass der Content für deine Besucher interessant ist.

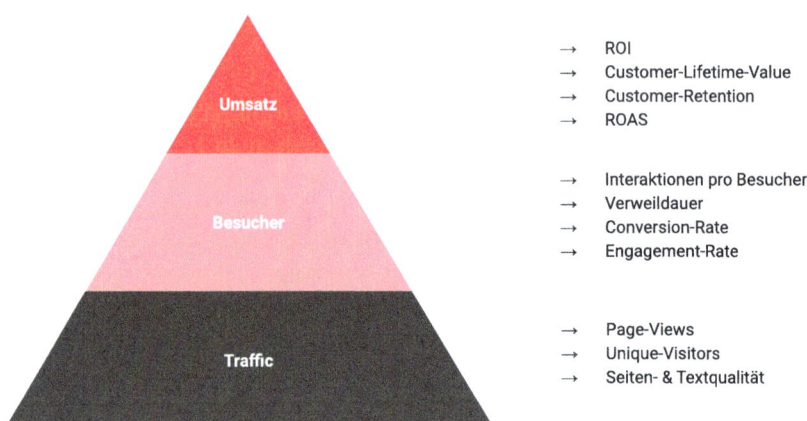

Abb. 2.2 Die Performance-Pyramide zur Erfolgsbestimmung der Inhalte

- **Unique Visitors (einzelne Besucher):** Hier geht es ebenfalls um die Seitenrufe, jedoch nur von unterschiedlichen Besuchern. Geht jemand innerhalb eines Zeitraums mehrmals auf deine Seite, wird er trotzdem nur als ein Besucher gewertet.
- **Seiten- und Textqualität:** Die Sichtbarkeit respektive das Ranking in Suchmaschinen gibt einen Anhaltspunkt bezüglich der Qualität der Seiten, Texte und Keywords. Google überprüft dazu Webseiten auf die geläufigsten Probleme, die User davon abhalten könnten, auf die Inhalte zuzugreifen, wie z. B. die Lesbarkeit, Ladegeschwindigkeit und die Struktur des HTML-Codes. Es empfiehlt sich daher, regelmäßig eine Seitenprüfung (Audit) durchzuführen.
- **Besucher-Kennzahlen**
  - **Anzahl Interaktionen pro Besuch:** Interaktionen der Zielgruppe, wie Kommentare, Sharings oder Abonnements, dienen als positives Feedback und zeugen von guter Qualität der Inhalte sowie Interesse für das Unternehmen.
  - **Verweildauer:** Hält der Besucher sich nur kurz auf der Webseite auf oder bricht er relevante Prozesse ab, spricht dies dafür, dass der Content nicht seinen Erwartungen entspricht. Von Google wird das mit einem schlechten Ranking abgestraft.
  - **Conversion-Rate:** Die Konversionsrate ist der Anteil deiner Zielpersonen, deren Status sich geändert hat, z. B. von einem Interessenten zu

einem Kunden, von einem MQL zu einem SQL etc. entlang der gesamten Customer-Journey. Der Zusammenhang zwischen Klicks/Besuchen und Conversions wird hier transparent. Die Conversion-Rate zeigt auch das Verhältnis zwischen Besuchen und Newsletter-Abonnements oder Downloads.
- **Neue MQLs und SQLs:** Diese Kennzahl zeigt dir, wie viele Marketing-Qualified-Leads (MQLs) respektive Sales-Qualified-Leads (SQLs) du generiert hast.
- **Engagement-Rate:** Die Engagement-Rate misst, wie auf deine Inhalte reagiert und wie mit ihnen interagiert wird. Um deine Engagement-Rate für Social-Media zu berechnen, teilst du die durchschnittliche Gesamtzahl von täglichen Interaktionen wie Likes, Kommentaren oder Shares durch die Gesamtzahl der Fans. Das Gleiche kannst du auch mit deinen Blogbeiträgen und E-Mails machen.
- **Interessen und Produkt-Relevanz:** Viel wichtiger ist jedoch die Zusammenfassung der Interessen von Kontakten. Anhand der Inhalte (Blogartikel, Produkttexte etc.), die ein Kontakt auf deiner Webseite konsumiert, kann ermittelt werden, wie relevant ein Thema für ihn ist. Je tiefer er in einem Thema drin ist (also je mehr er dazu konsumiert), desto größer ist die Wahrscheinlichkeit, dass er auf der Customer-Journey bereits weiter fortgeschritten und bereit ist für ein Beratungsgespräch.
- **Umsatzrelevante Kennzahlen**
  - **Return-on-Investment (ROI):** Diese Kennzahl beschreibt das Kosten-Nutzen-Verhältnis, welches über den Content erzielt wird.
  - **Customer-Acquisition-Cost (CAC):** Hierzu zählen die Kosten, die entstanden sind, bis aus einem Lead ein Kunde wurde.
  - **Customer-Lifetime-Value (CLTV):** Hierbei handelt es sich um eine betriebswirtschaftliche Kennzahl, die alle monetären Umsätze beinhaltet, die ein Kunde deinem Unternehmen bisher eingebracht hat. Zudem berücksichtigt sie auch die zukünftigen Umsätze, welche dieser Kunde vermutlich bringen wird, sofern er nicht abwandert.
  - **Abwägung von Kosten-/Gewinnfaktoren.** Revenue-Marketing dient als Entscheidungsbasis für den Einsatz von Marketingbudgets. Umsatz und notwendige Mittel, um den angestrebten Umsatz zu erreichen, werden in Relation gesetzt. In der Betriebswirtschaft ist Revenue die aussagekräftige Kennzahl für erzieltes Einkommen.
  - **Customer-Retention-Rate:** Mit der Kundenbindungsrate reflektierst du den Prozentsatz an Kunden, den dein Unternehmen innerhalb eines festgelegten Zeitintervalls im Kundenstamm gehalten hat. Logischerweise ergibt sich automatisch die Churn-Rate (Abwanderungsrate) daraus.

- **Return-on-Advertising-Spend (ROAS):** Der ROAS misst die Rentabilität von Werbeausgaben – zu Deutsch: Rendite der Werbeausgaben. Deshalb ist diese Kennzahl besonders wichtig für dein Performance-Marketing. Hier vergleichst du deine Ausgaben für Werbemaßnahmen und die Einnahmen, die damit erzielt wurden.

Die Auswahl der passenden KPIs hilft dir dabei, die Stärken und Schwächen deiner Online-Kanäle zu identifizieren. Zudem geben die Messgrößen Aufschluss darüber, an welchen Stellschrauben du drehen musst, um deine B2B-Performance zu verbessern. Im B2B sind das Tracking und die Analyse der Performance-KPIs jedoch eine wahre Herausforderung für jedes Unternehmen. So musst du einerseits die Anzahl der Leads messen und andererseits den monetären Wert der Conversions bestimmen.

B2B-Abschlüssen liegt in der Regel jedoch eine lange Customer-Journey respektive ein langer Sales-Zyklus zugrunde, der aus den unterschiedlichsten Touchpoints besteht. Daher sind Tools wie Google Analytics zwar hilfreich, allerdings nicht ausreichend, um die Performance zu bestimmen. Da die meisten Unternehmen auf einen bunten Marketingmix aus E-Mail-Marketing, SEA (Suchmaschinenwerbung), SEO (Suchmaschinenoptimierung), Affiliate-Links und sozialen Medien setzen, ist es zunehmend komplexer, die Ausgaben der richtigen Maßnahme zuzuordnen.

Um aus jedem Kanal das Beste herauszuholen, helfen dir Attributionsmodelle. Neben der Customer-Journey als Ganzes können mit Attributionsmodellen auch die verschiedenen Touchpoints, an denen der Kunde mit der Unternehmung in Kontakt kommt, erfasst und analysiert werden. Im besten Fall gibt dies Aufschluss darüber, welche Touchpoints für die Kaufentscheidung ausschlaggebend waren und welchen Anteil am Umsatz die einzelnen Maßnahmen hatten.

2.2.3 Die wichtigsten KPIs für B2B-Unternehmen

Wir haben dir nun einen Überblick über die wichtigsten Kennzahlen gegeben und dabei die Auswahl bewusst auf das Wesentliche reduziert. Welche Kennzahlen für dich relevant sind, um den Erfolg deiner B2B-Marketingstrategie zu beurteilen, musst du je nach Situation selbst entscheiden. Unserer Meinung nach reicht es, wenn du dich zunächst auf die nachfolgenden KPIs fokussierst.

Conversion-Rates entlang der gesamten Customer-Journey

Für jede Phase der Customer-Journey lassen sich Conversion-Rates definieren. Nur wenn die Conversion gelingt, bewegt sich der Kontakt weiter auf seinem Weg in Richtung Kauf. Conversion-Rates solltest du deshalb stets im Auge behalten, denn sie zeigen dir, wie gut es dir gelingt, den Kontakt durch die Customer-Journey zu lenken. Du kannst z. B. messen, wann ein Lead einen bestimmten Lead-Score erreicht oder wann sich ein MQL zu einem SQL wandelt. Welche Messung sinnvoll ist, hängt von der Gestaltung deiner Customer-Journey ab und davon, wie du das Erreichen der nächsten Phase definierst.

Die Messung der Conversion-Rates entlang der Customer-Journey hilft dir zudem bei der Identifikation von Flaschenhälsen. Wenn du weißt, an welcher Stelle sich deine Leads nicht weiterbewegen, kannst du deine Customer-Journey gezielt optimieren (Abb. 2.3).

Conversion-Rates besitzen bereits für sich genommen eine hohe Aussagekraft, insbesondere dann, wenn du sie im Zeitablauf betrachtest. Es ist aber auch wichtig, auf die Umsätze zu schauen, die du mit den einzelnen Kunden erreichst. Eine Conversion eines zahlungskräftigen und wiederkehrenden B2B-Kunden ist mehr wert als die eines Kunden, der nur einmal für eine geringe Summe Produkte und Dienstleistungen bestellt hat.

Content-Performance und Content-Engagement

Neben der Conversion-Rate sehen wir einen zweiten wichtigen Bereich, auf den sich deine Datenerhebung und Analyse konzentrieren sollten: Nämlich die Auswertung, wie gut deine Content-Performance ist und wie relevant welche Inhalte für einen einzelnen Kontakt sind.

Die **Content-Performance** zeigt dir, wie gut die einzelnen Inhalte bzw. Seiten deiner Webseite funktionieren. Eine einzelne Seite kann folgendermaßen untersucht werden:

- **Visitor-Views:** Wie viele neuen Besucher registriert die Seite?
- **Contact-Views:** Wie viele deiner bestehenden Kontakte besuchten die Seite?
- **Conversion:** Wie viele Conversions weist die Seite auf (z. B. Anzahl ausgefüllter Formulare, Downloads etc.)?
- **Retention:** Welche vorherigen Seiten und welche nachgelagerten Seiten werden von den Besuchern angeschaut?
- **Page-Quality:** Wie hoch ist die Qualität (bzgl. Lesefreundlichkeit, Ladezeit usw.) der Seite?
- **Dwell-Time:** Wie lange verweilen die Besucher auf der Seite und wie tief wird gescrollt?

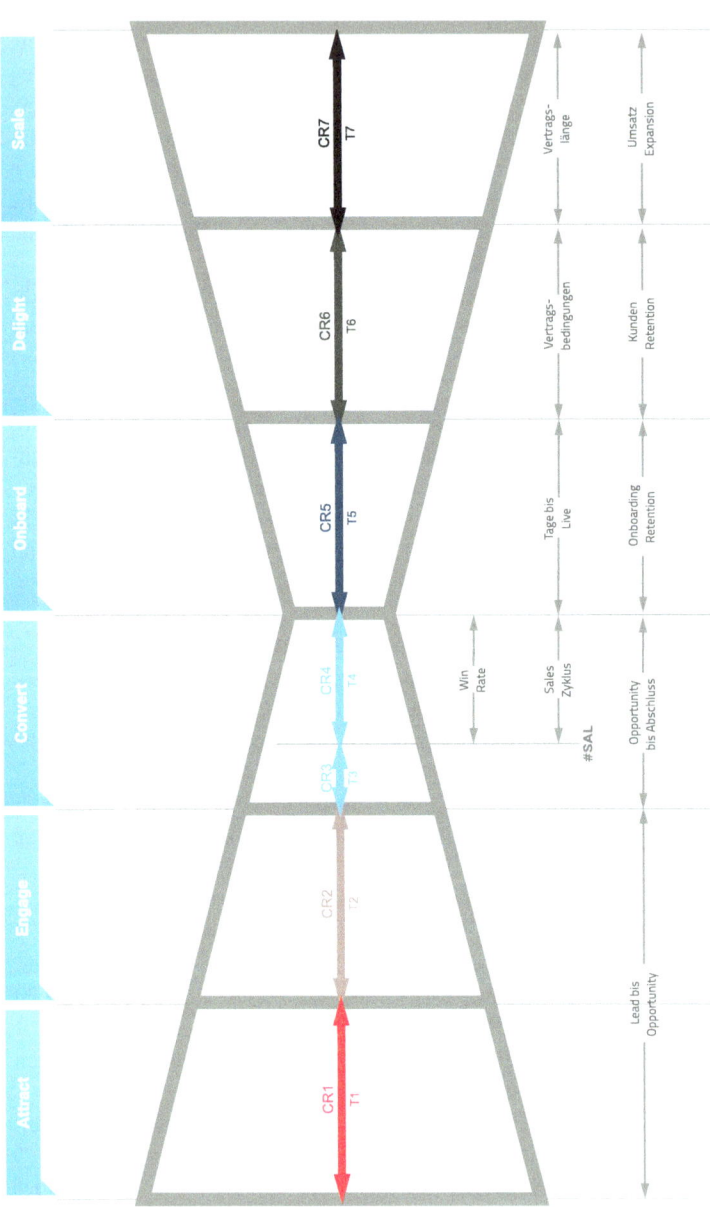

Abb. 2.3 Conversion-Rates entlang der Customer-Journey. (Das Template wurde ursprünglich von Winning by Design, 2021 in ihrem Sales Process Design & Sales Playbook entwickelt und wurde von uns erweitert)

2.2 Datenanalyse entlang der Customer-Journey

Performen bestimmte Inhalte gut, dann solltest du mehr davon erstellen, da diese Themen für die Zielgruppe relevant sind. Im Umkehrschluss heißt das aber nicht automatisch, dass schlecht performende Seiten irrelevant sind. Hier gilt es genauer zu analysieren, was die Ursache für die ungenügende Performance ist. Möglicherweise kannst du sie verbessern, indem du Anpassungen am Inhalt vornimmst.

Wichtig ist, dass du dir nicht nur den aktuellen Stand der Zahlen anschaust, sondern auch deren Entwicklung betrachtest: Wie verändern sie sich über eine definierte Zeitspanne von z. B. 30 Tagen?

Durch das **Content-Engagement** siehst du bei einem einzelnen Kontakt, wie gut du diesen thematisch abgeholt hast. Wenn ein Besucher sich beispielsweise mit einer Produktkategorie vertieft auseinandersetzt oder die technischen Spezifikationen liest, sind das Signale dafür, dass er auf der Customer-Journey schon weiter fortgeschritten ist. Die Interaktion mit Inhalten kann folgende Zusammenführung von Daten für einen Kontakt ergeben:

- **Themenrelevanz:** Welche Themen wurden wie umfassend angeschaut? Dies erfordert eine Zuordnung deiner Inhalte zu Themen, wie wir dies beim Content-Hub kennengelernt haben.
- **Produktrelevanz:** Sind die Themen einem Produkt oder einer Produktkategorie zuzuordnen?
- **Häufigkeit und Länge der Interaktion:** Wie regelmäßig interagiert der Kontakt mit deinen E-Mails und Inhalten?
- **Customer-Journey-Stage:** Abgeleitet von der Häufigkeit der Interaktion und der Tiefe der Auseinandersetzung pro Thema wird ermittelt, wie weit sich der Kontakt in der Customer-Journey bewegt hat.

Der smarte Einsatz von Content-Marketing-KPIs ermöglicht es dir, weitsichtige Entscheidungen zu treffen und dein Unternehmen für die Zukunft zu wappnen. Die regelmäßige Analyse deiner Kennzahlen zeigt dir, welche Beiträge sich besonders positiv auf den Unternehmenserfolg auswirken und welche Touchpoints deine Kunden auf ihrer Customer-Journey nutzen. Zudem bieten dir diese Erkenntnisse die Chance, ungenutzte Potenziale zu identifizieren, die du beispielsweise für Cross- oder Upsells nutzen kannst. Richte den Fokus auf die langfristige Wirkung und die Qualität deines Contents und nicht nur auf einmalige Klicks und Visits. Um diese langfristige Wirkung erzielen zu können, ist es allerdings notwendig, ein Team zu haben, welches diese Ziele und KPI versteht und kontinuierlich daran arbeitet.

2.3 Anpassen der Organisationsstruktur

Das wertvollste Gut in deinem Betrieb sind die Mitarbeitenden. Ohne ein qualifiziertes Team, das zusammenarbeitet und auf das du dich verlassen kannst, funktioniert nichts. Doch die besten Mitarbeiter nützen dir nichts, wenn du deine Organisationsstruktur und Unternehmenskultur nicht an die Zukunft anpasst. Was heißt das genau?

2.3.1 Schaffen einer agilen Unternehmenskultur

In vielen B2B-Unternehmen im DACH-Raum wird noch nach altbekannten Hierarchien gearbeitet, an deren Spitze der Chef oder die Chefin steht. Er bzw. sie hat die höchste Kompetenz bezüglich aller anstehenden Aufgaben. Darunter befinden sich in der klassisch vertikalen Organisationsstruktur die Abteilungen mit leitenden Personen (Vorgesetzte), die zusammen mit der Geschäftsleitung Strategie, Ziele und Vorgaben entwickeln, da sie am besten wissen, was die nächsten wichtigen Schritte sind. Das wird dem Team anschließend detailliert auftragen, damit die Vorgaben letztlich auch so umgesetzt werden, wie der Vorgesetzte es haben möchte. Dies wird von ihm auch laufend kontrolliert. Weicht ein Mitarbeiter bei der Zielerreichung ab oder zeigt er nicht das gewünschte Verhalten, zeigt der Vorgesetzte ihm in einem kritischen Feedbackgespräch die Konsequenzen auf.

Je größer die Unternehmenseinheit ist, umso straffer sind die Strukturen. In einigen Betrieben gibt es ganze Abteilungen, die sich mit dem

- Aufstellen von Richtlinien,
- Verfassen von Arbeitsanweisungen,
- Optimieren von Arbeitsprozessen,
- und dem Erstellen von Regeln und Vorschriften

für die Mitarbeitenden an der Basis beschäftigen. Dabei sind viele dieser „Strategen" in der eigenen Unternehmenskultur weit weg von der Praxis im Tagesgeschäft.

Dieser klassische Führungsstil ist noch heute in vielen B2B-Unternehmen vorherrschend. Das Problem? Längerfristig wird es ihnen an qualifizierten und engagierten Mitarbeitern fehlen, denn der Kampf um die besten Mitarbeitenden am Markt wird längst nicht mehr über das Abwarten von zufälligen Bewerbungen entschieden. Hochmotivierte Talente suchen sich ihren künftigen Arbeitgeber anhand der herrschenden Unternehmenskultur aus. Sie wollen etwas bewirken

2.3 Anpassen der Organisationsstruktur

und sich einbringen – sie wollen ein Teil des Unternehmens sein. Deshalb tendieren Unternehmen immer mehr zu einer agilen Führungsmethode.

Der Trend zu einer agilen Führungsmethode und damit zur agilen Unternehmenskultur hat in den letzten Jahren stark zugenommen – geprägt durch Giganten wie Google, Facebook, Netflix und Co. Doch was genau bedeutet Agilität?

Eine agile Unternehmenskultur ist darauf ausgelegt, dass sich das Unternehmen so schnell wie möglich an Veränderungen und neue Technologien anpassen kann. Kein Unternehmen kann es sich leisten, in einem starren Setting zu verharren. Durch die Zunahme der Komplexität der Aufgaben und das dafür erforderliche Know-how sind Führungskräfte nicht mehr in der Lage, die höchste Kompetenz über die anstehenden Aufgaben zu haben. Es gilt daher, entsprechende Fachkräfte zu rekrutieren und gemeinsam mit ihnen Lösungen zu entwickeln.

Bei einer agilen Unternehmenskultur geht es also nicht mehr länger um das Aufstellen von Richtlinien und Vorschriften. Führungskräfte definieren lediglich die Leitplanken, innerhalb deren die Mitarbeiter selbst agieren und Entscheidungen treffen können – was nicht nur zeiteffizienter, sondern meist auch effektiver ist, da sie näher am Geschehen sind. Modernes Arbeiten erfolgt in Teams, bei denen jedes Mitglied gleichberechtigt ist und in seinem Fachgebiet Führungsverantwortung übernehmen kann. Das führt zu mehr Verantwortung und stärkt das Selbstwertgefühl der einzelnen Mitarbeitenden.

Was kannst du nun konkret tun, um eine agile Unternehmenskultur in deinem Unternehmen zu etablieren? Neben der Schaffung eines Wir-Gefühls durch einfache Kommunikation der Unternehmensidentität und -mission haben sich folgende Tipps als hilfreich erwiesen:

- Fördere den Mut, Fehler zu machen, wenn neue Ideen entwickelt werden.
- Neue Gedanken der Mitarbeitenden werden wertgeschätzt und nicht kritisiert.
- Wecke versteckte Talente deiner Mitarbeitenden, indem sie ihre Stärken offen zeigen können.
- Übertrage Verantwortung an Mitarbeitende im Rahmen ihrer fachlichen und sozialen Kompetenz.
- Schaffe Freiraum bei den Themen Arbeitszeit, Eigeninitiative und Vergütung.

Für die Etablierung einer agilen Unternehmenskultur brauchst du die besten Talente und die motiviertesten Mitarbeitenden in deinem Betrieb. Durchleuchte deine Belegschaft, um herauszufinden, wer leistungsstark ist und gute Ideen einbringt. In jedem Unternehmen gibt es Low-Performer, die nur „mitschwimmen" und manchmal sogar den Antrieb der anderen bremsen. Eine Untersuchung zeigte beispielsweise, dass ein Einziger die Gesamtleistung des Teams um bis zu 40 % vermindern kann (Hastings & Meyer, 2020).

Im Gegensatz dazu spornen sich leistungsstarke Mitarbeitende gegenseitig an, um noch mehr für das Team zu erwirtschaften. Das zeigte sich beispielsweise eindrücklich bei Netflix.

> **Beispiel: Der Netflix-Ansatz**
>
> Netflix war im Zuge der Wirtschaftskrise nach dem Platzen der Dotcomblase gezwungen, sich von einem Drittel seiner Belegschaft zu trennen. Dabei wurden weniger talentierte Mitarbeitende entlassen. Zur Überraschung des Managements stellte sich anschließend heraus: Mit Zunahme der Leistungsdichte der verbliebenen Mitarbeitenden im Betrieb wurde der Konzern schneller und erfolgreicher. Leistungsstarke Mitarbeiter entwickeln sich am besten in einer Umgebung mit hoher Talentdichte.
>
> Bei Netflix profitieren Mitarbeiter von folgenden drei Vorteilen:
>
> - Unbegrenzter Urlaub
> - Gehälter, die weit über dem Durchschnitt liegen
> - Keine Spesenrichtlinien für Mitarbeitende
>
> Was zunächst sehr verlockend klingt, hat allerdings auch seine Kehrseite: Nach dem Grundsatz, dass Klasse besser ist als Masse, wird bei Netflix permanent überprüft, ob alle Positionen im Betrieb noch mit den besten Mitarbeitern besetzt sind. Dabei stellen sich Führungskräfte die Frage, ob sie versuchen würden einen Mitarbeiter bei einer eigenen Kündigung umzustimmen oder nicht. Wird diese Frage mit „Nein" beantwortet, erfolgt umgehend die Trennung von der entsprechenden Person. Das klingt zwar hart, hat aber auch seine Berechtigung. Warum Mitarbeiter länger beschäftigen, wenn sie ihre Leistung nicht bringen?◄

Ob der Netflix-Weg für dein Unternehmen ebenfalls sinnvoll ist, musst du natürlich selber abwägen. Wir plädieren aber dafür, eine moderne, agile Unternehmenskultur zu schaffen, bei der alte Strukturen und Hierarchieebenen der Vergangenheit angehören. Es ist wichtig, den Mitarbeitenden mehr Freiraum und Verantwortung für ihr Handeln zu übertragen. Nur so wird es dir gelingen, hochmotivierte Talente am Arbeitsmarkt für deinen Betrieb zu begeistern. Nach dem Motto „Klasse statt Masse" ist es entscheidend, die besten Player für die Positionen in deiner Unternehmung zu finden.

2.3.2 Meetings: Der Herzschlag des Unternehmens

Der Erfolg eines jeden B2B-Unternehmens basiert allerdings nicht nur auf einer agilen Führungsmethode und Unternehmenskultur, sondern auch auf kontinuierlichem Austausch und zielführender Kommunikation. Nur so lassen sich zeitnah notwendige Anpassungen vornehmen und Erfolge beurteilen. Regelmäßige Meetings sind deshalb zwingend erforderlich. Um diese so effizient wie möglich zu gestalten, bedarf es einer festgelegten Struktur. Ein gelungenes Meeting benötigt einen Rhythmus, einen treibenden Motor sowie Prozessdisziplin. Leider lässt sich in der Arbeitspraxis immer wieder beobachten, dass Meetings zu häufig, gar nicht, halbherzig oder strukturlos durchgeführt werden. Zeit, dass du das änderst!

Es gibt verschiedene Arten von Meetings, die jeweils unterschiedlichen Zwecken dienen:

- **(Daily) Stand-up:** Unter diesem Meeting versteht man eine kurze Zusammenkunft im Stehen. Innerhalb weniger Minuten werden die wichtigsten Tagesthemen besprochen. Da Stehen wesentlich unkomfortabler ist als Sitzen, wird vermieden, dass sich das Meeting unnötig in die Länge zieht.
- **(Weekly) Team-Meeting:** In diesem Meeting kommt das gesamte Team zusammen – am besten wöchentlich und gleich zu Wochenbeginn. Im Team-Meeting sollten kurz die wichtigsten Ereignisse der vergangenen Woche besprochen und die Prioritäten der kommenden festgelegt werden.
- **One-on-One-Meeting:** Hierbei handelt es sich um ein kurzes „Vier-Augen"-Meeting zwischen Teamleiter und Mitarbeiter, welches für Updates bzw. Feedbacks genutzt wird. Unter anderem wird besprochen, ob man sich (noch) auf dem richtigen Kurs befindet. Gegebenenfalls muss der Fokus angepasst oder geschärft werden.
- **Unternehmensmeeting:** Unternehmensmeetings werden häufig im Zweiwochentakt durchgeführt. Hierbei kommen alle Abteilungen zusammen und bringen sich gegenseitig auf den neuesten Stand. So erfährt jeder, welche Aufgaben in den kommenden 14 Tagen in den verschiedenen Abteilungen anfallen und wie man sich gegenseitig unterstützen und ergänzen kann. Diese abteilungsübergreifende Zusammenarbeit stärkt das „Wir-Gefühl".

Du musst nicht zwingend alle genannten Meetings in deinem Unternehmen durchführen. Es gilt der Grundsatz: So wenige Meetings wie möglich, so viele wie nötig. Überlege stets, wie du Themen bündeln kannst. Außerdem müssen Meetings nicht (mehr) zwingend in Präsenz stattfinden. Videomeetings via Zoom, Teams und anderen Tools sind mittlerweile fest im B2B-Alltag etabliert.

Wie ist das ideale Meeting aufgebaut?
Im B2B hat sich die Level-10-Meeting-Agenda bewährt, welche speziell auf Führungskräfte in B2B-Unternehmen zugeschnitten wurde. Bei „Level 10" handelt es sich um wöchentliche Teammeetings, die 90 Minuten in Anspruch nehmen. Im Hauptteil des Meetings konzentriert man sich auf die drei wichtigsten aktuellen Probleme und Fragestellungen des Unternehmens. Auf diese Weise wird vermieden, sich in nebensächliche Diskussionen zu verstricken. Allerdings sind die angesetzten 90 min nicht für jedes Unternehmen realistisch und sinnvoll – entsprechend kann die Dauer auch gekürzt werden.

Folgende Struktur hat sich bei Teammeetings besonders bewährt:

- **Kurzer Check-in:** Beginne das Meeting mit einem positiven Einstieg. Was lief in der vergangenen Woche besonders gut?
- **Review:** Kurzer Überblick über die wichtigsten KPIs.
- **Kunden-/Mitarbeiter-Schlagzeilen:** Zusammenfassung der wichtigsten Ereignisse der letzten Woche.
- **Prioritäten der aktuellen Woche:** Woran werden wir kommende Woche arbeiten?

Wichtig: Alle Beteiligten sollten sich zu jedem Punkt äußern. Um den zeitlichen Rahmen nicht zu sprengen und maximale Effektivität zu gewährleisten, ist es daher wichtig, dass nur relevante Personen am Meeting teilnehmen. Um Meetings effizienter zu gestalten, ist Regelmäßigkeit von elementarer Bedeutung. Du wirst schnell feststellen, dass es immer kleinere oder größere Tagesordnungspunkte zu besprechen gibt. Zu warten, bis sich großer Klärungsbedarf anhäuft, ist kontraproduktiv.

2.3.3 Zielsetzung durch Objectives and Key-Results (OKRs)

Eine agile Organisationsstruktur, die auf Leistung ausgelegt und durch eine Regelmäßigkeit geprägt ist, benötigt nun noch das letzte Puzzleteil: die Zielsetzung. Dafür eignen sich Objectives and Key-Results (OKRs) – insbesondere dann, wenn du mit deinem Unternehmen schnell wachsen oder eine Transformation, etwa in Richtung Digitalisierung, durchführen willst. OKRs funktionieren dann, wenn es darum geht, ein Unternehmen zu verändern und weiterzuentwickeln. Zur Steuerung eingespielter Prozesse ist die Methode weniger geeignet.

2.3 Anpassen der Organisationsstruktur

Wie genau funktionieren Objectives and Key-Results?

Anders als klassische Führungsmethoden, bei denen das Management Ziele formuliert, die die Angestellten zu erfüllen haben, arbeitet die OKR-Methode nicht strikt „von oben nach unten", sondern zu einem Großteil auch in die gegensätzliche Richtung: von unten nach oben. Mitarbeiter werden dazu ermutigt, ihre eigenen Ideen in die Unternehmensführung einzubringen. Das schafft eine neue, radikale Transparenz und eine weitaus stärkere Identifikation der Mitarbeiter mit dem Unternehmen und dessen Zielen. Die Idee dahinter ist es, gemeinsam Visionen zu entwickeln, anstatt die Mitarbeiter immer nur auf Befehle „von oben" warten zu lassen.

Basis dieser Methode ist die Wechselwirkung von Zielen (Objectives) und Ergebnissen (Key-Results). Ein Objective ist ein übergeordnetes Ziel, das die Mitarbeiter und Teams dazu motiviert, messbare Ergebnisse, die Key-Results, zu liefern. Die Objectives sind dagegen Visionen, und wie es bei Visionen üblich ist, können sie (und sollen sogar) mutig und vorausschauend sein. Mit den Objectives gibt das Management die Richtung vor, sagt, wo es hingehen soll. Kurz gesagt: Den Objectives wohnt eine Inspiration inne. Sie inspirieren zu konkreten Ergebnissen, den Key-Results.

Key-Results sind dagegen überhaupt nicht wolkig, sondern sehr konkret. Sie sollen direkt zum Erreichen der Objectives beitragen, daher müssen sie auch – so eine der goldenen Regeln dieser Methode – Zahlen enthalten, also messbar sein. Es handelt sich um Fakten als Antwort auf die Vision.

Die Ergebnisse werden anschließend quartalsweise überprüft statt wie üblich jährlich, wodurch sich eine weitaus agilere Planung ergibt als bei den üblichen Jahresschritten. Außerdem ist der gesamte Prozess mit allen Ergebnissen für alle Beteiligten sichtbar. Diese radikale Transparenz ist eine wichtige Komponente der Methode. Wenn alle zum Mitdenken aufgefordert werden, sollen auch alle sehen, was dabei herauskommt. Dabei geht es weniger darum, 100 % zu erreichen. Im Gegenteil: Die überzeugten Verfechter dieser Methode sagen sogar, dass Objectives, die zu 100 % erreicht werden, zu wenig ambitioniert waren. Daher wird eine Zielerreichung von 70 bis 90 % anvisiert.

OKRs sind nicht zu verwechseln mit den Key-Performance-Indicators (KPI). Sie sind kein Ersatz für KPI-Kennzahlen, sondern eine Ergänzung. OKRs können nach John Doerr (2018) aus einem Satz bestehen: We will [Objective] as measured by [set of Key Results].

▶ In seinem Buch „Measure What Matters: OKRs: The Simple Idea that Drives 10 × Growth" beschreibt Doerr, wie er OKRs bei Google einführte, und welche Bedeutung sie fortan für das Unternehmen hatte. Ein Buch, dessen Lektüre wir dir sehr ans Herz legen.

Das Ergebnis steht im Fokus
Wie lassen sich Objectives und Key-Results formulieren, damit das Ergebnis im Mittelpunkt steht? Die Objectives sind eine Art Leitbild, nur eben für einen kürzeren Zeitraum. Ideal ist etwa eine inspirierende qualitative Beschreibung der nächsten Etappe, also ein Schritt zum Erreichen der Vision. Die Objectives sollen das Team anspornen, aber innerhalb eines Quartals umsetzbar sein. Und das Team sollte sie selbstständig erreichen können.

Im Gegensatz zu den Objectives müssen die Key-Results konkrete messbare Kennzahlen enthalten. Dies können absolute Werte oder Prozentangaben oder auch Meilensteine sein. Damit wird der Erfolg oder Misserfolg von vornherein klar und eindeutig bestimmt. Pro Objective sollten zwei bis maximal fünf Key-Results definiert werden. Ein Beispiel könnte sein:

Objective: Aufbau eines vorhersehbaren, datengesteuerten Outreach-Mailing- und Demo-Prozesses, der wöchentlich vergleichbar ist

- **KR: Steigerung der Konversion** von der Kontaktansprache zur Online-Demo auf **4 %**
- **KR: A/B-Test von Video-Outreach** mit mindestens **100 Video-Cold-Mails**, um die am besten konvertierenden Templates zu finden
- **KR:** Erreichen einer **Konvertierungsrate** von **20 %** von der Demo zum Abonnement
- **KR:** Gewinnen von **150 neuen Kunden**

OKR bricht die abstrakt formulierten Visionen der Konzernleitung nach unten auf. Aus dem großen Happen werden kleine überschaubare Häppchen, die auf Team- oder Mitarbeiterebene leichter verdaulich sind. Diese Methode gilt modernen Führungskräften derzeit als das Allheilmittel, die Giganten aus dem Silicon Valley exerzieren den Erfolg vor. Google, IBM, Jell, Twitter, LinkedIn oder Oracle schwören auf das Management-Werkzeug. So ist Google-Gründer Larry Page überzeugt, dass OKRs wesentlich zum Erfolg von Google beigetragen haben. Der Google-Investor John Doerr führte diese Methode bereits vor 20 Jahren bei Google ein. Objectives and Key-Results haben so viel Beachtung gefunden, dass sie mitunter sogar als „Wunderwaffe moderner Führungskräfte" bezeichnet wurden.

▶ Neben den OKRs gibt es noch andere Management-Methoden, die du in deinem Unternehmen anwenden kannst. Unter diesem Link vergleichen wir die unserer Meinung nach wichtigsten Methoden miteinander: b2broadmap.com/management-methoden-vergleich

> **Etappenziel**
>
> Der technologische Wandel stellt Organisationen vor neue Herausforderungen. Für B2B-Unternehmen ist es unabdingbar, diesem Wandel aktiv zu begegnen. Nur so können sie sich in einem sich immer schneller wandelnden Umfeld erfolgreich behaupten. Im Zentrum dieser kontinuierlichen Transformation steht dabei der Herzschlag des Unternehmens. Ein gesunder Herzschlag ist die Voraussetzung für eine erfolgreiche Transformation und es ist deshalb eine zentrale Führungsaufgabe, diesen aktiv zu steuern. Die wichtigsten Handlungsfelder sind dabei die **Datenstrategie**, die **Definition von Erfolg** und die **Organisationsstruktur**. Diese drei Handlungsfelder gilt es kritisch zu hinterfragen und kontinuierlich weiterzuentwickeln, um als B2B-Unternehmen langfristig erfolgreich zu sein
>
> Für dieses Kapitel stehen die Planungsbausteine, Checklisten und Fallbeispiele unter nachfolgendem Link zum Download bereit. Alles, was du benötigst, um die Prozesse auf ein Blatt Papier zu bringen, sind ein gedrucktes Exemplar der B2B-Roadmap und ein paar Post-its:
>
> Die drei Downloads für das Kap.2 – Herzschlag: b2broadmap.com/baustein/herzschlag

- Die Kundendaten entlang der Customer-Journey
- Die wichtigsten Kennzahlen und Conversion-Rates
- Der Meeting-Rhythmus und die Zielsetzung durch Objective-Key-Results (OKRs)

Weiterführende Links und praktisches Fachwissen sind in Form von umsetzbaren Inhalten, Fallbeispielen, Online-Kursen und ausführlichen Ressourcen unter b2broadmap.com verfügbar.

Literatur

CapGemini Research Institute. (2021). *The data-powered enterprise.* https://bm-experts.de/news/capgemini-studie-daten-orientierte-unternehmen/. Zugegriffen: 13. Jan. 2022.

Doerr, J. (2018). *Measure What Matters: OKRs: The Simple Idea that Drives 10x Growth.* Penguin Books Ltd.

Harvard Business Review. (2018). *Why your data strategy is your B2B growth strategy.* https://hbr.org/resources/pdfs/comm/radius/20729_HBR_Pulse_Radius_mobile.pdf. Zugegriffen: 13. Jan. 2022.

Hastings, R., & Meyer, E. (2020). *Keine Regeln.* Econ.

Lingqvist, O., Plotkin, C. L., & Stanley, J. (2015). *Do you really understand how your business customers buy?* McKinsey. https://www.mckinsey.com/business-functions/marketing-and-sales/our-insights/do-you-really-understand-how-your-business-customers-buy. Zugegriffen: 13. Jan. 2022.

Winning by Design. (2021). *A sales process design that gives your team a sales playbook with turn-by-turn directions.* Winning by Design. https://winningbydesign.com/design/. Zugegriffen: 13. Jan. 2022.

ZoBell, S. (2018). *Why Digital Transformations Fail: Closing The $900 Billion Hole In Enterprise Strategy.* Forbes. https://www.forbes.com/sites/forbestechcouncil/2018/03/13/why-digital-transformations-fail-closing-the-900-billion-hole-in-enterprise-strategy/?sh=22ed060b7b8b. Zugegriffen: 13. Jan. 2022.

Relevanz: Neue Leads und Interessensprofile 3

> **Fragen über Fragen**
>
> Müde schleppte sich Stefan in den Frühstückssaal des Hotels, in dem sie übernachtet hatten. Bis spät in die Nacht hatte er noch E-Mails beantwortet und To-dos abgearbeitet. Irgendwann nach 2 Uhr war er dann mit dem Laptop auf dem Bauch eingeschlafen. Er fühlte sich, als hätte ihn ein Lastwagen überfahren. Dafür war der Muskelkater in den Beinen weniger stark, als er gestern zunächst befürchtet hatte.
> Die anderen aßen bereits. Stefan holte sich einen Kaffee, dann setzte er sich zu ihnen. „Willst du nichts essen?", fragte ihn Tim verwundert.
> „Ich bring am Morgen einfach nichts runter, aber hey, Intervallfasten soll ja gesund sein."
> „Na ja, es kommt drauf an, was du sonst noch so isst," sagte Antonio mit vollem Mund.
> „Offensichtlich zu viel Fastfood." Stefan lachte und klopfte auf seinen Bauch. Über die letzten Jahre hatte sich sein ehemals durchtrainierter Sixpack langsam in einen Wohlstandbauch verwandelt. „Haben wir einen Plan heute?" Er nahm einen großen Schluck Kaffee. „Ich habe nämlich keine Lust, dass wir heute wieder erst spät ankommen, weil wir uns verfahren haben."
> „Arraba ist heute unser Ziel", antwortete Sebastian und breitete die Karte auf dem Tisch aus. „Wir nehmen hier diesen Weg bis …", er fuhr mit dem Finger der Karte entlang, „dahin. Da gibt's …" Sebastian Worte wurden vom Klingeln von Stefans Handy übertönt.
> „Da muss ich kurz ran." Stefan entfernte sich vom Tisch. Nach ein paar Minuten kehrte er zurück. „Sorry, wo sind wir stehengeblieben?"

Sebastian zeigte auf die Karte: „Hier soll es ein tolles Restaurant geben, hat Antonio gemeint."

Stefans Handy klingelte erneut. „Gisin hier, hallo. Guten Tag Herr Weidmann, wie kann ich Ihnen helfen? Mm ... Verstehe. Wir können Ihnen bei der Abfüllung auf jeden Fall weiterhelfen. Wissen Sie denn schon, welche Flaschentypen Sie brauchen? ... Also das kommt natürlich darauf an, man kann nicht pauschal sagen, welcher Glastyp der beste ist. Die haben alle verschiedene Funktionen ..." Stefan warf den anderen kurz einen entschuldigenden Blick zu. „Sorry, geht schon mal vor, ich komme dann gleich", flüsterte er ihnen zu und entfernte sich vom Tisch.

* * *

„Wo ist denn Stefan schon wieder?" Tim wurde ungeduldig. Sie wollten bereits vor einer halben Stunde losfahren. Er hatte nicht sonderlich Lust darauf, dass die Etappe heute wieder länger dauerte als geplant. „Wo schon? Am Telefon", antwortete Antonio und nickte mit dem Kopf in Richtung Stefan, „es scheint schon wieder irgendein Problem mit einem Kunden zu geben."

„Und dann rufen die ihn an? Wofür zahlt er denn die Leute im Kundensupport?"

„Entschuldigt, Jungs, heute ist der Wurm drin. Mein Telefon klingelt die ganze Zeit."

„Das ist uns nicht entgangen", entgegnete Tim genervt, „dann schalte es halt einfach mal aus."

„Das kann auch nur jemand sagen, der bei einem Großunternehmen arbeitet und seine Arbeit einfach delegieren kann", fiel ihm Antonio ins Wort.

„Dass du auf dein Handy nicht verzichten könntest, ist uns allen klar, Anto. Aber wohl kaum wegen der Arbeit." Sebastian grinste. „Tim hat schon recht. Du solltest wirklich nicht ständig für jeden erreichbar sein, Stefan. Warum rufen die dich denn die ganze Zeit an?"

„Fragen zu Produkten und Service, ob wir dies und jenes machen, keine Ahnung, solche Dinge halt. Wahrscheinlich hat Sabrina wieder mal einen Newsletter verschickt. Dann häufen sich die Anrufe jeweils."

„Eure Newsletter scheinen ja nicht gerade informativ zu sein", meinte Tim spöttisch. „Warum verlinkt ihr denn nicht einfach auch weiterführende Informationen auf eure Webseite?"

„Machen wir. Und auf der Produktseite kannst du das entsprechende Datenblatt dazu herunterladen."

„Das schaue ich mir mal an." Tim beugte sich über sein Smartphone. „Du meinst dieses hier?" Tim hielt ihm sein Handy hin. „Da sind ja einfach alle Funktionen aufgelistet."

„Das meine ich ja. Wir stellen alle Informationen zur Verfügung, die man braucht. Aber du kennst die Leute ja, die rufen lieber an." Stefan zuckte mit den Schultern.

„Ihr bietet überhaupt nichts außer ein paar ewig langen Funktionsaufzählungen. Das interessiert doch niemanden." Tim schaute seinen Freund fassungslos an. „Die Leute wollen doch wissen, was die Vorteile sind, welche Probleme ihr löst, ob sie besser Glas oder Plastik für die Abfüllung nutzen sollen und und und."

„Also dazu gibt es ja wohl bereits reichlich Studien und ausführliche Informationen", verteidigte sich Stefan.

„Ja, aber nicht bei euch", unterbrach ihn Tim, „und genau das ist das Problem. Damit dich deine potenziellen Kunden bei ihrer Recherche im Internet finden, brauchst du relevanten Content zu deinem Thema."◄

Bereits 2015 hielten Snyder und Hilal in ihrer Studie fest, dass 90 % aller Kunden im B2B ihre Reise mit einer Online-Recherche beginnen. Ebenfalls 90 % recherchieren auf zwei bis sieben Webseiten, bevor sie eine Kaufentscheidung treffen (Brohan, 2018). Bevor Verbraucher die Webseite einer bestimmten Marke aufrufen, führen sie durchschnittlich zwölf Suchanfragen durch (Snyder & Hilal, 2015). Zugleich wird diese Recherche immer intensiver betrieben, während die Ansprüche an hochwertige Inhalte wachsen. Content hat dadurch einen kritischen Einfluss auf den Kaufentscheidungsprozess. Wer nicht bereitstellt, was sie suchen, läuft Gefahr, eben diese Kunden an die Konkurrenz zu verlieren. Die Inhalte werden deshalb zur elementaren Grundlage der Gewinnung von Interessenten im digitalen Raum.

Schon in Kap. 1 haben wir auf das enorme Potenzial von B2B-Content-Marketing hingewiesen – insbesondere in Abstimmung mit der Customer-Journey. In einer Untersuchung zeigte sich, dass das investierte Budget um 47 % stieg, wenn B2B-Kunden zuvor in Kontakt mit Marketing-Content kamen (Demand Gen Report, 2016). Das durch B2B-Content-Marketing aufgebaute Vertrauen kann Geschäftsbeziehungen intensivieren und langlebiger gestalten.

Nachdem du dir Gedanken zur strategischen Ausrichtung bezüglich Produkt und Messaging gemacht hast und dir im Klaren darüber bist, welche Zielgruppe dein Unternehmen erreichen willst, hast du nun die Grundlage für deine gesamte Marketingstrategie geschaffen. Auch weißt du jetzt, wie du eine Organisationskultur ermöglichen kannst, in der sich High-Performance-Teams wohlfühlen und ihre

Abb. 3.1 Übersicht Kap. 3 – Relevanz

volle Wirkung entfalten können. Das Fundament für die digitale B2B-Roadmap hast du somit gelegt. Jetzt gilt es, den Blick nach außen zu richten.

▶   **Relevante Inhalte für neue Leads und Interessensprofile**   Damit dein Unternehmen in den Google-Resultaten von potenziellen Kunden gefunden wird, benötigst du ganze Themenwelten und immer wieder Formulare, um den Besuchern einen Namen und E-Mail zuzuordnen.

Der erste Baustein für deine Marketingstrategie heißt Relevanz. Damit du Kunden auf dich aufmerksam machst, musst du relevant sei – und zwar entlang der gesamten Customer-Journey. Doch was heißt Relevanz überhaupt? In diesem Kapitel stellen wir die Erfolgsfaktoren für mehr Relevanz im B2B-Kontext vor (s. auch Abb. 3.1).

3.1 Die Content-Relevanz erhöhen

3.1.1 Informative Inhalte sind die Hidden Champions

Informative Inhalte sind selten die Art von Inhalten, die aus der Masse herausstechen. Deshalb werden sie als Teil einer Content-Marketingstrategie oft übersehen, sind jedoch die Hidden Champions aller Inhaltstypen. Es sind oft die Inhalte, die die Sichtbarkeit deines Unternehmens in der organischen Suche für bestimmte Suchbegriffe (vor allem Long-Tail-Keywords) sichern und deinen Zielgruppen die entscheidenden Informationen bieten, damit sie ihre Customer-Journey fortsetzen.

Es handelt sich hierbei also um funktionale Inhalte, die die Grundlage deiner digitalen Kommunikationsstrategie bilden, und sie spielen eine wichtige Rolle dabei, dein Publikum durch den Kaufprozess zu führen. Diese Inhalte beinhalten die Antworten auf die typischen Fragen im Kaufprozess. Sie sind jedoch neutral und deine Produkte und Dienstleistungen stehen hier nicht im Zentrum. Die Zielgruppe interessiert sich erst später im Rechercheprozess dafür, welche Lösungsmöglichkeiten es für ihre Problemstellung gibt. Zunächst gilt es, die Problemstellung besser zu verstehen. Doch leider investieren viele Unternehmen zu wenig in diesen Bereich und vernachlässigen den ersten und wichtigsten Kontakt zwischen der Unternehmung und der Zielgruppe.

Damit dein B2B-Content-Marketing erfolgreich werden kann, musst du die folgenden Fragen mit einem klaren Ja beantworten können:

- Ist dein Content auf deine Zielgruppe respektive deine Buyer-Persona zugeschnitten?
- Beantwortet dein Content die Fragen deiner Buyer-Persona?
- Ist dein Content relevant?
- Liefert dein Content wirklich einen Mehrwert?

Das Ziel von erfolgreichem Content-Marketing sollte sein, dass du dich mit deinen Inhalten als Branchenexperte positionieren kannst und so das Vertrauen deiner Leads gewinnst. Eine gute Planung der Inhalte ist daher von zentraler Bedeutung, denn: Informative Inhalte solltest du mindestens einmal pro Woche veröffentlichen. Das Erstellen von Inhalten darf deinen Arbeitsalltag allerdings nicht belasten, sonst wird es auf Dauer nicht erfolgreich funktionieren.

3.1.2 Pillar-Pages und Cluster-Content

Keywords allein genügen schon lange nicht mehr, um dein Unternehmen in den Suchresultaten nach vorne zu bringen, denn mittlerweile hat Google reichlich dazugelernt. Der Google-Algorithmus erkennt bei komplexen Suchanfragen den Zusammenhang zwischen den Begriffen und schafft Verknüpfungen zwischen Themen. Algorithmen haben sich bis zu dem Punkt entwickelt, an dem sie, unter Berücksichtigung von früheren, ähnlichen Suchvorgängen, den aktuellen Kontext hinter der Suchabsicht verstehen können.

Die erste große Änderung in diesem Zusammenhang fand im Jahr 2013 durch Googles Hummingbird-Update statt. Der Suchalgorithmus begann, ganze Phrasen zu analysieren, statt sich ausschließlich auf Keywords zu beziehen. Es erfolgte somit ein Wandel hin zu komplexen Themenwelten und weg von einzelnen, isolierten Keywords und chronologischen Blogs. Viele SEO-Profis sehen Hummingbird als Googles offiziellen Wechsel von einem Keyword- zu einem Themenfokus.

Die Änderung des Algorithmus führt dazu, dass Suchergebnisse rein durch klassische SEO-Techniken wie Keywords nur noch wenig beeinflusst werden können. Google bewertet eine Seite neu nach Relevanz, Engagement und Autorität. Themenbezogene Inhalte werden zunehmend von Suchmaschinen favorisiert und die Bewertung einer Seite basiert auf einer neuen Art der Verknüpfung verwandter Inhalte. Ein gutes Ranking über ein Thema hinweg hat Vorrang gegenüber dem Ranking eines spezifischen Keywords. Neben den bekannten SEO-Onpage-Basics zur Sicherstellung der Indexierbarkeit gilt es deshalb in erster Linie, eine interne Content-Hierarchie und damit eine Themenführerschaft aufzubauen.

SEO- und Online-Marketing bewegen sich klar zu einem Topic-Cluster-Modell hin. Dieses von HubSpot eingeführte Modell unterstützt die Suchmaschinenoptimierung, weil es das Fachwissen und die Autorität unterstreicht und gleichzeitig die Webseite strukturiert, damit sich die Besucher besser zurechtfinden. Themen-Cluster sind Gruppen verwandter Inhalte, die eng um ein Kernthema herum in einem Nabe-Speichen-Modell organisiert sind. Jedes Cluster enthält eine zentrale Pillar-Page (die Nabe), die von weiteren Seiten (den Speichen) umgeben ist (Abb. 3.2).

Wichtig ist dabei, dass die Pillar-Page auf alle Unterseiten aus diesem Themenbereich verlinkt und die Unterseiten wiederum zurück auf die Pillar-Page verweisen. Die entstehenden Verknüpfungen signalisieren Suchmaschinen, dass die jeweilige Themenseite eine Autorität für das Thema besitzt. Pillar-Pages helfen dem Besucher, weil sie ein Thema vollständig abdecken und genau zum richtigen Zeitpunkt vertiefende Informationen zu Unterthemen anbieten.

3.1 Die Content-Relevanz erhöhen 71

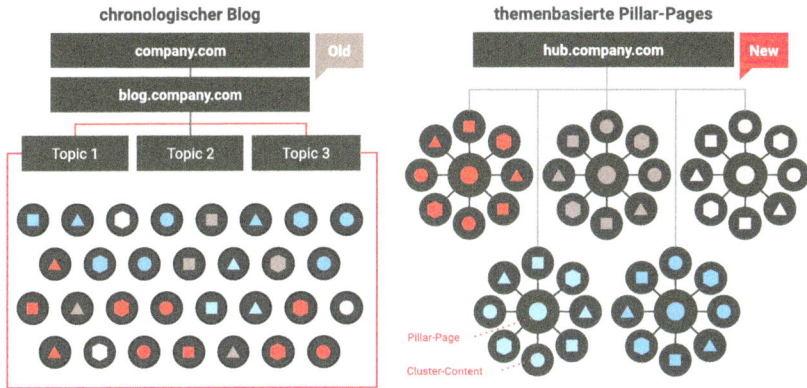

Abb. 3.2 Pillar-Pages und Cluster-Content im Vergleich zu einem chronologischen Blog

Pillar-Pages sind dabei der Eckpfeiler des Topic-Cluster-Modells und damit auch deiner Content-Strategie. Sie dienen oft als übergeordnete Landingpages innerhalb eines Content-Hubs, denn sie geben einen breiten Überblick über die für dein Unternehmen wichtigsten Kernthemen und führen die Nutzer mittels verlinkter Artikel zu verwandten Unterthemen, den sogenannten Cluster-Pages. Pillar-Pages sind in der Regel um einiges länger als durchschnittliche Blog-Inhalte. In der Praxis haben sich Pillar-Pages ab mindestens 2000 Wörtern bewährt.

Es ist wichtig zu wissen, dass Pillar-Pages nicht von allein funktionieren. So wie die Räder eines Fahrrads durch ihre Speichen verstärkt werden, beziehen die Pillar-Pages ihre Stärke aus den Cluster-Pages. Sie dienen zudem weit mehr als nur der Organisation, sondern sind auch leistungsstarke Kraftpakete, wenn es um SEO geht, da sie für Kontext und Relevanz bei Suchmaschinen sorgen.

Pillar-Pages werden für B2B-Themen mit hohem Suchvolumen erstellt, weil sie breite Themen abdecken. Mit anderen Worten: Nutzer, die eher allgemein suchen, wollen wahrscheinlich einen informativen Überblick über ein Thema. Daher bevorzugt Google hochwertige Inhalte, die diese Absicht widerspiegeln.

Um deine Inhalte zu verstehen, schaut sich der Google Algorithmus nicht nur einzelne Seiten deiner Webseite an. Er betrachtet viele Inhalte zusammen und berücksichtigt auch, wie die einzelnen Seiten miteinander verbunden sind. Pillar-Pages fassen hierbei ähnliche Themen zusammen und dienen als eine hierarchische Karte. Das verbessert die Struktur deiner Webseite und erleichtert es Google, deine Kompetenz zu bestimmen und die beste URL für eine bestimmte

Suchanfrage auszuwählen. Aufgrund ihres umfassenden Charakters sind sie prädestiniert dafür, viele vertrauenswürdige Backlinks zu erhalten. Alles Faktoren, die Google bei der Bewertung deiner Seite mit einbezieht.

Wenn du ein Ökosystem von Inhalten zu bestimmten Themen aufbaust, wird dein Unternehmen als Experte angesehen – von Kunden, Medien, Interessengruppen und Google. Das Pillar-Cluster-Modell ermöglicht es dir, ein Thema aus vielen Blickwinkeln zu behandeln und dein Fachwissen unter Beweis zu stellen. Jede Webseite sollte darum mehrere Pillar-Pages haben, denn sie bilden das Fundament der eigenen Expertise. Sie sorgen dabei in erster Linie für Traffic bei generischen Themen und generieren langfristig Leads. Die Unterseiten schaffen Vertrauen und begleiten den User Schritt für Schritt durch die Customer-Journey.

Topic-Clusters haben nachweisbare Auswirkungen auf Suchmaschinen-Ergebnisseiten (SERPs). Dies bestätigten auch Anum Hussain und Cambria Davies von Hubspot: Sie führten ein Themencluster für eine ausgewählte Gruppe von Themen ein. Die umfangreichen Erkenntnisse aus ihren ersten Themencluster-Resultaten zeigten, dass die Platzierung in den SERPs mit der Zunahme von Verknüpfungen steigt (Hussain & Davies, 2015).

3.1.3 Der Analyse-Takt

Wie die Ergebnisse von Suchmaschinen bleiben auch die Bedürfnisse deiner Zielgruppe nicht beständig. Sie ändern sich mit der Zeit, und wenn sie sich ändern, sind flinke Unternehmen zur Stelle, um neue, hochwertige und relevante Inhalte zu liefern. Deshalb müssen deine Inhalte kontinuierlich analysiert und optimiert werden. Unsere Erfahrung zeigt allerdings, dass Daten häufig falsch interpretiert oder sogar falsch verwendet werden bzw. nicht die ganze Geschichte erzählen.

> **Beispiel: Präsentation der Kampagnen-Ergebnisse**
>
> Beim letzten Quartalsmeeting präsentierte das Marketingteam aus Stefans Unternehmen voller Stolz die Ergebnisse der letzten Kampagnen: + 400 % mehr Webseitenbesucher. Ziemlich beeindruckend. Bei so viel Traffic ließen sich ja sicher einige Leads und somit potenzielle Kunden generieren. Stefan war zufrieden mit der Leistung seiner Mitarbeiter. Die Investitionen scheinen sich gelohnt zu haben. Oder?◄

Diese Besucherzahlen könnten tatsächlich ein Hinweis auf großartige Marketingarbeit sein. Es könnte aber auch sein, dass aus den 50 Aufrufen vom vergangenen

3.1 Die Content-Relevanz erhöhen

Quartal 200 wurden – die Zugriffe von den eigenen Mitarbeitern, die im Rahmen ihrer Arbeit die Firmenwebseite besuchen, mit eingerechnet. Vor diesem Hintergrund sind die 400 % Traffic-Steigerung bereits weniger imposant. Eine andere Möglichkeit wäre, dass aus 1000 Besuchern zwar 4000 geworden sind, allerdings der Großteil davon nicht zur Zielgruppe gehört. Auch das relativiert die erreichte Traffic-Steigerung.

Als Unternehmer darfst du dich nicht allein von Traffic-Zahlen beeinflussen lassen. Dir geht es um aussagekräftigen Traffic von Interessenten und Kunden, die dein Unternehmen über die organische Suche, die Suche nach dem Unternehmensnamen oder einen Link in den sozialen Medien gefunden haben. Du willst den Wert der Arbeit sehen, die das Team geleistet hat, um Besucher auf die Webseite zu bringen, und sie hoffentlich in Leads konvertieren lässt.

Wie misst man smart?
Viele Unternehmer nehmen irrtümlich an, dass intelligente Zielverfolgung bedeutet, viele Daten über viele Dinge zu sammeln. Doch das musst du gar nicht. Sobald du dir darüber im Klaren bist, welche Ziele du für dein Unternehmen verfolgst, ist es am besten, so klein wie möglich anzufangen und nur die Elemente zu messen, auf die du am schnellsten reagieren kannst.

Das Ziel deiner Webseite sind Conversions? Es gibt fünf wichtige Zielbereiche, für die es sich lohnt, Zeit und Mühe zu investieren:

- **Bekanntheit:** Wie gut gelingt es deinem Unternehmen, die Aufmerksamkeit potenzieller Kunden zu erlangen?
- **Engagement:** Wie viel Zeit verbringen die Menschen mit deinem Content?
- **Kundenbindung:** Wie gut gelingt es deinem Unternehmen, nicht nur potenzielle Kunden zu gewinnen, sondern sie auch zu halten?
- **Lead-Generierung:** Wie gut gelingt es dir, Kundeninformationen zu sammeln, z. B. eine E-Mail-Adresse über ein Formular, die vom Marketingteam dann genutzt werden kann?
- **Verkäufe:** Wenn die Online-Verkäufe steigen, kann das ein Hinweis darauf sein, dass deine Inhalte gut funktionieren.

Bei der Analyse betrachtest du die Zahlen, erkennst, was sie dir sagen, und handelst dann entsprechend. Genauso musst du auch deine Mitarbeiter schulen: Sie müssen wissen, welche Zahlen wirklich relevant sind und was sie bedeuten, nicht was sie sind. Achte zudem darauf, dass alle relevanten Daten stets live aktualisiert und für jeden zugänglich sind. Nichts ist nämlich unsinniger, als wenn sie für jedes Meeting mühsam zusammengesucht werden müssen. Wenn du dich über deine Kennzahlen auf dem Laufenden hältst, bekommst du auch ein besseres Gefühl dafür, welche Maßnahmen dich wirklich vorwärtsbringen, und kannst den Kurs in kleinen Schritten anpassen.

3.2 Lead-Generierung durch die Inbound-Methodik

Die Kunst besteht nun darin, nicht nur dank des Contents viele Besucher auf die Webseite zu locken, sondern diese anschließend auch zu **de-anonymisieren**. Denn du brauchst die E-Mail-Adresse, damit du den Lead direkt kontaktieren kannst.

Bei der Identifizierung von Webseitenbesuchern kann die IP-Adresse des besuchenden Unternehmens über ein Skript nachverfolgt und über einen Reverse-DNS-Lookup und einen Abgleich mit einer Unternehmensdatenbank auf das jeweilige Unternehmen heruntergebrochen werden. So erhalten Marketing und Vertrieb einen genauen Überblick darüber, von welchem Unternehmen ein Kontakt stammt, der die eigene Firmen-Webseite besucht hat. Einige Anbieter beziehen ihre Tracking-Daten über die Google-Analytics-API und gleichen sie automatisch mit frei verfügbaren Datenquellen wie LinkedIn ab. Das ist zwar günstig, aber auch fehleranfällig, denn gerade in Zeiten von Homeoffice sind viele Mitarbeiter eines Unternehmens nicht über das firmeneigene Netzwerk eingewählt.

Unternehmen, die ihr eigenes Tracking-Snippet einsetzen, verlassen sich auf große Teams, um den korrekten Abgleich der technischen Besucherdomäne mit den Metadaten professioneller Unternehmensdatenbanken zu gewährleisten. Aber auch da erkennt man den Besucher noch nicht direkt, sondern erst das Unternehmen. Wie kann man also einen Besucher de-anonymisieren?

3.2.1 Digitale Marketing-Leads

Bereits vor der Corona-Pandemie haben sich B2B-Entscheider verstärkt online informiert. Die Pandemie hat dies lediglich verstärkt. Im Internet recherchieren B2B-Entscheider über Lösungsansätze für ihre Probleme und versuchen, interessante Geschäftspartner zu finden. In vielen Fällen wird eine Kaufentscheidung bereits getroffen, bevor es überhaupt zur ersten Kontaktaufnahme mit dem Unternehmen kommt. Entsprechend ist es wichtig, dass du potenzielle Kunden an allen

3.2 Lead-Generierung durch die Inbound-Methodik

Touchpoints mit deinem Unternehmen abholst und mit zielgerichteten Informationen versorgst. Wie wir bereits in den vorangegangenen Kapiteln gesehen haben, ist genau deshalb Content-Marketing für B2B-Unternehmen so wichtig.

Es dauert allerdings lange, bis sich deine Content-Marketingstrategie auszahlt. Mittels Content regelmäßig neue Inbound-Leads zu generieren, kann schon mal ein paar Monate dauern. Die gute Nachricht: Du musst nicht warten, bis Google dich endlich wahrnimmt. Im Gegenteil: Die Zeit, bis du bei deinen Leads ein Thema besetzt, lässt sich mithilfe der folgenden drei Maßnahmen aktiv verkürzen.

1. **Verbreitung von Content über Social Media**
   Neue Inhalte müssen über Social-Media-Kanäle verbreitet werden – nicht nur über die Firmenprofile, sondern auch über deine eigenen und idealerweise über die deiner Mitarbeiter. So kannst du ohne hohe Kosten eine große Gruppe von Interessenten erreichen und zusätzlich dafür sorgen, dass man dich mit den entsprechenden Themen in Verbindung bringt.
   Wichtig ist, dass du pro Kanal eine adäquate Schreibweise und passende Hashtags verwendest. LinkedIn bietet beispielsweise eine Hashtag-Suchfunktion, die dir deinen Hashtag zusammen mit anderen verwandten Begriffen anzeigt, während du ihn eingibst. Die Vorschlagfunktion ist zwar eine tolle Anregung, leider aber begrenzt. Die Anzahl der Follower pro Hashtag wird dir beispielsweise nicht anzeigt, weshalb du die Begriffe zunächst manuell sammeln musst. Der Aufbau deiner Hashtag-Sammlung lohnt sich aber: Es ist eine gute Gelegenheit, deine Inhalte strategisch zu positionieren.
   Die Verwendung von Hashtags auf LinkedIn zur Positionierung von Inhalten ist zwar sicher sinnvoll, aber man kann sich durchaus fragen, ob Hashtags eine Garantie für höhere Platzierungen sind. Bislang gibt es keine schlüssigen Beweise, die diese Idee unterstützen oder widerlegen.
2. **Gated Content als Türöffner**
   Um an die Kontaktdaten deiner Webseitenbesucher zu kommen, musst du ihnen im Gegenzug ebenfalls etwas bieten. Dafür eignet sich „Gated Content" oder auch Leadmagnets genannt. Du stellst deinem potenziellen Kunden kostenlos wertvollen Inhalt zur Verfügung, welchen er nur erhält, wenn er seine Kontaktdaten (Name, Unternehmen, E-Mail-Adresse etc.) preisgibt. Gated Content ist damit ein wesentlicher Bestandteil deiner Content- und Inbound-Marketingstrategie. Wichtig ist, dass der angebotene Content einen echten Mehrwert bietet, denn nur dann ist jemand bereit, seine Kontaktdaten zu hinterlassen.

Typische Formen von Leadmagnets sind:
- Fallstudien
- Whitepapers
- E-Books
- Webinare
- Studienergebnisse

Mittels Formularen und anderen Conversion-Elementen kann der Content heruntergeladen werden. Gated Content hat den großen Vorteil, dass die dadurch generierten Leads ein ernsthaftes Interesse an deinem Angebot haben und entsprechend wertvolle Kontakte sind. Zudem eignen sich Leadmagnets auch hervorragend zur Kundenbindung.

3. **Tools zur Leaderfassung**
Neu generierte Leads sollten im CRM erfasst werden. In diesem Zusammenhang ist es wichtig, dass alle Kontakte, die während der Customer-Journey entstehen, exakt und aktuell erfasst und gespeichert werden. Häufig kommt es jedoch vor, dass sich CRM-Systeme nicht dafür eignen, Formulare auf der Webseite zu publizieren. Diese benötigst du aber logischerweise, um überhaupt Leads generieren zu können. Diverse Softwareprodukte schaffen hier Abhilfe, z. B. einfache Newsletter-Tools wie Mailchimp. Wichtig ist hier, dass du darauf achtest, dass sie eine Schnittstelle zu deinem CRM haben, damit du alle Daten an einem zentralen Ort speicherst und keine Datensilos schaffst.

3.2.2 Die Anatomie einer perfekten Landingpage

Fast alle Landingpages, die gut konvertieren, bestehen aus bestimmten Elementen, die immer gleich sind – unabhängig von deinem Conversion-Ziel, deiner Zielgruppe und deinem Angebot. Das liegt daran, dass die Struktur einer Landingpage auf Überzeugung ausgerichtet ist und dass es Elemente gibt, die genau dazu beitragen. Wenn du die Anatomie einer Landingpage verstehst und dich an diese Regeln hältst, kannst du sicherstellen, dass sie auch tatsächlich konvertiert. Deshalb sollten die Kernelemente der Landingpage-Struktur immer vorhanden sein.

Fünf Kernelemente sollte jede Landingpage mit hoher Konversionsrate haben:

1. **Alleinstellungsmerkmal (Unique Selling Proposition, USP)**
Dein Alleinstellungsmerkmal hebt dein Produkt oder deine Dienstleistung von der Konkurrenz ab und ist die Antwort auf die Frage: „Was macht das Angebot so besonders?" Das haben wir bereits in Kap. 1 geklärt. Wichtig ist, dass du

3.2 Lead-Generierung durch die Inbound-Methodik

dich nicht zu sehr auf „einzigartig" versteifst: Sieh deinen USP nicht als Merkmal, das kein anderer hat, sondern vielmehr als Positionierung. Positioniere dein Angebot anders und vor allem besser als alle anderen.
Landingpages müssen diese Aussage kurz und knackig vermitteln, damit die Besucher sofort verstehen, was das Produkt so attraktiv macht. Dazu gehört:
- **Hauptüberschrift:** Deine Überschrift ist das erste, was deine Besucher lesen. Deshalb ist es wichtig, dass sie klar und deutlich beschreibt, was der Besucher von deinem Produkt oder deiner Dienstleistung hat. Achte darauf, dass deine Überschrift prägnant ist – dies ist nicht der richtige Ort, um surrealistische Gedichte zu verfassen.
- **Unterstützende Überschrift:** Mithilfe von Zwischenüberschriften kannst du dem Besucher ein paar zusätzliche Informationen zu deinem Produkt liefern. Aber auch hier solltest du es nicht übertreiben. Wie bei der Überschrift gilt auch hier: kürzer ist besser. Eine unterstützende Überschrift kann auf zwei Arten erfolgen:
  1. Sie kann als direkte Erweiterung der Überschrift fungieren und den Gedanken im Wesentlichen zu Ende führen. Trotzdem solltest du aber darauf achten, dass die Überschrift auch für sich alleine stehen kann.
  2. Oder sie kann einen zusätzlichen Nutzen bieten oder eine zweite überzeugende Botschaft vermitteln, die mit deiner Überschrift zusammenhängt.
- **Verstärkende Aussage (optional):** Wenn deine Landingpage sehr lang ist, ist es sinnvoll, die Besucher in der Mitte der Seite mit einer verstärkenden Aussage an deinen USP zu erinnern.
- **Ein Schlusswort (optional):** Ein Schlusswort untermauert dein Alleinstellungsmerkmal und gibt deinem Besucher eine letzte Chance, sich zu entscheiden. Ein aussagekräftiges Schlusswort kann ein wenig Dringlichkeit vermitteln oder den Besucher daran erinnern, warum er überhaupt hier ist.

2. **Das Herobild**
Der erste Eindruck ist wichtig, und das Herobild (oder -video im Hintergrund) ist wahrscheinlich das erste visuelle Element deiner Landingpage, das die Besucher sehen. Idealerweise sollte das Herobild den Nutzungskontext zeigen. Wenn du ein SaaS-Unternehmen hast, könnte das etwa ein Screenshot von deiner Software sein, der auf einem modernen Bildschirm zu sehen ist.

3. **Vorteile**
Damit Menschen überzeugt werden, müssen sie wissen, welche Vorteile dein Produkt für sie hat. Damit ist aber nicht gemeint, dass du alle Merkmale bzw. Funktionen auflisten sollst, sondern vielmehr die Vorteile, also die positiven

Auswirkungen, die die Funktionen deines Produkts haben. Natürlich darfst du aber auch die Funktionen deines Produkts nennen, solange du sie mit den daraus resultierenden Vorteilen in Verbindung bringst.

4. **Social Proof**

Einfach ausgedrückt ist der Social Proof (soziale Bewährtheit) der Einfluss, den die Menschen um uns herum auf unsere Entscheidungen haben. Wenn wir sehen, dass „jeder" ein Produkt benutzt, machen wir es auch. Dieses psychosoziale Phänomen ist wohl eines der mächtigsten Instrumente, wenn es um Vertrauen geht. Deshalb solltest es du auf deiner Landingpage zu deinen Gunsten nutzen.

Der Social Proof kann unterschiedliche Formen annehmen:
- Testimonials von Kunden
- Fallstudien (oder Links zu Fallstudien)
- Video-Interviews mit bestehenden Kunden
- Logos von Unternehmen, die bereits deine Kunden sind
- Es gibt zwei Dinge, die du allerdings beachten solltest:
- Fälsche nie deine Social Proofs!
- Sei konkret: Wann immer es möglich ist, gib das Wer, Was, Wann, Warum und Wie der Erfahrung deines Kunden an. Ein Zeugnis ist am wirkungsvollsten, wenn sich dein Kunde mit der Person identifizieren kann.

5. **Call-to-Action (dein Aufruf zum Handeln)**

Eine Landingpage sollte sich auf ein einziges Ziel konzentrieren – sonst ist es keine Landingpage. Dein Besucher muss also wissen, was das Ziel dieser Seite ist (etwas herunterladen, Newsletter-Anmeldung, Demo buchen etc.). Deine Landingpage benötigt darum zwingend einen Call-to-Action (CTA). Das kann ein einfacher Button sein oder ein Formular, das der Besucher ausfüllen muss. Es gibt jede Menge weiterführende Informationen über die Erstellung optimaler CTAs. Hier die drei unserer Meinung nach wichtigsten Punkte:

1. Vermeide langweilige Texte wie *Hier klicken* oder *weiter*.
2. Verwende eine umgangssprachliche und einfache Sprache, die aber durchaus originell sein darf.
3. Der Text muss klar sein. Der Besucher muss wissen, was passiert, wenn er auf den Button klickt bzw. das Formular abschickt.

Da kleine Unterschiede große Auswirkungen auf deine Konversionsraten haben können, sind CTAs immer gute Kandidaten für A/B-Tests.

3.3 Lead-Generierung durch die Outbound-Methodik

In Abschn. 3.2 haben wir uns mit der Inbound-Methodik beschäftigt. Natürlich gibt es aber auch zahlreiche Outbound-Taktiken, die du für die Lead-Generierung einsetzen kannst und solltest:

3.3.1 Lead-Generierung durch Cold Mailing

Cold Mailing (auch Outbound-Mailing genannt) ist eine Form der schriftlichen Kaltakquise. Das heißt: Du kontaktierst unaufgefordert einen potenziellen Kunden via E-Mail, ohne dass bis dahin ein Kontakt zwischen euch stattgefunden hat. Es gibt eine Vielzahl von Vertriebskanälen, mit denen du durch einen skalierbaren Outbound-Prospecting-Ansatz neue Leads erreichen kannst. Bevor du allerdings bezahlte Werbung und andere digitale Marketingkanäle in Angriff nimmst, empfehlen wir dir, die vielversprechendste Zielgruppe anzugehen und die daraus generierten Leads genau zu analysieren. Am besten gehst du folgendermaßen vor:

1. Identifiziere potenzielle Leads mittels Lead-Research über den LinkedIn Sales-Navigator (s. dazu Kap. 1).
2. Sammle mithilfe entsprechender Tools wie interseller.io oder Apollo.io strukturierte Informationen über diese Leads (siehe bei Schritt 2 weiter unten mehr dazu).
3. Füge die Leads zum CRM hinzu.
4. Kontaktiere die Leads mit einer E-Mail-Sequenz.

Bevor du mit dem Outbound-Mailing beginnst, empfehlen wir dir vorab die folgenden Schritte:

- **Schritt 1: Validierung**
  Lege zunächst fest, was du mit dem Outbound-Mailing erreichen willst, und vor allem, mit welchen Kennzahlen du die Erreichung misst. Dazu eignen sich beispielsweise Öffnungs-, Klick- und Antwortraten. Jedes Outbound-Mailing-Tool sollte diese KPIs automatisch messen und auswerten. Gute Werte sind:
  – Öffnungsrate: 50 bis 75 %
  – Klickrate: 5 bis 10 %
  – Antwortrate: 5 bis 10 %

- Dabei solltest du das menschliche, qualitative Feedback, das du auf deine E-Mail-Kampagnen erhältst, keinesfalls unterschätzen. Es kann dir wertvolle Inputs geben, wie du dein Messaging anpassen und die E-Mail-Texte entsprechend optimieren kannst.
- Öffnungs- und Klickraten sind erste wichtige Anhaltspunkte, aber sie generieren dir letztlich nur wenig Informationen und schon gar keine Umsätze. Deshalb ist es sinnvoll, sich stärker auf die Antwort- und Terminbuchungsraten zu konzentrieren: Wie viele neue Kunden, Buchungen und Umsätze hast du aus jeder der einzelnen E-Mail-Sequenzen gewonnen? Verdopple, was funktioniert hat, und stoppe diejenigen, die schlechte Ergebnisse erzielten.
- **Schritt 2: Software-Auswahl**
  Arbeite mit einer Software, die dir in Echtzeit detaillierte Einblicke gibt, was funktioniert und was nicht. Es gibt Dutzende von E-Mail-Marketinglösungen und die meisten von ihnen leisten gute Arbeit, wenn es darum geht, E-Mail-Kampagnen zu planen, durchzuführen und zu messen. Zwei Tools, die hier besonders hervorstechen und zusätzliche Vorteile bieten, sind:
  - **Interseller** (https://www.interseller.io): Sammeln von öffentlichen E-Mail-Adressen und Anreichern von Kontaktprofilen direkt von LinkedIn (inkl. Sales-Navigator), auch in großem Umfang, mit direkter Integration in dein CRM (enthält auch ein Applicant-Tracking-System für Rekrutierungszwecke).
  - **Apollo** (https://www.apollo.io): Hosting einer eigenen Datenbank mit 200 Mio. Geschäftskontakten und 10 Mio. Unternehmen mit validierten E-Mail-Adressen, fortschrittlichen Analysen zur Ausführung und großartigen Filtern für das Prospecting.

  ▶ Unter diesem Link findest du weiterführende Ressourcen, Anleitungen und Tricks zu Tools: b2broadmap.com/software

- **Schritt 3: Warm-up**
  Beginne mit kleinen Losgrößen (zehn bis 50 E-Mails pro Kampagne), um durch das Sammeln von Daten und Feedback schnell zu lernen und dich anzupassen. Aber auch, um deinen Ruf als Absender und damit die Zustellbarkeit zu bewahren. Und nicht zuletzt, um sicherzustellen, dass du einen Mehrwert für die Konversation schaffst und nicht gegen die DSGVO verstößt.
  Menschen benötigen fast immer mehr als einen Kontaktpunkt mit dir, um ins Handeln zu kommen. Führe deshalb unbedingt E-Mail-Kampagnen mit mehreren E-Mails durch. Anders als in Nordamerika solltest du dich in Europa aber davor hüten, E-Mail-Sequenzen mit mehr als fünf E-Mails in kurzer

Folge zu versenden. Es scheint, dass Kampagnen mit ein bis zwei einleitenden, wertschöpfenden Nachrichten in Kombination mit freundlichen Erinnerungsmails (insgesamt also zwei bis vier E-Mails) am besten funktionieren. Es ist zudem sinnvoll, auch andere Kanäle für deine Outbound-Aktivitäten miteinzubeziehen und mit Cold E-Mails zu kombinieren, z. B. Telefonanrufe, LinkedIn-Anfragen oder sogar mit persönlichen Briefen, solange sie nicht aufdringlich sind.

3.3.2 Lead-Generierung durch LinkedIn

Neben der Kontaktaufnahme via E-Mails eignen sich auch Social-Media-Plattformen, im B2B vor allem LinkedIn, zum Starten von möglichen Geschäftsbeziehungen. Wir empfehlen dir, dass du deine Leads zunächst auf eine Kontaktaufnahme vorbereitest, indem du ihre Posts likest, kommentierst und dich an den Diskussionen beteiligst, um so in ein erstes Gespräch zu bekommen. Danach kann die direkte Kontaktaufnahme über den Sales-Navigator erfolgen.

Der Sales-Navigator generiert und versendet automatisiert personalisierte Benachrichtigungen und hebt die Plattform damit auf eine neue Ebene des sozialen Verkaufs, denn: Personalisierte Kundenansprache ist bei der Akquise um einiges effektiver als Kaltakquise. Als B2B-Vertriebsprofi kannst du so potenzielle Kunden auf der ganzen Welt erreichen, auch wenn sie keine Kontaktdaten haben.

Neben dem Sales-Navigator hast du noch weitere Möglichkeiten, Menschen auf LinkedIn zu erreichen:

- **Connect ohne Notiz:** Wenn ihr euch kürzlich persönlich getroffen habt oder anderweitig gerade in Kontakt wart, kannst du eine Vernetzungsanfrage ohne Notiz schicken. Der Empfänger wird höchstwahrscheinlich den Kontext kennen. Diese Art der Kontaktaufnahme eignet sich aber primär dafür, um dein Netzwerk zu erweitern. Einen geschäftlichen Mehrwert bringt sie weniger – zumindest nicht unmittelbar.
- **Connect mit Hinweis:** In Fällen ohne offensichtlichen Kontext oder für geschäftliche Absichten empfiehlt es sich, dem Empfänger eine kurze und knackige Nachricht mit max. 300 Zeichen zu hinterlassen.

> **Beispiel: Kontaktaufnahme mit kurzer Nachricht**
>
> Hallo Maria,
> Glückwunsch zur neuen Position als CMO bei Velo AG.
> Ich würde mich gerne mit dir über das Thema Biken unterhalten. Möglicherweise habe ich da etwas Spannendes für dich.
> Passt dir ein 10-minütiges Telefonat nächste Woche?
> Beste Grüße
> Antonio
> PS. Ich wurde von Sebastian Matti auf dich aufmerksam gemacht. ◄

- **InMail:** Mit LinkedIn-InMail kannst du Nachrichten an Personen verschicken, mit denen du gar nicht vernetzt bist. Im Vergleich zu den klassischen E-Mails ist InMail für Direktnachrichten in LinkedIn sehr effektiv für die Lead-Generierung, da der Empfänger weniger Nachrichten via InMail pro Tag erhält als klassische E-Mails.
  Der Vorteil liegt auf der Hand: die Chance, dass deine Nachricht überhaupt wahrgenommen und gelesen wird ist um einiges höher. Die Öffnungs- und Antwortraten sind deshalb in der Regel viel höher als bei E-Mails. Außerdem bekommt deine Nachricht ein „Gesicht", da sie direkt mit deinem sozialen Profil, deinem Lebenslauf, gemeinsamen Kontakten usw. verknüpft ist, was dich menschlicher macht als nur eine E-Mail-Adresse.
  Das Ganze hat aber auch seinen Preis. InMails kannst du nur mit einem kostenpflichtigen Premium-Account verschicken, wobei die Anzahl zusätzlich auf ca. 15 Nachrichten pro Monat beschränkt ist. Um die Effektivität von InMail zu maximieren, ist es am besten, die persönlichen Daten potenzieller Kunden gründlich zu prüfen und besondere Merkmale zu erwähnen. Du kannst z. B. den Sales-Navigator nutzen, um Leads herauszufiltern, die kürzlich den Job gewechselt haben. Oder du suchst ganz einfach nach relevanten LinkedIn-Gruppen und verbindest dich mit den Mitgliedern. Das ist ein guter Startpunkt für ein Gespräch.

Unabhängig davon, welche Kontaktaufnahme du wählst, behalte immer die folgenden Tipps im Hinterkopf, wenn du auf LinkedIn jemanden anschreibst:

1. Bereite zunächst dein LinkedIn-Profil vor. Optimiere und aktualisiere dein LinkedIn-Profil vor dem Outreach. Niemand nimmt gerne Anfragen von Fremden an, mit denen er nichts gemeinsam hat.

3.3 Lead-Generierung durch die Outbound-Methodik

2. Achte darauf, dass deine Tagline und deine Zusammenfassung widerspiegeln, was du zu bieten hast.
3. Schicke anfangs nur ca. zehn Kontaktanfragen pro Tag und beobachte dein Konto regelmäßig. Wenn nach etwa zwei Wochen alles gut läuft, kannst du die Anfragenzahl langsam erhöhen.

Es gibt eine Reihe von Tools, mit denen sich die Kontaktaufnahme auf LinkedIn durch Massennachrichten und Automatisierung besser skalieren lässt. Aber Achtung: Diese Tools können dazu führen, dass deine persönliche Reputation geschädigt wird. Deshalb unternimmt LinkedIn einiges, um solche Aktivitäten abzustrafen, indem dein Ranking bei Beiträgen herabgesetzt und dein persönliches Profil (vorübergehend) von LinkedIn gesperrt wird. Entsprechend sind diese Tools nicht zu empfehlen.

LinkedIn hat sich zu einer Plattform entwickelt, die nicht nur Fachleute miteinander verbindet. Heute verwenden versierte Unternehmer den LinkedIn Sales-Navigator als leistungsstarkes Instrument zur Lead-Generierung. LinkedIn wurde vor weniger als zwei Jahrzehnten gegründet, aber es hat die Art und Weise, wie der Vertrieb funktioniert, verändert. Die sozialen Medien haben neue Kanäle geschaffen, um potenzielle Kunden zu recherchieren, Kontakte zu knüpfen und Beziehungen aufzubauen. Wenn du die „Lead-Generierung" mit LinkedIn richtig machst, kannst du auch dein soziales Netzwerk und damit dein soziales Kapital mit der Zeit aufbauen. Vergiss aber nicht: LinkedIn ist dazu da, um mit anderen Menschen in Kontakt zu treten – auf eine menschliche Art und Weise. Das solltest du bei deinen Aktivitäten stets bedenken.

> **Etappenziel**
>
> Relevanz ist die Grundlage, um neue Interessenten und Leads über deine Online-Kanäle zu generieren. Mittels thematischer **Cluster,** sogenannten **Pillars,** stellst du deine Expertise nicht nur potenziellen Interessenten zur Verfügung, sondern erhöhst gleichzeitig auch deine Sichtbarkeit bei Google. Die einfache Erwähnung von relevanten Keywords reicht diesbezüglich schon lange nicht mehr aus. Damit aus anonymen Besuchern Interessenten inklusive einem Namen sowie einer E-Mail-Adresse werden, gilt es, Leads zu generieren. Die Strategie für eine nachhaltige **Lead-Generierung** führt Besucher zu Formularen, wo sie weiterführende Informationen oder Dokumente im Tausch gegen persönliche Angaben erhalten. Ergänzt wird diese Lead-Generierung mit einer **Outbound-Strategie.** So können kontinuierlich die richtigen und relevanten Leads gefunden werden.

Für dieses Kapitel stehen die Planungsbausteine, Checklisten und Fallbeispiele unter nachfolgendem Link zum Download bereit. Alles, was du benötigst, um die Prozesse auf ein Blatt Papier zu bringen, sind ein gedrucktes Exemplar der B2B-Roadmap und ein paar Post-its:

Die drei Downloads für das Kap. 3 – Relevanz: b2broadmap.com/baustein/relevanz

- Die Planung der Themen und Inhalte: Pillar-Pages und Cluster-Content
- Die Planung von Gated Content
- Die Kalkulation der Conversion-Rates

Weiterführende Links und praktisches Fachwissen sind in Form von umsetzbaren Inhalten, Fallbeispielen, Online-Kursen und ausführlichen Ressourcen unter b2broadmap.com verfügbar.

Tipp: Den Content zu planen, umsetzen zu lassen und zu aktualisieren sowie diesen auch zu verteilen, ist ein Vollzeitjob. Dafür empfehlen wir die Position des Content-Experience-Managers (CEM). CEMs haben viele Aufgaben. Sie sind für die Strategie, das Management, die Textredaktion, die interne und externe Vernetzung, den Dialog mit den Lesern entlang der Customer-Journey und die Erhebung und Auswertung von Kennzahlen zuständig. Es ist besser, diese Verantwortung nicht in die Hände eines externen Anbieters zu legen. Für den Erfolg deiner Lead-Strategie ist es entscheidend, dass der CEM in deinem Unternehmen verwurzelt ist. Diese Position ist die Schnittstelle zwischen dem Unternehmen und seiner Community.

Literatur

Brohan, M. (2018). *Infographic: B2B buyers do their homework*. Digital Commerce 360. https://www.digitalcommerce360.com/2018/09/04/infographic-b2b-buyers-do-their-homework. Zugegriffen: 25. Okt. 21.

Demand Gen Report. (2016). *2016 Content Preferences Survey: B2B Buyers Value Content That Offers Data And Analysis*. Demand Gen Report. https://www.demandgenreport.com/resources/research/2016-content-preferences-survey-b2b-buyers-value-content-that-offers-data-and-analysis/. Zugegriffen: 25. Okt. 21.

Hussain, A.,, & Davies, C. (2015). *Topics over keywords: An SEO-driven approach to content marketing*. Anum Hussain. https://www.anumhussain.com/presentations/topics-over-keywords. Zugegriffen: 25. Okt. 21.

Snyder, K., & Hilal, P. (2015). *The Changing Face of B2B Marketing*. Think with Google. https://www.thinkwithgoogle.com/consumer-insights/consumer-trends/the-changing-face-b2b-marketing/. Zugegriffen:25. Okt. 21.

Engagement: Datenanreicherung entlang der Customer-Journey

4

Die Panne

Stefan stöhnte. Seine Beine schmerzten bereits jetzt und dabei lag der Anstieg noch vor ihnen. Der Muskelkater hatte sich gestern Abend angekündigt, heute konnte er kaum noch gehen, ohne dass ihm alles weh tat. Am Morgen hatte er sogar einige Zeit gebraucht, bis seine Gelenke wieder einigermaßen beweglich waren. Einen kurzen Moment hatte Stefan daran gedacht, die heutige Etappe ausfallen zu lassen, aber dann sah er Antonios feixenden Blick, als er sich zum Frühstück schleppte. Diese Genugtuung wollte er ihm auf keinen Fall geben.

Opa … von wegen. Der Spruch hatte ihn doch ziemlich zum Nachdenken gebracht. Er fühlte sich in letzter Zeit tatsächlich wesentlich älter als 43. Sein ungesunder Lebensstil – zu wenig Schlaf und Bewegung, viel Fast Food, täglich ein bis zwei Gläser Rotwein am Abend und permanenter Stress – hatten doch Spuren hinterlassen. Seine Frau meinte vor ein paar Wochen noch, dass er sich doch Hilfe suchen solle, er stünde ja kurz vor einem Burn-out. Damals hatte er das noch als dummes Geschwätz abgetan. „Jetzt übertreibe doch nicht gleich wieder. Ich habe nur gerade etwas viel um die Ohren. Von einem Burn-out bin ich noch weit entfernt", hatte er sie angeblafft. Heute war es sich nicht mehr so sicher. Stefan seufzte. So hatte er sich sein Leben wirklich nicht vorgestellt.

In diesem Moment knallte es, die Pedalen drehten leer. Das hatte ihm gerade noch gefehlt. Er stieg ab und begutachtete sein Bike. „Alles klar bei dir?", Tim hielt neben ihm an. „Die verdammte Kette ist gerissen", sagte Stefan wütend. „Nicht nur das, dein Kettenblatt scheint ebenfalls beschädigt zu sein." Tim kniete sich hin, um den Schaden besser sehen zu können. „Jap, ist gebrochen."

„Ganz toll!" Stefans Frust war nicht zu überhören. „Dieses Ersatzteil habe ich natürlich nicht dabei."

„Vielleicht ja Sebastian, der hat doch die gleiche Marke wie du. Komm, er und Anto warten sowieso da vorne in der Beiz auf uns. Dann schauen wir dort, was wir machen."

„Einen Kettennieter kann ich dir bieten, aber ein Ersatzblatt habe ich leider auch nicht dabei." Sebastian schüttelte den Kopf. „Das musst du wohl in die Werkstatt bringen."

Tim lachte auf: „Ich glaube kaum, dass es hier in der Nähe eine gibt. Wir sind mitten in der Pampa."

„Wartet mal …" Antonio tippte auf seinem Handy herum. „Wusste ich's doch! Seit Monaten bekomme ich wöchentlich einen Newsletter von Cyclab. Ich war vor Ewigkeiten mal auf ihre Webseite gestoßen, die hatten einen hilfreichen Testbericht über die unterschiedlichen Cyclocross-Reifen geschrieben. Allgemein machen die recht cooles Zeug!"

„Cyclab sagt mir was, die machen ziemlich geschicktes Content-Marketing!" Sebastian nickte. „Und wirklich spannende Berichte. Ich schau da auch regelmäßig vorbei."

„Ich finde es vor allem auch beeindruckend, wie sie das mit der Personalisierung hinbekommen haben", sagte Antonio begeistert.

„Das ist ja schön und gut. Aber wie soll uns das jetzt weiterhelfen? Das Problem von Stefans Bike haben wir noch nicht gelöst", unterbrach Tim die beiden.

„Die sind absolute Profis für jegliche Arten von Reparaturen. Die müssten hier in der Nähe eine Filiale haben. Und zwar … 8 km von hier." Stolz präsentierte Antonio den anderen sein Handy. „Ha! Da sieht man mal, was gutes Nurturing ausmachen kann. Ohne das wäre ich jetzt wohl nicht darauf gekommen."◄

In der Wissenschaft wird der Begriff „Lead-Engagement" seit einigen Jahren heiß diskutiert. Während die einen den Begriff als rein psychologisches Konzept betrachten, sehen andere ihn als Oberbegriff für das Verhalten von Käufern. Bricht man diesen Oberbegriff auf einzelne Elemente herunter, können wir folgende Aussage machen: Lead-Engagement ist der Grad des persönlichen Engagements, den ein Käufer gegenüber dem jeweiligen Produkt, dem Unternehmen oder der Marke zeigt.

Im Marketing liegt der Fokus auf der Definition des Deutschen Instituts für Marketing (2021): Demnach umfasst der Begriff „Engagement" alle Verhaltensweisen des Käufers, die er gegenüber dem Unternehmen, der Marke etc.

zeigt, und schließt auch emotionale, kognitive sowie verhaltensbezogene Aspekte ein. Ein weiterer wichtiger Punkt ist, dass Engagement sowohl selbst- als auch fremdinitiiert sein kann.

Das Lead-Engagement umfasst also alle positiven Interaktionen eines Kunden mit dem jeweiligen Unternehmen und auch mit anderen Kunden. Sobald Lead-Engagement vorhanden ist, hat der jeweilige Kontakt ein starkes Interesse an dem Unternehmen und allem, was dazu gehört – wie z. B. Kommentare und Nachrichten, die gelesen und kommentiert werden.

Den Aspekt der Kundeninteraktion hat Lead-Engagement mit Customer Experience (CX) gemeinsam. CX ist die Summe aller Erfahrungen, die ein Kunde mit dem Produkt oder der Unternehmung macht oder mit anderen Worten ausgedrückt: die Gesamterfahrung mit dem betreffenden Unternehmen. Deswegen wird sie manchmal auch einfach als Kundenerfahrung bezeichnet. Jede Station in der Customer-Journey, sowohl offline als auch online, ist mit Erfahrungen für die Kunden verbunden. Diese können sowohl positiv als auch negativ sein, und zusammen bilden sie die CX.

Die primären Ziele von Lead-Engagement sind relativ offensichtlich: Kundenbindung und die Gewinnung von Stammkunden. Lead-Engagement zielt darauf ab, die Kundentreue zu stärken, zu festigen und für die Zukunft zu sichern.

Sobald ein Käufer eine starke Bindung zu einem Unternehmen hat, wird er mehr einkaufen, es weiterempfehlen und sich positiv über das Unternehmen äußern. Das bedeutet, dass Käufer mit einer starken Bindung Umsätze generieren und durch Mund-zu-Mund-Propaganda für kostenlose und glaubwürdige Werbung sorgen. Beides sind Gründe, warum es sich lohnt, in Engagement zu investieren.

▶ **Lead-Engagement für die kontinuierliche Datenanreicherung entlang der Customer-Journey** Erst die Interaktion der Zielgruppe mit den Inhalten verleiht der Strategie richtig Schub. Durch Performance-Marketing wird der Prozess, bis Suchmaschinen die Inhalte indexiert haben, beschleunigt. Zudem sollen über Monate hinweg die Leads über informative E-Mails zurück auf die Webseite und aktiv in Richtung Beratungsgespräch geführt werden.

Engagement ist ein sehr weit gefasster Begriff, daher ist es nicht verwunderlich, dass sich darunter viele Maßnahmen bündeln lassen, um es zu steigern. Je nach Branche stehen unterschiedliche Möglichkeiten zur Verfügung. In diesem Kapitel stellen wir die Erfolgsfaktoren für mehr Engagement im B2B-Kontext vor (s. auch Abb. 4.1).

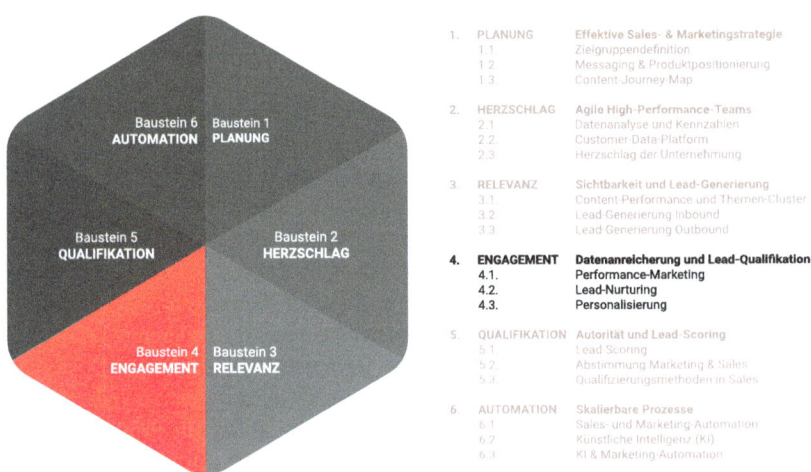

Abb. 4.1 Übersicht Kap. 4 – Engagement

4.1 Performance-Marketing für mehr Conversions

Es gibt unzählige Kanäle und Taktiken, um deine Leads anzusprechen und um diese, das ist besonders wichtig, regelmäßig auf deine Webseite zu bringen. Du erreichst dies mit relevantem Content, der deinen Leads Mehrwert bietet und, vielleicht etwas einfacher, mittels Paid Ads (bezahlter Werbung).

Abb. 4.2 zeigt eine grobe Übersicht darüber, was im Ads-Bereich möglich ist, aufgeteilt in Retargeting, Profile Targeting und Intention Targeting.

4.1.1 Retargeting

Beim Retargeting, oft auch als Remarketing bezeichnet, werden potenzielle Kunden, die eine bestimmte Webseite besucht oder auf ein bestimmtes Produkt geklickt haben, mit gezielter Werbung immer wieder angesprochen. Durch diese Erinnerungsfunktion wollen die Werbetreibenden die Konversionsrate einer Webseite erhöhen. Retargeting ist besonders im E-Commerce-Umfeld für B2C-Kunden beliebt, passt aber grundsätzlich auch hervorragend in den B2B – insbesondere dann, wenn du es geschafft hast, die ersten Kontakte über die organische Suche oder via Outbound-Aktivitäten auf deine Webseite zu locken.

4.1 Performance-Marketing für mehr Conversions

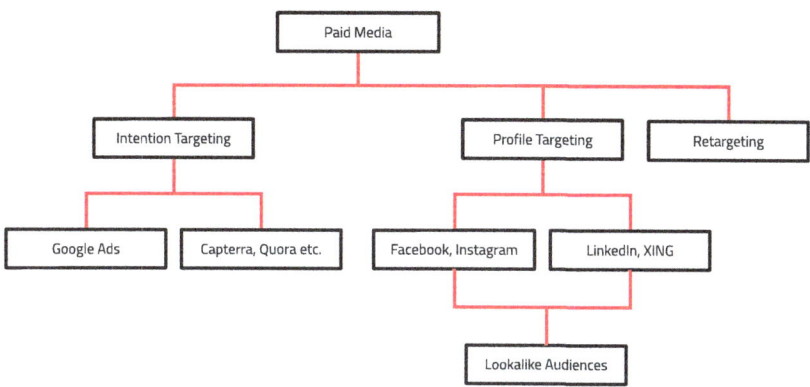

Abb. 4.2 Übersicht der Ausprägungen von bezahlter Werbung respektive Performance-Marketing

Am Retargeting sind im Wesentlichen drei Akteure beteiligt:

1. Der Werbetreibende, der Anzeigen auf einer Webseite schalten möchte.
2. Ein Retargeting-Anbieter, der die Technologie (Ad-Server) bereitstellt, mit der der Nutzer markiert und erkannt werden kann.
3. Ein Publisher, der eine oder mehrere Werbeflächen freigegeben hat. Viele Verlage sind inzwischen auch Retargeting-Anbieter.

Technisch gesehen funktioniert das Retargeting durch die Markierung des Nutzers auf der Webseite des Unternehmens. Dazu wird ein Cookie in Form eines kleinen Codes (auch Pixel genannt) auf der Webseite platziert, der weder für den Besucher sichtbar ist noch die Leistung der Webseite beeinträchtigt. Anhand dieses Cookies können andere Webseiten aus dem jeweiligen Publisher-Netzwerk den Nutzer erkennen und ihm gezielte Werbung ausspielen.

Retargeting lohnt sich, wenn die Zielgruppe groß genug ist und ein ausreichend großer Datensatz zur Verfügung steht – sprich: ein Datensatz von etwa 100 bis 1000 Cookies, die nicht älter als 150 bis 560 Tage sein sollten. Andernfalls werden zu wenige oder zu viele Besucher angesprochen, was wiederum bedeutet, dass die Kampagne entweder ins Leere läuft oder in kürzester Zeit viel Geld verbrennt.

Gerade im B2B, wo der Entscheidungszyklus der Zielgruppe oft komplexer und langwieriger ist als im B2C, bietet Retargeting eine gute Möglichkeit, die Zielgruppe über die gesamte Customer-Journey im Entscheidungsprozess zu begleiten und so bei potenziellen Kunden präsent zu bleiben. Auf diese Weise kann in der Regel ein positiver Return-on-Investment erzielt werden.

B2B-Retargeting unterliegt jedoch seinen eigenen Gesetzen. Das liegt vor allem am Kaufverhalten der Kunden. Während im B2C oft Spontankäufe zustande kommen, ist das bei Geschäftskunden kaum der Fall. B2B-Kunden wägen ihre Entscheidungen viel sorgfältiger ab als private Käufer und sind daher weniger empfänglich für Kampagnen, die vorwiegend darauf abzielen, Aufmerksamkeit zu erregen.

An der Relevanz arbeiten
Wer B2B-Retargeting betreibt, muss sich darüber im Klaren sein, dass dieses Instrument überwiegend indirekt funktioniert. Häufig sind die Suchenden nicht mit den Entscheidern identisch, sondern scannen den Markt nur in deren Auftrag. In diesem Fall müssen sie ihre Vorgesetzten erst von einem Produkt überzeugen, bevor es zu einem Abschluss kommt. Entsprechend solltest du die ausgespielte Empfehlung einerseits auf die Suchabsichten des Suchenden zuschneiden, indem du ihm relevante Artikel anzeigst. Andererseits müssen dem Suchenden relevante Produktinformationen präsentiert werden, mit denen er seine Führungskraft im Sinne des Werbetreibenden beeinflussen kann. Das funktioniert mit fachlich fundierten Inhalten, die auf die Bedürfnisse der Zielgruppe zugeschnitten sind, wie z. B. Fachblogs, E-Books und Whitepapers. Je nach Produkt können auch Testversionen, Erklärvideos oder Kontaktangebote sinnvoll sein.

Um Streuverluste zu vermeiden, sollte die Werbebotschaft entsprechend formuliert werden. Aussagen wie „für Großhändler" oder „Effizienz für Geschäftskunden" zeigen deutlich, wer der Adressat ist – und wer nicht. Ein weiteres Mittel zur Differenzierung ist das negative Retargeting. Werbetreibende nutzen dies, um bestimmte Gruppen von ihrer Werbung auszuschließen.

4.1.2 Profile-Targeting

Beim Profile-Targeting geht es darum, dass Ads an bestimmte Profile ausgespielt werden. Beim LinkedIn-Campaign-Manager hast du dazu die Funktionen „Unternehmens-" und „Kontakt-Targeting" zur Auswahl. Diese ermöglichen es dir, unternehmens- und kontaktbasierte Marketingkampagnen auf LinkedIn durchzuführen.

4.1 Performance-Marketing für mehr Conversions

Wenn du Listen von Unternehmen hochlädst, die du auf LinkedIn ansprechen möchtest, gleicht LinkedIn diese mit den über 50 Mio. LinkedIn-Seiten auf der Plattform ab. Anschließend wird basierend darauf ein Targeting-Segment erstellt, das dir dann für die Werbekampagne zur Auswahl steht. Um ein Targeting-Potenzial voll auszuschöpfen, kannst du zusätzliche, von den Mitgliedern bereitgestellte Profilinformationen, wie z. B. den Jobtitel, hinzufügen, um sicherzustellen, dass die Werbebotschaft die gewünschte Zielgruppe erreicht. Ähnliche Funktionen bieten auch Xing und Facebook.

Wenn du Anzeigen bei LinkedIn schalten willst, stehen dir diverse Anzeigenformate zur Verfügung. Bevor du dich im Kampagnenmanager für eine entscheidest, legst du zunächst ein Ziel fest. Dazu kannst du zwischen drei Rubriken wählen: Awareness (Aufmerksamkeit), Consideration (Erwägung) und Conversions. Je nach gewähltem Ziel werden dir dann die verfügbaren Anzeigenformate angezeigt. Hier ein kurzer Überblick:

- **Single-Image-Ads:** Hierbei handelt es sich um Newsfeed-Anzeigen mit einem festen Bild und einem Link zu einem Artikel oder einer Veranstaltung. Das gewählte Bild hat hier einen großen Einfluss auf die Click-Through-Rate, entsprechend solltest du dich mit einer emotionalen Bildsprache von der Masse abheben.
- **Carousel-Image-Ad:** Carousel-Image-Ads sind ebenfalls Newsfeed-Anzeigen, nur kannst du hier mehrere Bilder einfügen, die nacheinander erscheinen. Das eignet sich z. B., um einen Vorgang oder Prozess genauer zu erklären.
- **Videoanzeige:** Das Video startet auf LinkedIn von selbst, ist aber zunächst stumm geschaltet. Deshalb sind Untertitel sinnvoll, damit du den Inhalt auch an die Betrachter vermitteln kannst, die vielleicht in einem Großraumbüro sitzen und keine Kopfhörer zur Hand haben. Überrasche deine Zuschauer in den ersten paar Sekunden, damit sie das Video nicht vorzeitig beenden.
- **Message-Ads:** Der Nutzer erhält die personalisierte Anzeige direkt in seinem Posteingang und wird so persönlich auf deine LinkedIn-Anzeigen aufmerksam gemacht.
- **Conversation-Ad:** Auch diese Anzeigen werden dem Nutzer via LinkedIn-Posteingang zugestellt. Die Conversation-Ads sind automatisiert, aber dennoch personalisiert und werden außerdem nur an Nutzer gesendet, die gerade aktiv sind. Im Gegensatz zu Message-Ads können sie mehrere Call-to-Action-Buttons enthalten.
- **Text-Anzeigen:** Text-Anzeigen sind einfach und schnell erstellt und erscheinen auf der LinkedIn-Seite in der rechten Spalte oder am oberen Rand.

- **Dynamische Anzeigen:** Dynamische Anzeigen sind personalisierte Anzeigen, welche die Profildaten der Zielgruppe in der Ad nutzen, z. B. das LinkedIn-Profilfoto, den Firmennamen oder die Berufsbezeichnung. Sie können für die Ziele Markenbekanntheit, Bewerber, Webseitenbesucher und Interaktion ausgewählt werden.
- **Follower-Anzeigen:** Diese Anzeigen zielen darauf ab, neue Follower für die Unternehmensseite zu generieren, und werden anhand von LinkedIn-Nutzerdaten personalisiert.
- **Spotlight-Anzeigen:** Spotlight-Anzeigen sind dynamisch auf einzelne Personen zugeschnitten, basierend auf ihren Daten wie z. B. Jobtitel oder Unternehmen. Klicken die Personen darauf, gelangen sie zu deiner Landingpage o. Ä.

Auch wenn Retargeting und Profile-Targeting sicher nützlich sind, wenn es darum geht, passende Zielgruppen anzusprechen, berücksichtigen sie nicht die Situation, in der sich jemand befindet. Wir haben darüber in Abschn. 1.1 gesprochen. Deshalb solltest du im Performance-Marketing auch auf das Intention-Targeting setzen.

4.1.3 Intention-Targeting

Die „Decoding Decisions"-Studie von Google (Rennie & Protheroe, 2020) hat ergeben, dass Menschen zwischen dem Auslöser und dem Kauf respektive der Handlung mehrere Phasen durchlaufen, in denen sie nach Informationen über die Marken und Produkte suchen und all ihre Optionen abwägen. Wir nennen dies die „chaotische Mitte" der Customer-Journey, einen Raum mit einer Fülle von Informationen und einer unbegrenzten Auswahl, die der Käufer – unter zu Zuhilfenahme kognitiver Abkürzungen – zu bewältigen hat. Mittels Intention-Targeting versuchst du nun, seine Absichten und sein Suchverhalten zu verstehen und ihn in der richtigen Situation abzuholen.

Bei dieser Art von Targeting werden die Leads in Echtzeit mit Werbung angesprochen, die zu ihrem Suchbegriff passt. In der Praxis erstellt der Werbetreibende zunächst sogenannte Whitelists mit Suchbegriffen und Wörtern, in deren Kontext er auf der Webseite erscheinen möchte. Sobald ein Nutzer einen Suchbegriff aus der Whitelist eingibt, erscheint die Werbung in Echtzeit und im passenden Kontext. Zu den bekanntesten Anbietern hierbei gehört sicher Google Ads, es gibt aber auch Verzeichnisse wie Capterra oder Foren wie Quora, die ähnliche Funktionen bieten. Mit diesen Online-Werbeprogrammen erstellst du Ads, um Nutzer genau dann zu erreichen, wenn sie Interesse an deinen Produkten oder Dienstleistungen zeigen. Du kannst z. B. für dein Unternehmen werben, Produkte und Dienstleistungen präsentieren, deine Sichtbarkeit erhöhen oder den Traffic deiner Webseite erhöhen.

Hast du erst einmal erkannt, welche Buyer-Personas von deinen Angeboten angesprochen werden und eine Intention zeigen, kannst du die Zielgruppe ausweiten. LinkedIn und Facebook bieten dafür die Lookalike-Audiences an.

4.1.4 Lookalike-Audiences

Mit dem Ziel, die richtige Zielgruppe anzusprechen und dir hochwertige Leads zu liefern, haben LinkedIn und Facebook spannende Funktionen entwickelt, die du für deine B2B-Marketingkampagnen verwenden kannst. Eine davon sind die Lookalike-Audiences. Auf der Grundlage der genauen Mitgliederdaten von LinkedIn kannst du mit den Lookalike-Algorithmen neue Zielgruppen für deine Werbekampagnen finden. Dies ist eine sehr effektive Methode, um neue potenzielle Kunden zu erreichen, die Ähnlichkeiten mit deinen bestehenden Kunden haben. Du kannst jede beliebige Zielgruppe verwenden – eine Remarketing-Liste oder eine E-Mail-Liste – und andere Personen finden, die dieser Zielgruppe sehr ähnlich sind.

Beim Aufsetzen einer Werbekampagne hast du die Möglichkeit, das Targeting von Lookalikes einzubeziehen oder auszuschließen. Wenn du dich dafür entscheidest, Lookalikes einzubeziehen, kannst du verschiedene Targeting-Facetten nutzen, die LinkedIn zur Verfügung stellt, um deine Lookalike-Audiences weiter zu verfeinern. Zu diesen Facetten gehören unter anderem:

- Standort
- Unternehmensname
- Branche
- Berufsbezeichnung
- Funktion
- Unternehmensgröße

Die Lookalike-Funktion eignet sich am besten, um neue Zielgruppen anzusprechen, die sich am Anfang deines Verkaufstrichters befinden. Lookalike-Audiences auf LinkedIn sind eine gute Quelle für hochwertige Leads und damit ein mächtiges Werkzeug.

Die Vorteile von Lookalike-Audiences
Wenn du Lookalikes in deine Anzeigenkampagne einbindest, wirst du eine bessere Antwortquote erzielen. Zudem erreichst du mehr potenzielle Kunden und kannst jede Interaktion mit ihnen relevanter und persönlicher gestalten. Weitere Vorteile sind:

- Sie helfen dir, neue hochwertige Leads zu finden.
- Du kannst ein passendes Zielgruppensegment erstellen, was dir mehr Kontrolle gibt.
- Sie helfen dir, potenzielle Kunden zu erreichen, die deinen besten Kunden ähneln.
- Du maximierst deinen ROI durch die spezifische Zielgruppenansprache.
- Sie helfen dir, deine Kampagne schnell und einfach zu skalieren.

Wenn du die Lookalike-Audience-Funktion von LinkedIn frühzeitig einsetzt, hat dein Unternehmen auf jeden Fall einen Vorsprung. Wir empfehlen dir deshalb, einen Großteil deines Werbebudgets für Lookalike-Audiences zu verwenden. Denn damit kannst du deine Werbekampagnen auf LinkedIn verstärken und skalieren, um eine große Anzahl qualifizierter Leads zu erreichen. Im Vergleich zu anderen Social-Media-Plattformen kannst du deine Leads genauer adressieren und wertvolle potenzielle Kunden ansprechen, die sonst unerreichbar geblieben wären. Da es unzählige Varianten von Lookalike-Audiences gibt, solltest du verschiedene Zielgruppensegmente testen, um herauszufinden, welches Segment am besten abschneidet.

Performance-Marketing ist zwar eine sehr effektive Methode, um das Engagement auf der eigenen Webseite zu steigern, ist oft aber mit einem nicht unerheblichen Budgeteinsatz verbunden. Das heißt nicht, dass du auf Performance-Marketing verzichten solltest. Im Gegenteil: Geschickt eingesetzt, ist es sehr effektiv. Allerdings solltest du noch weitere Methoden zur Engagement-Steigerung einsetzen. Etwas, was ebenfalls sehr effektiv ist, von B2B-Unternehmen aber gerne vernachlässigt wird, ist Lead-Nurturing. Darum geht es im folgenden Abschnitt.

4.2 Lead-Nurturing für mehr Engagement

Die Zimmerpflanze auf deinem Schreibtisch hegst du sorgsam, damit sie groß und stark werden kann. Vergisst du, sie zu wässern und zu pflegen, geht sie ein. Ähnlich verhält es sich mit der Pflege von Kundenbeziehungen: Bist du zu passiv, werden sie nicht wachsen.

4.2 Lead-Nurturing für mehr Engagement

Durch informativen und spannenden Content hast du bereits Interessenten zu Leads gemacht. Doch was geschieht nun? Es ist erschreckend: Ein Großteil der B2B-Leads gehen im B2B aufgrund fehlenden Follow-ups verloren. Das muss nicht sein! Damit aus den Interessenten zufriedene Kunden werden, musst du einige deiner Ressourcen in die Pflege der Kontakte investieren – Lead-Nurturing lautet das Stichwort. Bei deiner Pflanze sind das Wasser, Dünger und Sonnenlicht, dein Lead benötigt relevante Informationen zur richtigen Zeit.

Innerhalb des Lead-Managements befasst sich der Lead-Nurturing-Prozess damit, wie die kontrollierte Weiterentwicklung von Leads (potenziellen Kunden) gehandhabt werden sollte.

- **Phase 1: Von der Anfrage zum Marketing-Qualified Lead (MQL)**
  a) **Lead:** Der Interessent ist zunächst an allgemeinen Informationen zur Lösung eines bestimmten Problems interessiert.
  b) **Unternehmen:** Hier ist es Aufgabe des Unternehmens, den Interessenten entsprechend seinen Bedürfnissen zu informieren. In dieser Phase muss das Interesse an Themen rund um die Dienstleistungen und die Produkte geweckt werden.
- **Phase 2: Vom MQL zum Sales-Accepted Lead (SAL)**
  a) **Lead:** Der Interessent möchte nun herausfinden, wie sein Problem gelöst werden kann.
  b) **Unternehmen:** In dieser Phase geht es darum, einen persönlichen Kontakt zwischen dem Interessenten und der Verkaufsabteilung herzustellen.
- **Phase 3: Vom SAL zum Sales-Qualified Lead (SQL)**
  a) **Lead:** Jetzt liegt der Fokus auf den Dienstleistungen oder Produkten, mit denen das Problem des potenziellen Kunden gelöst werden kann. Details sind hier besonders wichtig.
  b) **Unternehmen:** Dieselben Details müssen dem potenziellen Kunden nun mitgeteilt werden, indem ihm aufgezeigt wird, welchen Mehrwert das Unternehmen im Allgemeinen und die Dienstleistungen oder Produkte im Besonderen bieten.

Oberste Priorität sind die richtigen Inhalte zur richtigen Zeit. Im Vorfeld muss das Unternehmen jeden Schritt im Lead-Nurturing-Prozess festlegen. Es muss ein Dialog mit den potenziellen Kunden aufgebaut werden. Es ist unerlässlich, dass Marketing und Vertrieb zielorientiert zusammenarbeiten. Das Nurturing muss auch Kunden, die bereits akquiriert wurden, weiter versorgen und erneut für einen Kauf begeistern.

4.2.1 Warum Lead-Nurturing für B2B-Unternehmen wichtig ist

Deine Marketingabteilung hat mit der neuen Kampagne mehr als 1000 Leads gewonnen. Ein voller Erfolg! Nun kann der Sales übernehmen und die neu generierten Kontakte angehen. Dieser ist von den Leads allerdings nur halb so begeistert wie das Marketing. Der Großteil ist unqualifiziert, andere sind gar unbrauchbar, weshalb der Sales nur einen Bruchteil der Leadliste kontaktiert. Das Marketing ärgert sich über den Sales, da dieser die generierten Leads einfach ignoriert und damit Chancen verschenkt.

Was hier etwas überspitzt dargestellt wird, spielt sich tatsächlich in zahlreichen B2B-Unternehmen genau so ab: Ein Großteil aller Vertriebsmitarbeiter beklagt sich über zu wenige Informationen über den Kunden beim ersten Vertriebskontakt. Die Ursache liegt aber längst nicht nur in schwankenden Marktdynamiken, sondern häufig in den internen Prozessen der Unternehmen. Marketing und Vertrieb leben nebeneinander her und arbeiten in Silos. Ein weiteres Problem: Das Marketing generiert Leads und gibt sie anschließend direkt an den Vertrieb weiter, damit dieser die Liste abtelefonieren kann.

Du magst dich vielleicht fragen, inwiefern das problematisch sein soll. Um die Flirt-Analogie aus Kap. 1 nochmals aufzugreifen: Beim ersten Date fragst du dein Gegenüber auch nicht gleich, ob er oder sie dich heiraten will – heißt: Ein generierter Lead ist noch lange kein Sales-Qualified Lead (SQL) und schon gar nicht kaufbereit. Der Lead befindet sich womöglich erst in der Evaluierungsphase und recherchiert ganz allgemein mögliche Lösungen.

Gemäß einer Umfrage von *Business2Community* kaufen gerade mal 3 % des Marktes aktiv (Turcotte, 2017). *Marketing Donut* fand zudem heraus, dass 63 % der Personen, die derzeit über ein Unternehmen recherchieren, keinen Kauf innerhalb der nächsten drei Monate tätigen werden (Clay, 2013). Daran hat sich bis heute nicht viel geändert. Dass jemand sich für dein Unternehmen interessiert, heißt noch lange nicht, dass er auch kaufbereit ist.

Es ist nun die Aufgabe deines Unternehmens, dafür zu sorgen, dass ein Lead im Moment seiner Kaufbereitschaft an dich denkt. Bevor eine Kaufentscheidung allerdings zu deinen Gunsten getroffen wird, musst du eine Verbindung zu ihm herstellen und Vertrauen aufbauen. Das schaffst du mithilfe von Lead-Nurturing.

Die Relevanz von Lead-Nurturing

Mit Lead-Nurturing beginnst du, die Beziehung nach der ersten Kontaktaufnahme aufzubauen. Die Kunst dahinter ist es, die Empfänger deiner Botschaften zur richtigen Zeit mit relevanten Informationen zu versorgen und sie so durch die Customer-Journey zu führen.

Obwohl Lead-Nurturing nachweislich einen großen Einfluss auf die Kaufbereitschaft hat, verzichten viele B2B-Marketer auf Leadpflege. Die Gründe dafür sind vielseitig: Fehlende Ressourcen, mangelhafte oder keine Prozesse werden häufig genannt – das bestätigt auch der Marketing Automation Report 2022 (Zumstein et al., 2022).

Gemäß den Antworten von 235 B2B-Vermarktern ist die Erstellung von Inhalten, die auf dem Interesse der Käufer basieren, die größte Herausforderung (41 %) beim Lead-Nurturing – für weitere 16 % hingegen ist es, das richtige Timing zu erwischen. 17 % der B2B-Vermarkter gaben zudem an, dass sie Probleme mit dem Vertriebsteam haben, wenn es um die Weiterverfolgung der betreuten Leads geht (MarketingCharts, 2015).

Die Relevanz des B2B-Lead-Nurturings lässt sich gut anhand einiger Zahlen darstellen (Georgiev, 2021):

- 50 % aller B2B-Käufer entscheiden sich für den Anbieter, der am schnellsten reagiert.
- Unternehmen erzielen mit Lead-Nurturing bis zu 50 % mehr verkaufsbereite Leads zu einem Drittel der üblichen Kosten.
- Mit automatisiertem B2B-Lead-Nurturing ließen sich gemäß Oracle sogar 451 % mehr Leads qualifizieren. Dazu später mehr.

Doch warum schaffen es nur wenige B2B-Unternehmen, Lead-Nurturing konsequent und erfolgreich zu etablieren? Möglicherweise, weil sich der Erfolg von Lead-Nurturing nicht unmittelbar bemerkbar macht. Gerade im B2B sind die Verkaufszyklen meist länger als im B2C – nicht selten dauern sie gar einige Monate. Ein Lead monatelang zu pflegen, damit er am Ende dann doch nicht abschließt, wird daher oft als Zeitverschwendung abgetan. Entsprechend werden Nurturing-Aktivitäten oft ganz weggelassen oder – wenn überhaupt – nur halbherzig verfolgt. Und so telefoniert der Vertrieb weiterhin ganze Leadlisten ab, ganz nach dem Motto: Mehr hilft mehr. Eines Tages wird schon jemand dabei sein, der sich für das Produkt ernsthaft interessiert und kaufbereit ist.

4.2.2 Die Nurturing-Strategie

Das „händische" Pflegen der Leads ist in vielen B2B-Unternehmen nach wie vor der Status quo. Ein durchdachter Prozess ist meistens Fehlanzeige. Die

Liste der Leads wird zwar einigermaßen regelmäßig mit Newslettern versorgt, allerdings oft mit generischem Inhalt. Es finden sich dann ausgeschmückte Produktvorstellungen und Lobpreisungen des „umfassenden Rundum-Service-Angebotes" – doch nur leider selten genau die Informationen, die für den Empfänger relevant sind.

Das Resultat: Ein Klick, und dein Newsletter endet ungelesen im digitalen Nirwana. Etwas zynisch lässt sich sagen: Immerhin wird Lead-Nurturing betrieben. Denn wie die bereits genannte Statistik gezeigt hat, findet oftmals überhaupt kein Nurturing der Leads statt. Und wenn am Ende nur ein Kunde daraus resultiert, hat es sich doch gelohnt, oder?

Es ist paradox: Einerseits will man sich nur mit kaufbereiten Leads beschäftigen, investiert aber andererseits wenig in die Etablierung einer sinnvollen Nurturing-Strategie, die letztlich genau dazu beitragen würde, dass Leads kaufbereit werden.

Die Komponenten einer erfolgreichen Nurturing-Strategie
Jeder Kunde ist einzigartig, dementsprechend steht die Individualität jedes einzelnen im Fokus einer erfolgreichen Lead-Nurturing-Strategie. Es geht nicht darum, dem Kunden einfach zu geben, was er will, sondern vielmehr um das wirkliche Verstehen seiner Painpoints und Interessen. Eine erfolgreiche Lead-Nurturing-Strategie basiert im Wesentlichen auf den folgenden vier Komponenten:

1. **Verstehen der Customer-Journey**
   Zu wissen, dass die Customer-Journey individuell ist, ist die eine Sache. Daraus die richtigen Schlüsse zu ziehen, die andere. Es ist wichtig zu verstehen, wie Leads während ihrer Customer-Journey mit dem Unternehmen interagieren: Wo steigen sie ein? Wo steigen sie aus und warum? Welche Fragen haben sie? Wie ist ihre Customer-Experience?
   Anhand des Verhaltens und der Fragen erhältst du einen Überblick darüber, wie deine Leads die Customer-Journey durchlaufen, welche Aktionen sie wann durchführen und bei welchen Leads es am wahrscheinlichsten zu einem Kauf kommt.
2. **Marketing- und Sales-Alignment**
   Marketing und Vertrieb haben unterschiedliche Challenges und Prioritäten – entsprechend arbeiten sie in vielen Unternehmen als separate Abteilungen voneinander getrennt. Gemäß dem *Revenue Marketing Report 2021* gibt fast die Hälfte aller befragter Marketing- und Vertriebsfachleute an, dass die Abteilungen ungenügend aufeinander abgestimmt seien (Copper & Outfunnel, 2021). Dabei ist für ein erfolgreiches Lead-Management – und insbesondere auch für

Lead-Nurturing – eine enge Zusammenarbeit zwischen Marketing und Sales unerlässlich.

So weiß der Sales beispielsweise genau, welche Fragen am häufigsten gestellt werden und welche Gründe dazu führen, wenn es letztlich doch nicht zu einem Abschluss kommt. Er ist oft nah am Lead dran und erhält Informationen zu Painpoints und Bedürfnissen aus erster Hand. Das Marketing hingegen weiß, welche Keywords Leads bei der Lösungssuche verwenden, welche Target-Groups mit welchen Merkmalen am besten konvertieren und welche Inhalte am erfolgreichsten sind.

Ausführlichere Informationen zu Marketing- und Sales-Alignment findest du in Abschn. 5.3.

3. **Relevante Inhalte**

Hochwertige Inhalte sind der beste Weg, um Unternehmenskunden die eigene Expertise zu demonstrieren. Relevanz hat dabei oberste Priorität. Dass sich die Investition lohnt, zeigte bereits eine Studie von Demand Gen Report aus dem Jahr 2014: 95 % aller B2B-Kunden entscheiden sich nämlich eher für den Lieferanten, der während des gesamten Kaufprozesses hochwertige und relevante Inhalte zur Verfügung stellt. Das durch B2B Content-Marketing aufgebaute Vertrauen kann Geschäftsbeziehungen intensivieren und langlebiger gestalten. Die Untersuchung zeigte zudem, dass die Investitionen um 47 % stiegen, wenn B2B-Einkäufer zuvor in Kontakt mit Content kamen (Demand Gen Report, 2014).

4. **Regelmäßigkeit**

Die *Demand Generation Marketing Survey* von Hubspot (2017) zeigt: Mindestens zehn Nurturing-Schritte sind erforderlich, damit aus einem Lead ein zahlender Kunde wird. Lead-Nurturing ist dementsprechend ein längerer Prozess, bei dem Durchhaltevermögen gefragt ist, damit sich am Ende die Bemühungen auszahlen.

Regelmäßigkeit ist auch bei der Analyse erforderlich. Eine Lead-Nurturing-Strategie sollte laufend ausgewertet und anhand der gesammelten Daten und den darauf basierenden Erkenntnissen optimiert werden.

E-Mail-Marketing als wichtigste Nurturing-Strategie

Die Entwicklungen im Jahr 2021 zeigen, dass sich B2B-Unternehmen immer stärker einer hochwertigen Content-Strategie zuwenden. Im Lead-Nurturing kristallisieren sich im Jahr 2021 einige Gewinner heraus, wenn es um die besten Instrumente geht. E-Mail-Marketing gehört dabei zur effizientesten Methode bezüglich Ansprache und Pflege von Leads (Greene, 2021). Der Grund: Es lässt sich relativ einfach automatisieren und ist daher zeitsparend und kosteneffektiv. Kombiniert mit Personalisierung kann die Conversionrate markant gesteigert werden. Mehr dazu in Abschn. 4.3.

Erfolgreiche B2B-Unternehmen setzen zudem auch auf Retargeting, Content-Marketing und Social-Media-Marketing bei ihrer Lead-Nurturing-Strategie. Eine breite Abdeckung aller Touchpoints und Kanäle ist wichtig, um Leads effektiv durch die Customer-Journey führen zu können.

Doch woher soll man all die Ressourcen nehmen, um die Leads zu pflegen? Diese Frage stellen sich nicht nur kleine Marketingteams – auch bei größeren Unternehmen mit entsprechend umfangreicherer Marketingabteilung sind personelle und zeitliche Ressourcen oft der Flaschenhals für eine erfolgreiche Leadpflege.

4.2.3 Automatisierung von Lead-Nurturing

Lead-Nurturing gilt nach wie vor als einer der größten Zeitfresser im B2B-Marketing und wird daher oft erst in Angriff genommen, wenn du bereits viele Leads in deiner Datenbank hast, welche einfach brachliegen. Das ist schade, denn damit verschenkst du enormes Potenzial.

Einer der klar identifizierbaren Trends zur Optimierung von Lead-Nurturing im Jahr 2022 ist die Marketing-Automation – also Softwarelösungen, die Marketing- und Vertriebsprozesse automatisieren. Diese sammeln Kundendaten, bereiten sie auf und lösen abhängig von einem bestimmten „Trigger" unterschiedliche voreingestellte Prozesse aus, welche die Leads zu dem gewünschten Ziel führen. Durch Marketing-Automation kannst du das B2B-Lead-Nurturing effektiver gestalten – ohne dabei deine Ressourcen zu belasten.

Die Auswahl an Marketing-Automation-Software ist riesig. Zu den beliebtesten im DACH-Raum laut dem *Marketing Automation Report 2022* gehören:

- HubSpot
- Marketo
- Pardot
- Mailchimp

(Zumstein et al., 2022)

Die meisten Marketing-Automation-Lösungen basieren auf der Auswertung deiner CRM-Daten und lösen gewisse Aktionen basierend auf bestimmten Triggern/Segmenten aus. Deswegen musst du zwingend klare Prozesse haben, da

4.2 Lead-Nurturing für mehr Engagement

Automation nach Regeln funktioniert. Wenn sie richtig umgesetzt wird, bringt sie diverse Vorteile mit sich:

- Mehr qualifizierte Kontakte und Steigerung der Conversions
- Personalisierte Marketingkampagnen
- Optimierte Zusammenarbeit von Marketing, Sales und Service über eine Plattform
- Automatische Anpassung der Marketingmaßnahmen an die Bedürfnisse und Interessen der Zielgruppen
- Umfassendes Nurturing der Leads von der Aufmerksamkeitsphase bis hin zur Bindungsphase als Kunde

Beim Lead-Nurturing sind Speed und Timing wichtig. Wir alle wollen am liebsten so schnell wie möglich eine Antwort auf unsere Fragen erhalten oder nicht lange auf eine angefragte Offerte warten müssen. Je schneller du antwortest, desto höher ist die Wahrscheinlichkeit, dass die Leads den Sales-Prozess durchlaufen. Der Einsatz von Marketing-Automation verschafft Abhilfe bei langen Wartezeiten. Durch festgelegte Workflows (z. B. E-Mail-Sequenzen) kannst du sogar schon in weniger als fünf Minuten eine erste Antwort an deine Leads senden. So bleibt mehr Zeit für eine ausführlichere Antwort.

Lead-Nurturing-Workflows

Ein Lead-Nurturing-Workflow ist ein festgelegter Prozess, mit dem du die Beziehung zum jeweiligen Kontakt ausbaust. Er zeichnet sich dadurch aus, dass er auf der Grundlage deiner Segmentierungsstrategie hyper-personalisiert ist. Das heißt: Ein Lead, auf den bestimmte Merkmale zutreffen, führt eine bestimmte Aktion auf deiner Webseite durch – z. B. lädt er ein Whitepaper zu einem Thema herunter. Dadurch wird er nun in einen Workflow eingebunden und mit entsprechenden verwandten Inhalten automatisiert gepflegt. Diese Inhalte können darauf ausgerichtet sein, die Leads über Themen zu informieren, die mit deinen Dienstleistungen zusammenhängen, und sie so von der Bewusstseins- zur Entscheidungsphase zu bringen. Beliebte Workflows sind beispielsweise:

- **Willkommens-Workflows:** Die erste Conversion eines Leads ist der Auslöser für diesen Workflow, z. B. die Anmeldung für den Newsletter oder das Herunterladen eines Whitepapers. Begrüße neue Kontakte, indem du ihnen eine Übersicht von all deinen Inhalten aufbereitest. Solche Begrüßungsworkflows sind ein Muss, schließlich legen sie den Grundstein für die anschließende Kundenbeziehung.

- **Themen-Workflows:** Finde heraus, für welche Themen sich deine Leads interessieren. Basierend darauf kannst du ihnen mehr Inhalte dazu oder zu verwandten Themen schicken. Wichtig ist, dass du die Antworten und Klicks sauber trackst, denn nur so kannst du den weiteren Verlauf des Workflows optimieren.
- **Asset-Angebots-Workflows:** Diese Workflows funktionieren im Prinzip wie die Themen-Workflows – nur die Intention dahinter ist eine andere. Hier geht es darum, dass du zu einem Lead noch mehr Angaben bekommst. Wenn du weißt, an welchen Inhalten der Empfänger interessiert ist, kannst du ihm mittels seines Asset-Angebots-Workflows zusätzliche Inhaltsangebote senden, die er durch Angaben weiterer Daten herunterladen kann.
- **Engagement-Workflows:** Diese Workflows sind speziell für Leads in der Entscheidungsphase gedacht. Du willst also Inhalte versenden, die deine Marke als beste Lösung positionieren und dich selbst in den Vordergrund stellen.
- **Re-Engagement-Workflows:** Um kalte Leads wieder anzusprechen, kannst du diese Workflows verwenden. Verschicke Inhalte, die deine brachliegenden Leads wieder aktivieren, um so erneut auf deren Radar zu gelangen.
- **Kunden-Workflows:** Du kannst diese Workflows entwickeln, um deine bestehenden Kunden zu begeistern und Feedback bezüglich Zufriedenheit etc. einzuholen. Zudem eignen sich diese Workflows auch bestens für Cross- und Upselling.

Die passende Marketing-Automation-Software ist ein wichtiger Bestandteil beim Aufbau deiner Workflows. Es gibt viele verschiedene Plattformen, die du nutzen kannst. Die Marketing-Automation-Software wie HubSpot und deren Workflows bieten dir viele Optionen, um Prozesse wie Lead-Nurturing zu großen Teilen zu automatisieren.

Prozessautomatisierung am Beispiel HubSpot

Das Workflow-Tool von HubSpot bietet dir viele verschiedene Möglichkeiten, um deine Prozesse zu automatisieren. Dabei setzt HubSpot insbesondere auf eine Entscheidungsbaum-Logik, bei welcher basierend auf vordefinierten Triggern bestimmte Aktionen ausgelöst werden.

Wenn du im HubSpot einen sogenannten Lead-Nurturing-Stream aufsetzen möchtest, musst du zunächst den Ausgangspunkt definieren. Meist wird damit definiert, welches spezifische Segment deine Nurturing-E-Mails erhalten sollen. Danach kannst du verschiedene E-Mails basierend auf den Interaktionen mit vorangehenden Inhalten aussteuern und fixe Verzögerungen zwischen den verschiedenen E-Mails einplanen.

Du kannst also definieren, dass alle Kontakte, welche in der Liste „Interessiert an Lead-Nurturing" enthalten sind, im Nurturing-Stream aufgenommen werden. Nach fünf Tagen sendest du diesen deine erste Nurturing-E-Mail und wartest dann weitere zehn Tage, bis die nächste E-Mail folgt. Bevor aber die zweite Mail versendet wird, prüft HubSpot zunächst, ob dein Lead dein Leadmagnet aus der ersten E-Mail heruntergeladen hat oder nicht. Entsprechend sendest du entweder eine Reminder-E-Mail, welche erneut auf deinen Leadmagnet hinweist, oder du sendest direkt eine E-Mail mit weiterführenden Informationen.

Der Nachteil der HubSpot-Nurturing-Streams ist allerdings, dass sie schnell unübersichtlich werden können. Um alle strategisch wichtigen Themen auf der gesamten Customer-Journey für die unterschiedlichsten Zielgruppen abzudecken, müssen zahlreiche E-Mails und Nurturing-Streams erstellt werden – meist noch in verschiedenen Sprachen. Damit nimmt die Komplexität schnell zu. Die Gefahr: Die Streams werden nur noch von der Person wirklich verstanden, die sie aufgesetzt hat.

Das gesamte Konstrukt wird dadurch immer anfälliger für Fehler. So ist es etwa schwierig sicherzustellen, dass ein Kontakt nicht plötzlich in fünf Nurturing-Streams gleichzeitig landet, nur, weil er eben alle Kriterien erfüllt hat. Zudem müssen die Kriterien mit der Zeit auch angepasst werden, wenn es wieder neue Inhalte, Content-Angebote und Formulare gibt. Entsprechend solltest du Workflows sparsam und nur dann einsetzen, wenn sie wirklich Sinn ergeben.

4.3 Personalisierung für mehr Engagement

Erstaunlich ist, wie sich die Wahrnehmung des Verhältnisses von B2C- zum B2B-Marketing im Jahr 2020 geändert hat. Im Trendbarometer der bvik gingen 2019 noch 53 % der befragten Experten davon aus, dass eine Trennung von B2C- und B2B-Marketing sinnvoll sei (bvik, 2019). Diese Einschätzung hat sich mittlerweile geändert.

B2B-Kunden waren schon immer anspruchsvoll. Für die Zukunft musst du dich darauf einstellen, dass sie vermutlich noch anspruchsvoller werden. Experten gehen davon aus, dass B2B-Kunden zunehmend eine Customer Experience erwarten, wie sie heute bereits im B2C üblich ist. Das bedeutet: Noch mehr Personalisierung, eine noch direktere Kundenansprache und ein besseres Antizipieren der Kundenbedürfnisse und -wünsche.

Tatsächlich solltest du darüber nachdenken, ob deine Kunden im B2B nicht in Wahrheit sogar anspruchsvoller sind als die B2C-Kunden. Das heißt, dass du deine Customer-Experience noch viel stärker kundenorientiert ausrichten musst. Der Trend geht hin zu einer Customer-Experience, die im B2B noch umfangreicher ist als im B2C – immerhin sind die Investitionen im B2B meist umfangreicher.

Ein Schritt in die richtige Richtung ist Personalisierung – und damit ist nicht einfach die Nennung des Kundennamens im Newsletter gemeint. Deine Inhalte müssen auf die Bedürfnisse und Interessen des jeweiligen Leads zugeschnitten sein. Sie müssen relevant sein, damit sie überhaupt Beachtung finden. Denn seien wir ehrlich: Wie viele Massenmails erreichen deinen E-Mail-Eingang? Und wie viele davon löschst du, ohne sie geöffnet zu haben?

Deinen Leads geht es ähnlich. Auch ihre Aufmerksamkeit möchte tagtäglich von unzähligen Anbietern für sich beansprucht werden. Handelt es sich bei einer Nachricht offensichtlich um eine Massenmail, geht sie zu Recht unter. Gleiches gilt für die Inhalte der Mail. Setzt du hier auf Masse statt auf Relevanz, ist die Customer-Journey schnell zu Ende.

4.3.1 Vorteile von personalisiertem Marketing

Widmen wir uns an dieser Stelle einem bekannten B2B-Beispiel: Du bekommst eine E-Mail von einer Unternehmung. In dieser wird dir ein Produkt zu einem Thema, das dich gerade beschäftigt, ausführlich und informativ vorgestellt. Das kommt sehr gelegen, denn du bist noch unschlüssig, ob das Produkt wirklich passt, und recherchierst noch allgemein über mögliche Lösungen für dein Problem. Das Unternehmen, von dem du die E-Mail erhalten hast, weiß das. Durch konkrete Datenanalysen zu deinem Kundenprofil hat es bereits einige Informationen über dich und deine Firma und leitet aus deiner Aktivität ab, dass du noch nicht kaufbereit bist. Deswegen schlägt es dir nicht direkt ein Produkt vor, sondern passt die E-Mail-Inhalte dynamisch auf dich an.

Neben dem Positivbeispiel für einen guten Start geht es natürlich auch anders. Stell dir vor, du bekommst eine E-Mail von einem Betrieb, der dich allgemein über sein Portfolio informiert. Da das Unternehmen ohne eine automatisierte Datenstrategie arbeitet, ist der Eintrag im Newsletter eine der wenigen Informationen über dich und deinen Stand in der Lead-Qualifizierung. Ob in der allgemeinen Produktvorstellung etwas für dich dabei ist, kann er nicht wissen. Garantiert wird es auch hier den einen oder anderen Glückstreffer geben, doch personalisiertes Marketing läuft anders.

Wenn ich zur richtigen Zeit, mit relevanten Inhalten angesprochen werde und wenn ich von den Inhalten etwas lernen kann, dann bin ich auch bereit, mehr

4.3 Personalisierung für mehr Engagement

über das Thema zu erfahren und meine Reise zu einem vielleicht langfristigen Kunden kann beginnen. Personalisierung hat zahlreiche Vorteile:

1. **Durch Personalisierung zur langfristigen Kundentreue**
   Personalisierte Dienste helfen dabei, Kunden langfristig zu binden. Die Relevanz der Empfehlungen spielt dabei eine entscheidende Rolle: Passende Angebote führen oft zu einem Kauf. Oder im Falle von Netflix beispielsweise zur Verlängerung des Abos. Mit rund 100 Mio. Nutzern hat Netflix einen der treuesten Kundenstämme im Streaming-Umfeld – gemäß eigenen Aussagen konnte das Unternehmen dank künstlicher Intelligenz und dem darauf basierenden Empfehlungsmanagement 1 Mrd. US-Dollar an Marketingkosten einsparen, also etwa 10 US$ pro Nutzer, was etwa einem Monatsabonnement entspricht. Warum? Über 75 % der Abonnenten verlassen sich auf die Empfehlungen, die auf den Analysen ihrer bisherigen Filmgewohnheiten basieren.
2. **Steigerung der Long-Tail-Umsätze**
   Durch die Nutzung verschiedener Datenquellen (Kundeninteraktionen, Produktbeschreibungen, Kategorien usw.) kann der Kundengeschmack genau modelliert werden, woraufhin passende Produkte sehr gezielt angeboten werden können. Dies führt zu einer Steigerung der Long-Tail-Verkäufe und Cross-Selling-Potenziale werden ausgeschöpft. Durch die Modellierung der Interessen jedes einzelnen Kunden – weg von der reinen Top-Seller-Logik – ist es möglich, viel individueller auf die Bedürfnisse jedes Kunden einzugehen. Die Kombination verschiedener maschineller Lernmethoden macht dies möglich.
3. **Stärkung der eigenen Unternehmung gegenüber dem Wettbewerb**
   Personalisierung schafft Vertrauen. Sie gibt dem Kunden das Gefühl, dass seine Bedürfnisse und Interessen vom Unternehmen verstanden werden, was es ihm wiederum erleichtert, Entscheidungen zu treffen. Daher kann die Personalisierung im Marketing auch als Wettbewerbsfaktor verstanden werden. Denn: Durch die Bindung von Kunden an personalisierte Dienste ist es für die Konkurrenz schwieriger, diese Kunden abzuwerben.
   Jeder, der Netflix eine Zeit lang genutzt hat, weiß, dass Netflix seine Kunden schon nach kurzer Zeit ausgezeichnet einschätzen kann. Die Kunden sind für eine lange Zeit an solche Dienste gebunden. So wird eine virtuelle Barriere aufgebaut und es ist unangenehm, zu einem anderen Dienst zu wechseln, der keine Informationen über die eigene Person hat. Denn in einem solchen Fall müsste man erst wieder ein Profil erstellen und die Algorithmen trainieren, damit man gute Produktempfehlungen erhält.

4. **Weniger Streuverluste und verbesserte Effizienz**
Viele Unternehmer haben Angst vor Streuverlusten. In diesem Zusammenhang beschreibt Streuverluste z. B. die Akquise von Kunden, die nicht zur Zielgruppe des Unternehmens gehören. Das kann zu enormen Kosten führen, die keinen Mehrwert schaffen. Eine erfolgreiche Personalisierung im Marketing kann diese Streuverluste auf ein Minimum reduzieren und das Unternehmen muss sich keine Sorgen um zusätzliche Kosten machen.
Bei der Reduzierung dieser Streuverluste geht es jedoch nicht nur um die Verringerung potenzieller Kosten. Sie verbessert auch langfristig die Effizienz des Unternehmens, da eine höhere Konversionsrate erzielt werden kann. Das liegt vorwiegend daran, dass das Kundenerlebnis und der Kaufprozess dank verschiedener Personalisierungsstrategien attraktiver gestaltet werden können.

Um die Personalisierung des Marketings umzusetzen, sind klar definierte Prozesse und aktuelle Daten in guter Qualität erforderlich. Personalisierung ohne Daten ist wie ein Fahrrad ohne Reifen: Es steht nur auf der Stelle. Um die Wünsche und Erwartungen deiner Kunden zu personalisieren, bist du auf aktuelle Daten zu deinen Leads angewiesen. Diese umfassen unter anderem Interessen, Kaufbereitschaft, Erfahrungen und Probleme.

4.3.2 Personalisierung mittels inhaltsbasierter und kollaborativer Filterung

Die inhaltsbasierte Filterung (Content-Based Filtering) bildet zusammen mit der kollaborativen Filterung (Collaborative Filtering) die technische Grundlage für fast alle Empfehlungssysteme. **Content-Based Filtering (CBF)** misst bestimmte erkennbare Parameter eines Artikels und vergleicht sie mit denen anderer Artikel. Auf diese Weise können den Nutzern, die einen Artikel ansehen, andere Artikel mit ähnlichen Merkmalen empfohlen werden. Die Ähnlichkeit kann z. B. durch die Bestimmung von „Schlüsseleigenschaften" oder „Schlüsselbegriffen" gemessen werden. Indem die Anzahl der Übereinstimmungen zwischen zwei Artikeln oder die Häufigkeit von Schlüsselbegriffen gezählt wird, wird die Empfehlungsberechnung operationalisiert. Ferner können die einzelnen Parameter auch nach ihrer Relevanz gewichtet werden.
Nachteile der inhaltsbasierten Filterung:

4.3 Personalisierung für mehr Engagement

- Wenig Neues für den Nutzer, da in der Empfehlung nur die Ähnlichkeiten von Inhalten berücksichtigt werden können, die der Entscheider zuvor angesehen hat. In diesem Zusammenhang haben CBF-Systeme Probleme, Inhalte zu empfehlen, die aus einer Menge von wenig „verwandten" Inhalten stammen.
- Außerdem kann das System keine Aussage darüber treffen, ob die Qualität der einzelnen Inhalte auch den Anforderungen des Nutzers (in Bezug auf Funktionalität und Gefallen) entspricht.

Beim **Collaborative Filtering** hingegen geht es um den Nutzer. Hierbei werden Empfehlungen basierend auf Verhaltensmustern von verschiedenen Nutzergruppen abgegeben, indem daraus auf das Interesse des Einzelnen geschlossen wird. Es werden also Nutzer gesucht, die ein ähnliches Verhalten zeigen wie ich. Anhand deren Verhaltensmuster wird nur eine Vorhersage für mich getroffen. Ein anschauliches Beispiel für den erfolgreichen Einsatz von kollaborativer Filterung ist Amazon.

Content-Based Filtering wird deshalb oft zusammen mit Collaborative-Filtering eingesetzt, um das auf der Analyse von Nutzungsdaten basierende Collaborative-Filtering mit inhaltlichen Ähnlichkeiten zwischen Produkten anzureichern. In den nach Nutzungsdaten korrelierten Produktvorschlägen kann die inhaltsbasierte Filterung dann z. B. dazu verwendet werden, besonders gut geeignete Alternativen hervorzuheben. Dies wird als hybrides System aus inhaltsbasierter Filterung und kollaborativer Filterung bezeichnet (siehe Abb. 4.3).

Etappenziel

Damit du von potenziellen Kunden als Experte wahrgenommen wirst, brauchst du nicht nur entsprechend relevante Inhalte, wie wir es in Kap. 3 besprochen haben. Erst, wenn sich deine Zielgruppe mit diesen auch auseinandersetzt und mit deinem Unternehmen interagiert, kannst du zum Thought-Leader deiner Branche werden. Um dieses **Engagement** zu erreichen, stehen dir verschiedene Methoden zur Verfügung. Zu den schnellsten und effizientesten gehören sicherlich **bezahlte Werbung** und **Performance-Marketing** – beide erfordern aber auch einen gewissen Budget-Einsatz. Trotzdem solltest du auf die Vorteile von Performance-Marketing nicht verzichten.

Eine oft von B2B-Unternehmen unterschätzte Maßnahme ist **Lead-Nurturing**. Mittels regelmäßiger E-Mails sprichst du deine Leads über Monate hinweg immer wieder an und holst sie damit zurück auf deine Webseite. Dadurch führst du die Leads aktiv Richtung Beratungsgespräch.

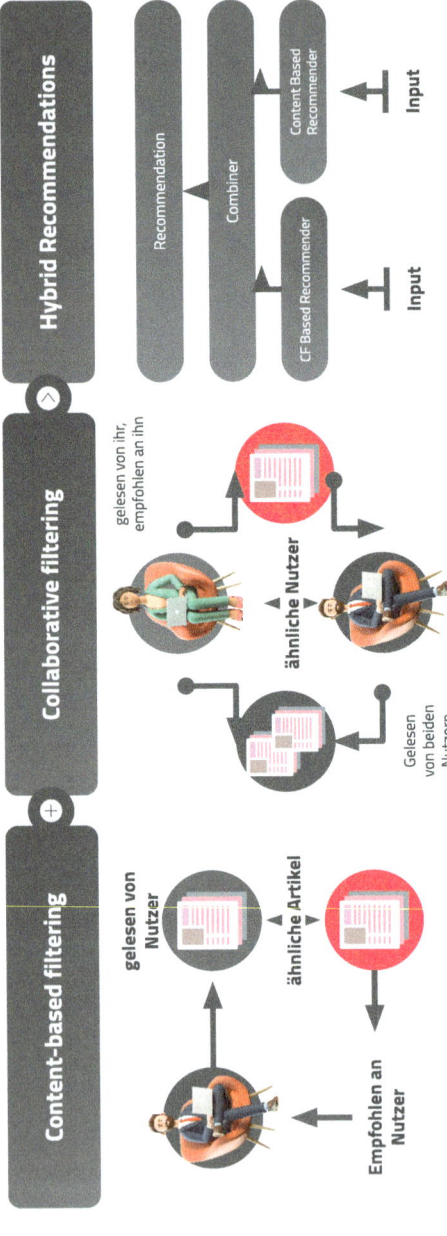

Abb. 4.3 Hybride Empfehlungen

Lead-Nurturing ist allerdings nur dann wirklich erfolgreich, wenn die Inhalte **personalisiert** sind.

Für dieses Kapitel stehen die Planungsbausteine, Checklisten und Fallbeispiele unter nachfolgendem Link zum Download bereit. Alles, was du benötigst, um die Prozesse auf ein Blatt Papier zu bringen, sind ein gedrucktes Exemplar der B2B-Roadmap und ein paar Post-its:

Die drei Downloads für das Kap. 4 – Engagement: b2broadmap.com/baustein/engagement

- Performance-Marketing entlang der Customer-Journey
- Die Lead-Nurturing-Workflows
- Engagement auswerten durch den User-Flow

Weiterführende Links und praktisches Fachwissen sind in Form von umsetzbaren Inhalten, Fallbeispielen, Online-Kursen und ausführlichen Ressourcen unter b2broadmap.com verfügbar.

Literatur

bvik. (2019). *bvik Trendbarometer Industriekommunikation – Trends im B2B-Marketing 2019*. bvik. https://bvik.org/bvik-trendbarometer-industriekommunikation-ergebnisse-2019/. Zugegriffen: 13. Jan. 2022.

Clay, R. (2013). *Why you must follow up leads*. Marketing Donut. https://www.marketingdonut.co.uk/sales/sales-techniques-and-negotiations/why-you-must-follow-up-leads. Zugegriffen: 13. Jan. 2022.

Copper, & Outfunnel. (2021). *Revenue Marketing Report 2021*. https://outfunnel.com/revenue-marketing-report. Zugegriffen: 13. Jan. 2022.

Demand Gen Report. (2014). *2014 Lead Nurturing Benchmarking Study*. https://www.demandgenreport.com/industry-resources/research/2936-the-2014-lead-nurturing-benchmarking-study/. Zugegriffen: 13. Jan. 2022.

Deutsches Institut für Marketing. (2021). *Customer Engagement – wie engagiert sind Ihre Kunden?* Deutsches Institut für Marketing. https://www.marketinginstitut.biz/blog/customer-engagement/. Zugegriffen: 13. Jan. 2022.

Georgiev, D. (2021). *30 Lead Nurturing Statistics to Pump up Your Sales in 2021*. Techjury. https://techjury.net/blog/lead-nurturing-statistics. Zugegriffen: 13. Jan. 2022.

Greene, J. (2021). *The 6 Most Effective Lead Nurturing Strategies of 2021*. Databox. https://databox.com/lead-nurturing-strategy. Zugegriffen: 13. Jan. 2022.

HubSpot. (2017). *Demand Generation Marketing Survey 2017 Report*. HubSpot. https://cdn2.hubspot.net/hubfs/53/2017%20Demand%20Generation%20Benchmark%20Report.pdf. Zugegriffen: 13. Jan. 2022.

MarketingCharts. (2015). *Challenges of B2B Lead Nurture Programs.* MarketingCharts. https://www.marketingcharts.com/industries/business-to-business-58089/attachment/dgr-b2b-lead-nurture-program-challenges-aug2015. Zugegriffen: 13. Jan. 2022.

Rennie, A., & Protheroe, J. (2020). *Decoding Decisions: Making sense of the messy middle.* Think with Google. https://www.thinkwithgoogle.com/consumer-insights/consumer-journey/navigating-purchase-behavior-and-decision-making/. Zugegriffen: 13. Jan. 2022.

Turcotte, S. (2017). *How Inbound Marketing Works.* Business 2 Community. https://www.business2community.com/inbound-marketing/inbound-marketing-works-2-01922822. Zugegriffen: 13. Jan. 2022.

Zumstein, D., Oswald, C., Gasser, M., Mäder, L., Thüring, U., & Völk, K. (2022). *Marketing Automation Report 2022.* https://www.pedalix.com/de/marketing-automation-report-2022. Zugegriffen: 31. Jan. 2022.

Weiterführende Literatur

Barnhart, B. (2020). *How to Jumpstart Your LinkedIn Lead Generation Strategy.* Sprout Social. https://sproutsocial.com/insights/linkedin-lead-generation/.

Qualifikation: Kaufbereitschaft erkennen

5

Sebastians Erfolg als Investor

Ein frischer Wind blies ihm ins Gesicht, die angenehme Kühle war eine willkommene Abwechslung von der Hitze der letzten Tage. Heute waren sie früh aufgebrochen, damit sie ihr Tagesziel möglichst noch vor dem gemeldeten Regenschauer am Nachmittag erreichten. Ob sie das allerdings schaffen würden, bezweifelte er. „Ich glaube ja nicht, dass das Wetter noch lange hält", sagte er zu Sebastian, der neben ihm fuhr, und deutete mit dem Kopf zum Himmel. Dieser war ziemlich verhangen, von Westen zogen zudem dunkle Wolken auf. „Gemäß Wetterbericht sollte es eigentlich bis um zwei trocken bleiben", antwortete Sebastian. „Aber so ganz glaube ich da auch nicht dran."

Sie fuhren eine Weile schweigend nebeneinander her. „Wie geht's dir eigentlich? Du machst mir einen besseren Eindruck als die letzten Tage", unterbrach Sebastian die Stille.

„Also diese Nacht habe ich so tief geschlafen wie schon lange nicht mehr!" antwortete Stefan. „Ich wollte vor dem Schlafen zwar noch ein paar E-Mails beantworten, aber ich war so fix und fertig. Ich habe mich hingelegt und war weg."

Sebastian lachte: „Ich fühle mit dir. Ich muss ehrlich zugeben, dass ich die Tour ziemlich in den Beinen merke. Wir werden nun mal alle nicht jünger."

„Wem sagst du das! Wie läuft es eigentlich bei dir so? Ich habe vom Erfolg von Frontmind gehört. Daran warst du auch beteiligt, nicht wahr?"

„Ja, aber nicht so viel. Ich bin vor drei Jahren als Investor dazugestoßen, da ich den einen Mitgründer kannte. Die haben krass Gas gegeben, das hat echt Spaß gemacht, das zu beobachten. Und ja klar, die Summe, für die sie verkauft haben, kann sich sehen lassen!"

„Was haben die eigentlich genau gemacht?"

„Die haben ein Scoring-Tool entwickelt, basierend auf Künstlicher Intelligenz. Die Software analysiert unter anderem laufend das Verhalten deiner Leads und vergibt einen Score. Je nach Aktivität verändert er sich dynamisch. So siehst du genau, wie sich ein Lead entwickelt und wie er sich durch die Customer-Journey bewegt. Der Vertrieb bekommt dann eine Meldung, sobald der Lead zur Kontaktaufnahme bereit ist."

„Und das funktioniert?", fragte Stefan erstaunt.

„Die meisten Firmen konnten die Conversion-Rate ihrer Sales-Leute um 50 % steigern."

„Das ist beeindruckend. Spannend, ich hätte nicht gedacht, dass Lead-Scoring einmal funktionieren wird."

„Viele Unternehmen qualifizieren ihre Leads oft ungenügend. Das Marketing hat oft irgendwann mal ein Scoring-Modell entwickelt, das dann zur Leadqualifizierung eingesetzt wird. Das Problem ist häufig, dass diese Modelle starr sind und die dynamische Customer-Journey nicht richtig erfassen können. So sind die Scores dann nur eine Zahl und häufig sehr ungenau. Dazu kommt, dass der Sales oft nicht in die Entwicklung miteinbezogen wird. Nur so kann aber ein sinnvolles Scoring-Modell entstehen."

„Das stimmt, das habe ich mir noch gar nie so überlegt. Bei uns flucht der Vertrieb ständig über die schlechte Leadqualität."

Sebastian lachte. „Ein Klassiker. Die Übergabe von Leads zwischen Marketing und Sales funktioniert in den meisten Firmen nicht. Was extrem schade ist, denn so verschenkst du natürlich wertvolles Potenzial. Es geht ja nicht nur darum, dass eine Systematik für das Erkennen von Kaufbereitschaft fehlt, sondern auch darum, dass massig Zeit mit unqualifizierten Leads verschwendet wird."

„Das ist genau unser Problem", erwiderte Stefan nachdenklich. „Wie würdest du da vorgehen?"◄

Mit den bisherigen Maßnahmen haben wir dafür gesorgt, dass du relevanten Content entlang deiner gesamten Customer-Journey hast. Es ging darum, dass die typischen Fragen im Kaufprozess beantwortet werden müssen und anschließend die Seitenrelevanz durch regelmäßige Bereitstellung von Inhalten erhöht werden muss. Leads können dann generiert werden, wenn gute Mehrwerte bereitgestellt werden, z. B. in Form von Whitepapers. So wird der Besucher de-anonymisiert und gibt seine Kontaktdaten preis.

Eine durchdachte Inhaltsstruktur mittels Pillar-Pages hilft dir dabei, dass Google und die Besucher dich als Experte wahrnehmen. Damit sich deine Leads dann auch im Kaufprozess weiterbewegen, muss ihr Engagement erhöht werden. Mittels personalisierten Lead-Nurturings sorgst du für die Führung, die sie entlang ihrer Journey benötigen. Die Kontaktangaben haben die Leads bereits mit dir geteilt. Es gilt nun, weitere Informationen über sie in Erfahrung zu bringen. Denn schließlich willst du wissen, welche Leads kaufbereit respektive für ein Beratungsgespräch bereit sind und vom Vertrieb angegangen werden können. Das Stichwort lautet: Lead-Scoring.

Leider beobachten wir häufig, dass bestehende Lead-Scoring-Modelle nicht aussagekräftig genug sind. Warum ist das so? Das traditionelle Lead-Scoring berücksichtigt eine Reihe von festgelegten Faktoren, die bei der Qualifizierung der Kaufbereitschaft eines Leads helfen. Erfahrene Unternehmen haben wahrscheinlich Scoring-Kriterien festgelegt, die eine Kombination aus demografischen Merkmalen, der Lead-Quelle und dem geschätzten Budget beinhalten. Beliebte Marketing-Automation-Software wie Marketo und Hubspot ergänzen diese Daten mit sogenannten „Verhaltensmerkmalen", zu denen Online-Aktivitäten wie Seitenaufrufe, E-Mail-Aktivität oder Downloads von Inhalten gehören.

Was ist nun genau ungenügend daran? Die „Verhaltensattribute", die von traditionellen Lead-Scoring-Modellen verwendet werden, konzentrieren sich auf den oberen Teil des Lead-Funnels. Wir haben aber gesehen, dass die heutige Customer-Journey um einiges komplexer ist und dementsprechend der Funnel ein veraltetes Modell ist.

Wie können wir also ein Scoring-Modell entwickeln, das die Zirkularität und Komplexität der heutigen Customer-Journey abbildet?

▶ **Qualifikation und Scoring der Leads für die Erkennung der Kaufbereitschaft** Heutzutage gibt es nicht mehr viele Abkürzungen, um online als Autorität wahrgenommen zu werden. Du musst hart daran arbeiten, dass sich qualifizierte Leads aktiv bei dir melden und du als Autorität wahrgenommen wirst.

Online eine Autorität aufzubauen, bedeutet mehr, als nur ein Vordenker in deiner Branche zu sein. Es müssen dich sowohl die Suchalgorithmen als auch deine Kunden als Autorität anerkennen. Die Suchmaschinen bewerten dich und die Kunden vertrauen dir – und beides führt dazu, dass du die Sichtbarkeit deines Unternehmens aufbaust und neue Kunden gewinnst.

Unternehmen beschäftigen sich meist erst dann mit den Themen Lead-Qualifizierung und Lead-Scoring, wenn sie ihre Kontakte priorisieren wollen. Je nach Punktzahl werden die Kontakte z. B. zu exklusiven Veranstaltungen

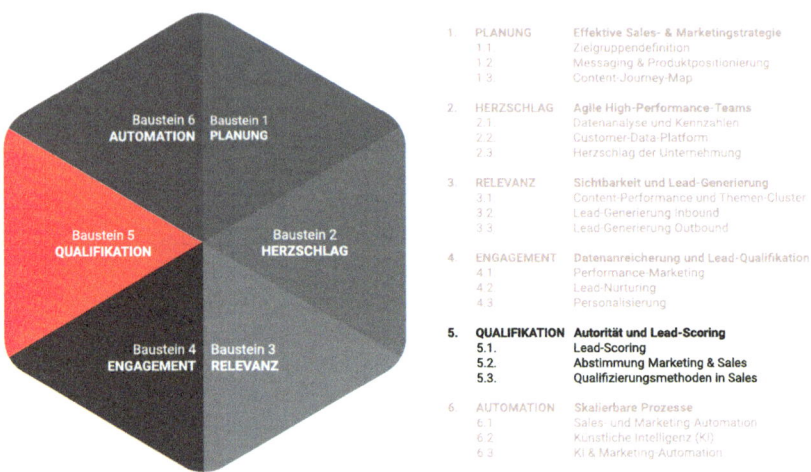

Abb. 5.1 Übersicht Kap. 5 – Qualifikation

eingeladen oder intensiv vom Vertrieb betreut. Die Punktzahl ist jedoch kein Allheilmittel und eignet sich z. B. nicht für die sichere Vorhersage von Verkäufen. Wenn du einen Schritt weitergehen willst, solltest du dich auf Algorithmen verlassen, die deine bestehenden Kunden und ihre Eigenschaften mit den Leads in deiner Datenbank vergleichen. Je mehr Ähnlichkeit ein Lead mit bestehenden Kunden hat, desto besser wird er bewertet. Um die Themen Lead-Qualifikation und Lead-Scoring geht es in diesem Kapitel (s. auch Abb. 5.1).

5.1 Lead-Qualifizierung

Angesichts einer meist eher geringen Conversion-Rate ist es wichtig, dass du die Geschäfte in deiner Pipeline so effizient wie möglich von der Verkaufschance zum Abschluss bringst, um ein Cost-per-Acquisition-Modell (CAC) zu erhalten, das ein skalierbares Wachstum ermöglicht. Ein durchdachter Lead-Qualifizierungsprozess bildet die Grundlage und sorgt dafür, dass die Qualität deines Sales-Funnels erhöht wird.

Bei der Lead-Qualifizierung handelt es sich um einen Prozess, bei dem bewertet und bestimmt wird, ob ein Lead qualifiziert genug ist, um die Customer-Journey weiter zu durchlaufen und damit von einem Lead zu einem potenziellen

Kunden zu werden. Im Allgemeinen gibt es zwei Möglichkeiten, wie Unternehmen einen Lead gewinnen:

1. **Inbound:** Ein Webseitenbesucher füllt ein Formular aus oder fordert Informationen über die Inbound-Kanäle an: Landingpages mit Formularen, Newsletter, Blog-Kommentare, soziale Medien oder Webinare. Die daraus generierten Kontakte werden vom Marketingteam verfolgt und später von den Vertriebsmitarbeitern nachgefasst.
   Es handelt sich also um Nurturing von Leads, die Interesse an deiner Lösung gezeigt haben und bereits mit deinem Unternehmen über die Marketingkanäle in Kontakt getreten sind.
2. **Outbound:** Das Lead-Research-Team erstellt eine Liste mit Leads, die genau deinem Ideal Customer Profile (ICP) entsprechen. Später werden sie von deinen Sales Development Representatives (SDRs) kontaktiert, die ihnen dein Angebot vorstellen und qualifizierte Treffen vereinbaren.
   Es handelt sich also um die Kontaktaufnahme mit potenziellen Kunden, die noch nie mit dem Produkt oder der Lösung deines Unternehmens zu tun hatten (Kaltakquise).

▶**Sales Development Representatives (SDRs)** oder **Business Development Representatives (BDRs)** sind Vertriebsmitarbeiter im Innendienst, die sich ausschließlich auf die Suche nach Kunden konzentrieren. Im Gegensatz zu Vertriebsmitarbeitern, die Quoten erfüllen und neue Geschäfte abschließen müssen, kontaktieren und qualifizieren SDRs neue Leads und bringen sie im Verkaufstrichter weiter voran.

Unqualifizierte vs. qualifizierte Leads
Wenn du mit Leads arbeitest, unterscheidest du grundsätzlich zwischen unqualifizierten und qualifizierten Leads. Bei einem unqualifizierten Lead ist noch unklar, ob er wirklich ein Kaufinteresse verfolgt und ob er an den Produkten überhaupt mehr als nur ein loses Interesse hat.
Folgende Merkmale sind typisch für einen unqualifizierten Lead:

- Haben noch keinen richtigen Überblick über das Angebot des Unternehmens
- Wissen nicht, welche Lösung sie benötigen
- Haben noch keine ausreichenden Informationen erhalten
- Sind (noch) nicht zum Kauf entschlossen
- Hohe Abwanderungsrate

Bei den qualifizierten Leads ist eine weitere Differenzierung erforderlich. Du unterscheidest in der Praxis in Marketing-Qualified Leads (MQLs) und Sales-Qualified Leads (SQLs). Grundsätzlich sind qualifizierte Leads entschlossener und eher dazu bereit, nach entsprechendem Nurturing einen Kauf zu tätigen.

Der Lebenszyklus von Leads
Unabhängig davon, über welchen Akquisitionskanal ein Lead zu einem MQL (Marketing-Qualified Lead) wird, müssen sich Marketing und Vertrieb über die Kriterien verständigen, die einen MQL zu einem Sales-Qualified Lead (SQL) machen. Auch wenn diese Begriffe ähnlich klingen, solltest du den Unterschied kennen. Oftmals scheitert der Handover von Leads zwischen Marketing und Sales daran, dass kein gemeinsames Verständnis darüber herrscht, was genau ein qualifizierter Lead ist. Um daher nicht schon ganz zu Beginn des Qualifizierungsprozesses zu scheitern, haben wir für dich hier ausgeführt, welche Qualifizierungsstufen es im Lead-Management gibt (s. auch Abb. 5.2).

- **Unqualifizierter Lead**
  Unqualifizierte Leads wissen nicht genau, was dein Unternehmen anbietet, oder es handelt sich um Kontakte, über die du noch zu wenige Informationen hast. In manchen Fällen ist es möglich, durch konsequentes Lead-Nurturing einen unqualifizierten Lead in einen qualifizierten umzuwandeln.
- **Marketing-Qualified Lead (MQL)**
  Ein MQL ist ein Interessent, der über einen Inbound-Kanal generiert wurde, aber noch keine Bereitschaft zum Kauf zeigt. Durch den Lead-Nurturing-Prozess kann sich sein Kaufinteresse aber ändern. Diese Phase erreichst du beispielsweise dann, wenn ein Nutzer Aktivität auf deinen Kanälen zeigt. Ein MQL interessiert sich für dein Angebot, ist aber noch nicht kaufbereit.
- **Sales-Qualified Lead (SQL)**
  Als Sales-Qualified Lead (SQL) wird ein Kontakt bezeichnet, der aktives Interesse am Unternehmen und dessen Angeboten gezeigt hat. Er hat bereits viele Berührungspunkte (Touchpoints) mit einem Unternehmen hinter sich und hat aktiv sein Interesse an mehr Informationen zu Produkten und Dienstleistungen bekundet. Der Lead wird deshalb zur weiteren Bearbeitung an den Vertrieb übergeben.
  Ein SQL kann auch ein durch den SDR qualifizierter Lead sein und von einem Outbound-Kanal stammen. Auslöser für diese Qualifikation sind beispielsweise die Anforderung einer Demo oder der Wunsch nach einem individuellen Angebot. Auch in diesem Fall lohnt sich die direkte Weitergabe an den Vertrieb.

5.1 Lead-Qualifizierung

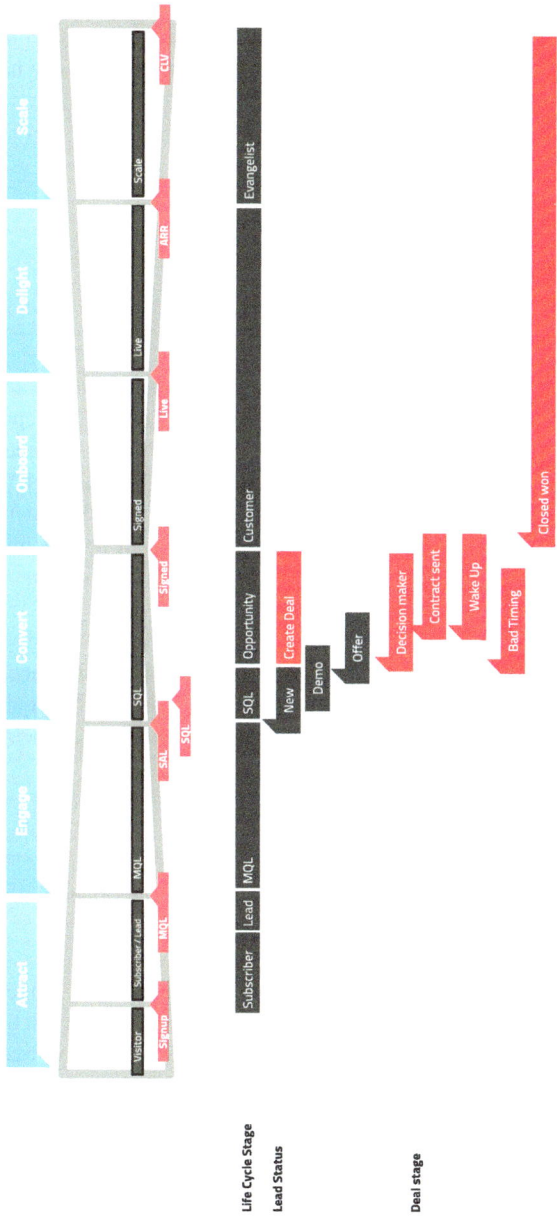

Abb. 5.2 Die Qualifizierungsstufen für das Lead-Management

Meist wird ein SQL in verschiedene Unterphasen unterteilt und entsprechend mit einem Lead-Status versehen. Der Lead-Status bezieht sich dabei direkt auf die spezifischen Maßnahmen, die der Vertrieb zu ergreifen hat. Die häufigsten Optionen für den Lead-Status sind:
- Neu
- Offen
- In Bearbeitung
- Offener Deal
- Unqualifiziert
- Kontaktversuch
- Kontaktiert
- Bad Timing

Außerdem kannst du den Lead-Status in nutzerdefinierte Workflows und Automatisierungen integrieren, um deine Lead-Verfolgung und dein Reporting zu verbessern. Die optimale Nutzung des Lead-Status ist ein echter Gamechanger, wenn es um die Berichterstattung und Analyse deines bestehenden Vertriebsteams und deiner Prozesse geht. Im Verkaufsprozess sorgen diese Definitionen des Lead-Status für mehr Klarheit darüber, was verbessert und optimiert werden muss. Nur so könnt ihr zu einer RevOps-Organisation werden – dazu in Abschn. 5.3 dann mehr.

- **Opportunity**
  Sobald der Lead von der Demo, dem Beratungsgespräch und dem Angebot überzeugt ist, beginnt die letzte Phase der Qualifikation. In diesem Abschnitt kannst du selbst die Initiative ergreifen, um den erfolgreichen Abschluss herbeizuführen. Meist eignet sich für diesen Schritt ein Beratungsgespräch.
- **Customer**
  Ein Customer ist ein Kontakt oder ein Unternehmen mit mindestens einem abgeschlossenen Geschäft. Idealerweise wird dieser Status von deinem CRM automatisch zugewiesen, sobald ein Deal, der mit dem Kontakt oder Unternehmen verknüpft ist, als geschlossen klassifiziert wird.
- **Evangelist**
  Ein Evangelist ist ein Kunde, der sich für dein Unternehmen eingesetzt hat und eine Empfehlung ausgesprochen hat. Evangelisten sind natürlich besonders begehrt, immerhin machen sie für dein Unternehmen wertvolle Werbung.

Wir sind der festen Überzeugung, dass Kontakte jede Phase des Lebenszyklus durchlaufen sollten, unabhängig von der ursprünglichen Quelle (Outbound oder Inbound), um eine konsistente Datenerfassung zu gewährleisten. Denn nur so kannst du die Engpässe in deiner Customer-Journey wirklich identifizieren.

Eine hohe Anzahl von MQLs, die nicht in SQLs umgewandelt werden, könnte z. B. bedeuten, dass deine Kriterien für den Übergang von Lead zu MQL nicht deine idealen Kunden widerspiegeln. Ebenso könnte eine hohe Anzahl von Abonnenten, die nicht in MQLs umgewandelt werden, bedeuten, dass dein (Content-)Marketing-Team seinen Ansatz überdenken muss.

Auch bei der Leadqualifizierung gilt: Qualität vor Quantität. Wer seine B2B-Leads im Marketing umfassend qualifiziert, spart Zeit, Geld und Nerven. Viele Betriebe kennen das Problem, potenzielle Kunden auf dem halben Weg wieder zu verlieren. Bedenke hierbei immer, dass ein guter Kunde im Idealfall mehr als 100 kalte Leads ersetzen kann. Klare Prioritäten bringen dich immer voran.

5.2 Kaufinteresse und Lead-Scoring

5.2.1 Was ist B2B-Lead-Scoring?

Das B2B-Lead-Scoring ist ein Verfahren, mit dem du Leads bewerten kannst. Da die Ressourcen im Marketing und Sales wie in allen anderen Abteilungen beschränkt sind, ist eine Priorisierung der Leads sinnvoll. Welche Leads sind am wertvollsten und sollten daher zuerst im Rahmen des Nurturings Berücksichtigung finden? Mittels Lead-Scoring stellst du diese Entscheidung auf eine solide Datenbasis.

Ein weiterer wichtiger Aspekt bei der Bewertung von Leads betrifft deren Reife in Bezug auf den Abschluss eines Kaufs. Dabei ist von Interesse, wie weit der Lead bereits in seinem Entscheidungsprozess resp. auf seiner Customer-Journey vorangeschritten ist.

Die Vorteile von Lead-Scoring sind zahlreich, die vier wichtigsten sind jedoch:

- Priorisierung der Kontakte,
- Zeit- und Kostenersparnis,
- höhere Conversion-Wahrscheinlichkeit und
- langfristig höhere Umsätze.

Die Grundlage: Daten
Bevor du mit dem B2B-Lead-Scoring beginnen und deine Leads bewerten kannst, benötigst du Daten. Auch hier ist Relevanz gefragt: Du musst festlegen, welche Informationen für dein Bewertungsmodell relevant sind, welche Ziele du mit dem Scoring erreichen möchtest und wie die konkrete Berechnung des Scores erfolgen

soll. Es sind also einige vorbereitende Schritte erforderlich, um in das Lead-Scoring einsteigen zu können.

Du sammelst für das Lead-Scoring im Wesentlichen drei Arten von Informationen: demografische Daten, Unternehmensinformationen sowie interessen- und verhaltensbasierte Daten. Entweder erhältst du diese Informationen direkt von deinem Kontakt oder sie sind öffentlich zugänglich.

Folgende Daten sind wichtig für die **demografischen Informationen:**

- Altersgruppe
- berufliche Position
- Wohnort

Das sind die wichtigen Unternehmensinformationen:

- Branche
- Jahresumsatz
- Mitarbeiteranzahl
- Standort
- Projektbudget

Wichtig sind ebenfalls **Daten zum Verhalten und den Interessen** deiner Kontakte:

- Zahl der Webseitenbesuche
- Interaktionen mit Beiträgen auf Social Media oder mit E-Mails
- Anzahl der Aufrufe bestimmter Inhalte (z. B. Download E-Book)
- Phase in der Customer-Journey
- Detaillierte Informationen darüber, welche Themen und Produkte der Lead interessant findet

---

Beispiel: Relevante Daten

Dein Unternehmen bietet ein Whitepaper zu einer neuen Maschine an, mit der sich Fabriken ausrüsten lassen, um den Fertigungsprozess zu optimieren. Die Maschinen sind nur interessant für Unternehmen, die über eine gewisse Größe verfügen, da hierfür erhebliche Investitionen erforderlich sind. In einem solchen Fall interessieren dich vorwiegend Unternehmensinformationen wie das Projektbudget, der Jahresumsatz und die Branche.◄

5.2 Kaufinteresse und Lead-Scoring

Diese Daten lassen sich z. B. über ein Kontaktformular sammeln. Die Kunst dabei ist es, die Felder im Kontaktformular richtig zu definieren. Hier gilt: nicht zu viel, aber alles Relevante abfragen. Je mehr du über deine Leads weißt, desto gezielter kannst du sie auf der Customer-Journey mit relevanten Informationen unterstützen.

Liegen alle benötigten Informationen zu den Kontakten vor, kannst du dein Lead-Scoring-Modell entwickeln. Das B2B-Lead-Scoring-Modell ist das System, anhand dessen du die Bewertung deiner Leads vornimmst. Von der Definition dieses Systems hängt also ab, wie aussagekräftig die Bewertungen wirklich sind. Es ist wichtig, viel Zeit in die Entwicklung des Modells zu investieren. Zudem solltest du dein Modell regelmäßig überprüfen und gegebenenfalls anpassen.

Explizites vs. implizites Lead-Scoring

Bei der Erstellung von Lead-Scoring-Modellen spielen sowohl die Menge an Informationen pro Lead (explizites Scoring) als auch die Reaktion des Leads auf die Kommunikation (implizites Scoring) eine Rolle. Daraus lässt sich ableiten, wie hoch die Wahrscheinlichkeit ist, dass aus einem Interessenten ein Kunde wird.

Das **explizite Lead-Scoring** befasst sich mit den Kontaktinformationen eines Leads und bildet dessen Profil ab. Die Merkmalsbewertung erfolgt im expliziten Modell sowohl auf quantitative als auch auf qualitative Weise. So kannst du deine Leads z. B. quantitativ anhand des Merkmals Jahresumsatz bewerten und nach der Höhe der Umsätze sortieren. Möglich ist auch, dass dich nur bestimmte Positionen wie Einkäufer oder CEOs interessieren. Das wäre dann eine qualitative Bewertung.

Folgende Merkmale, anhand derer sich die Eignung des Leads einschätzen lässt, sind z. B. für das explizite Scoring interessant:

- Unternehmensgröße
- Branche
- Position
- Budget

Beim **impliziten Lead-Scoring** erfolgt die Bewertung hingegen in Bezug auf das Verhalten eines Kontakts. Hier interessieren dich deren Verbindlichkeit und dessen Interesse an deinem Unternehmen und deinen Produkten. Der Lead erhält eine höhere Bewertung, wenn er ein höheres Kaufinteresse bekundet. Die Verbindlichkeit und das Kaufinteresse des Leads sind anhand verschiedener Merkmale bewertbar:

- Verhalten des Leads auf der Webseite wie das Aufrufen bestimmter Inhalte
- Anzahl der ausgefüllten Formulare (für Whitepaper, Kommentare, Webinare usw.)
- Zeitpunkt der letzten Aktivität
- Häufigkeit der Aktivitäten
- Interaktion auf Social-Media-Kanälen
- Öffnungsrate und Klickraten von E-Mails
- Anzahl der Formularübermittlungen

Kalkulation des Scores

Um eine Bewertung zu erhalten, versiehst du die einzelnen Merkmale mit einem Punktwert. Auf diese Weise erfolgt automatisch eine Gewichtung. Die zwei wesentlichen Werte hierbei sind: die Bewertung von Potenzial und Interesse. Beide Scores musst du für ein erfolgreiches B2B-Lead-Scoring kalkulieren können.

So kannst du z. B. für das Herunterladen von E-Books + 5 Punkte vorsehen, während der Download der Produktliste bereits mit + 20 Punkten einfließt. Letzteres lässt bereits ein deutlich konkreteres Interesse erkennen, dass es zu einem Kauf kommen könnte. Hierbei handelt es sich um Kalkulationen bezüglich des **Interessenscores.**

Mit den expliziten Informationen für den **Potenzialscore** funktioniert das fast identisch. Möchtest du nur an große Unternehmen verkaufen, könntest du für eine Mitarbeiteranzahl über 1000 einen Wert von + 10 Punkten vergeben. Sind es nur 100 Mitarbeiter, könntest du noch + 5 Punkte vorsehen. Möglich ist auch, dass du bei Unternehmen mit weniger als 50 Mitarbeitern und damit sehr kleinen Unternehmen einen negativen Wert von z. B. -5 Punkten vergibst. Bezüglich des Kriteriums „Position" sind für dich vielleicht Entscheider wie der CEO oder Einkäufer besonders wichtig. Sie erhalten einen hohen Punktwert. Ein IT-Mitarbeiter hingegen könnte weniger Punkte erhalten und Praktikanten könntest du mit einem negativen Punktwert versehen.

5.2.2 Der perfekte Lead

Heutzutage entwickeln Unternehmen Lead-Scoring-Strategien, indem sie so denken wie die Vertriebsmitarbeiter: Sie gehen davon aus, dass bestimmte Faktoren eine größere Bedeutung haben als andere, und kombinieren entsprechend den

5.2 Kaufinteresse und Lead-Scoring

expliziten und den impliziten Ansatz zu einem zweidimensionalen B2B-Lead-Scoring-Modell. Wenn beide Werte hoch genug sind, werden die Leads zur Kontaktaufnahme weitergegeben. Aber ist das zweidimensionale Scoring-Modell wirklich die beste Methode, um Leads zu bewerten? (s. auch Abb. 5.3)

Bevor du dein perfektes Scoring-Modell entwickeln kannst, benötigst du zunächst ein Konzept für die verschiedenen Faktoren, die einen Lead für die Weiterverfolgung geeignet machen. Deine Vertriebsmitarbeiter wissen das am besten, also stelle ihnen Fragen. Wie würden sie ihre besten Leads beschreiben? Welche Aktivitäten unternehmen sie? Welche Eigenschaften haben sie gemeinsam? Dann überlege, inwieweit du diese Gedanken in dein Lead-Scoring-Programm einfließen lassen kannst.

Im Folgenden findest du einige Beispiele für Faktoren, die du berücksichtigen solltest:

- **Entscheidungsträger:** Verfügt der Lead über eine Kaufberechtigung? Ist er derjenige, der die endgültige Entscheidung trifft?
- **Berufsbezeichnung:** Wie lautet die Berufsbezeichnung der Person? Hilft sie dir, die Personen zu unterscheiden, die du für gute Leads hältst?
- **Branchensegment:** Gibt es bestimmte Branchensegmente, an die dein Unternehmen mehr verkauft?
- **Individuelle Besuche (insgesamt oder nach Inhaltstyp):** Hat der Kontakt als Einzelperson mehrere Seiten deiner Webseite besucht? Lassen sich verschiedene Seiten so einer Systematik zuordnen, dass sie für die Leadpflege oder die Vertriebsnachbereitung sinnvoll sind?
- **Einzelne Downloads (insgesamt oder nach Inhaltstyp):** Hat der Lead verschiedene Whitepapers heruntergeladen, die ihn zu einem wahrscheinlichen Käufer machen?
- **Besuchte Veranstaltungen:** Zeigt der Lead ein großes Interesse an den Webinaren oder Live-Veranstaltungen deines Unternehmens?
- **Unternehmensweite Aktivitäten:** Manchmal recherchiert nicht der Entscheidungsträger selbst, was er bei deinem Unternehmen kaufen möchte, sondern andere übernehmen dies für ihn. Die Verfolgung der Gesamtaktivitäten nach Unternehmen (oder Kunden) kann helfen, gute Leads zu identifizieren.
- **Unternehmensweite Ausgaben:** Wie viel gibt ein Unternehmen bereits bei dir aus? Gibt es Potenzial für Up-Selling?
- **Top-Unternehmen (nach Domain, Firmenname etc.):** Du hast vielleicht eine Liste von Top-Unternehmen, die du unbedingt zu deinen Kunden zählen willst.

03 Negatives

Schlecht passende Interaktionen, die uns helfen, Kontakte weniger zu priorisieren.

- Abgemeldet von E-Mail-Liste
- Mehrmals die Jobseiten besucht
- E-Mail-Domäne der Konkurrenz
- Hat die Website seit 6 Monaten nicht mehr besucht
- Passt nicht zur Buyer-Persona
- Passt schlecht zur Industrie

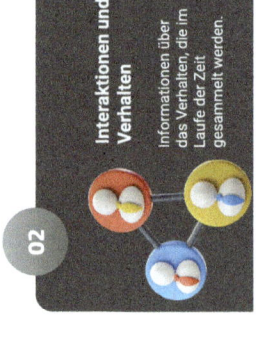

02 Interaktionen und Verhalten

Informationen über das Verhalten, die im Laufe der Zeit gesammelt werden.

- Anzahl Webseiten-Besuche
- Wiederholte Besuche
- Schlüsselseiten besucht (z.B. Pricing)
- Blog-Besuche
- E-Mail geöffnet oder geklickt
- Social Interaktionen
- ausgefüllte Formulare

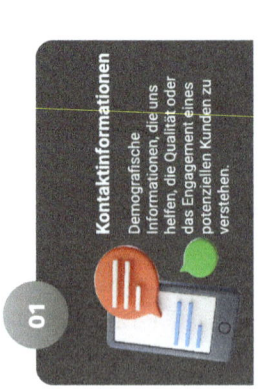

01 Kontaktinformationen

Demografische Informationen, die uns helfen, die Qualität oder das Engagement eines potenziellen Kunden zu verstehen.

- Land / Religion
- Buyer-Persona
- Jobtitel / Seniorität
- Sector / Vertical
- Interesse
- Telefonnummer
- E-Mail Adresse

Abb. 5.3 Scoring-Kriterien

5.2 Kaufinteresse und Lead-Scoring

- **Formulareinreichungen:** Manche Formulare sind vielleicht besser als andere. So sind Newsletter-Anmeldungen in der Regel geringer zu bewerten als Formulare, mittels derer ein Beratungsgespräch angefordert wird.

Automatisches oder manuelles Lead-Scoring

Viele Unternehmen fangen mit manuellem Lead-Scoring an und etablieren erst einmal ihre Prozesse, bevor sie darüber nachdenken, zu einer Automatisierung überzugehen. Es stellt sich die grundsätzliche Frage, ob das manuelle oder das automatisierte Lead-Scoring sinnvoller ist. Tatsächlich spricht vieles dafür, es gleich zu automatisieren und „richtig" zu machen.

Die manuelle Herangehensweise ist nur gerechtfertigt, wenn die Datensätze überschaubar sind. Das ist aber praktisch nur dann der Fall, wenn es sich um ein neues und noch sehr junges Unternehmen handelt. Heute sammelst du in Marketing und Vertrieb so schnell Daten, dass die manuelle Herangehensweise unmöglich ist.

Deshalb ist es fraglich, warum du überhaupt Arbeit in das manuelle Lead-Scoring investieren solltest. Für die Automatisierung von Lead-Qualifizierung gibt es bereits zahlreiche Softwarelösungen auf dem Markt. Zu den bekanntesten zwei im DACH-Raum gehören HubSpot und Salesforce.

Das B2B-Lead-Scoring ist eine der besten Möglichkeiten, Kontakte zu priorisieren und eine sinnvolle Reihenfolge für das Lead-Nurturing festzulegen. Die Kundenperspektive vermag das herkömmliche Lead-Scoring allerdings nicht abzubilden. So kann die Innensicht zweier Kunden, welche sich am selben Punkt ihrer Customer-Journey befinden, erheblich voneinander abweichen; allein schon deshalb, weil Persönlichkeiten unterschiedlich sind. Während ein Kunde bereits nach wenigen Inputs kurz vor der Conversion steht, ist dies bei einem anderen unter Umständen noch ein weiter Weg.

Ist also Lead-Scoring wirklich effektiv? Wird es konsistent umgesetzt, kann es zwar dem Vertrieb helfen, die richtigen Prioritäten zu setzen – die Ergebnisse sind allerdings oft ungenau. Wie kann das gelöst werden?

5.2.3 Engagement-Lead-Scoring (ELS)

Wir beobachten, dass Scoring-Projekte leider häufig scheitern, weil die Scoring-Teams nur die Schritte dokumentieren, die potenzielle Kunden an bestimmten Punkten der Customer-Journey machen. Das Problem? Die Modelle des Verkaufstrichters sind zwar leicht zu verstehen, zeigen aber keine echte Customer-Journey, da die meisten Kunden in ihrem Kaufprozess keine linearen Schritte machen. So kann es sein, dass deine Kunden drei bis fünf verschiedene Wege einschlagen und nicht nur einen Weg.

Es ist zwar wichtig, die verschiedenen Meilensteinen zu berücksichtigen (z. B. kostenlose Testversionen, Live-Chats oder Gespräche mit dem Vertrieb), aber sie müssen im Kontext der gesamten Customer-Journey gesehen werden. Deshalb müssen auch alle kleineren Schritte berücksichtigt werden, die zwischen diesen großen Meilensteinen liegen. Verändert etwa die Art und Weise, wie dich Leads gefunden haben (über Werbung, organisch oder durch eine Empfehlung), die Reise? Oder machen sie für verschiedene Produkte unterschiedliche Schritte? Versuche, all das zu berücksichtigen.

Wenn du dir nicht die Zeit nimmst, alle deine Regeln im Voraus zu definieren, wirst du dich höchstwahrscheinlich für eine unzureichende Lead-Scoring-Lösung entscheiden, mit der du nicht alle deine Regeln umsetzen kannst. Oder schlimmer noch: Die Lösung ist unflexibel, und du kannst die Regeln nicht mehr ändern, wenn du sie einmal aufgesetzt hast.

Was ist der ELS?
Wenn dein Unternehmen eine umfassende Produktspezifikation und mehrere Blog-Artikel auf der Webseite hat oder Upsells auf Basis der Produktnutzung anbietet, ist es unerlässlich, das Produkt-Engagement detailliert auf Feature-Ebene zu überwachen. Falls du eine Software anbietest, geht es darum, zu verstehen, welche Funktionen innerhalb der Software genutzt werden. Ein echtes verhaltensbasiertes Lead-Scoring-Modell ermittelt, welche Funktionen und Themen von Interesse sind, und erkennt, wann ein stark engagierter Nutzer bereit für ein Beratungsgespräch ist.

In traditionellen Lead-Scoring-Systemen wird die Produktnutzung völlig außer Acht gelassen. Die Unternehmen verlassen sich zu sehr darauf, wer die Person ist, und nicht darauf, was sie tut. Damit die Lead-Scoring-Technologie einen Mehrwert bietet, muss sie intelligenter sein. Leider gehen noch heute viele Leads aufgrund schlechter Nachverfolgung verloren. Aber wie soll man bei Hunderten von Leads, die jeden Tag eingehen, Prioritäten setzen? Unternehmen brauchen ein intelligentes System, mit dem sie Erfolge und Misserfolge ständig überwachen können und das das Scoring auf der Grundlage von Echtzeitdaten und -ergebnissen automatisch anpasst.

Hier kommt das Engagement-Lead-Scoring ins Spiel, welches die Kundenperspektive in Relation zur Customer-Journey setzt. Das Engagement-Lead-Scoring bildet somit die Dynamik der Kundenbeziehung im Laufe der Customer-Journey ab und bewertet – im Unterschied zum klassischen Lead-Scoring – das Interesse eines Leads an einem bestimmten Thema – gemessen anhand der Aktivität innerhalb eines Zeitraums (s. auch Abb. 5.4).

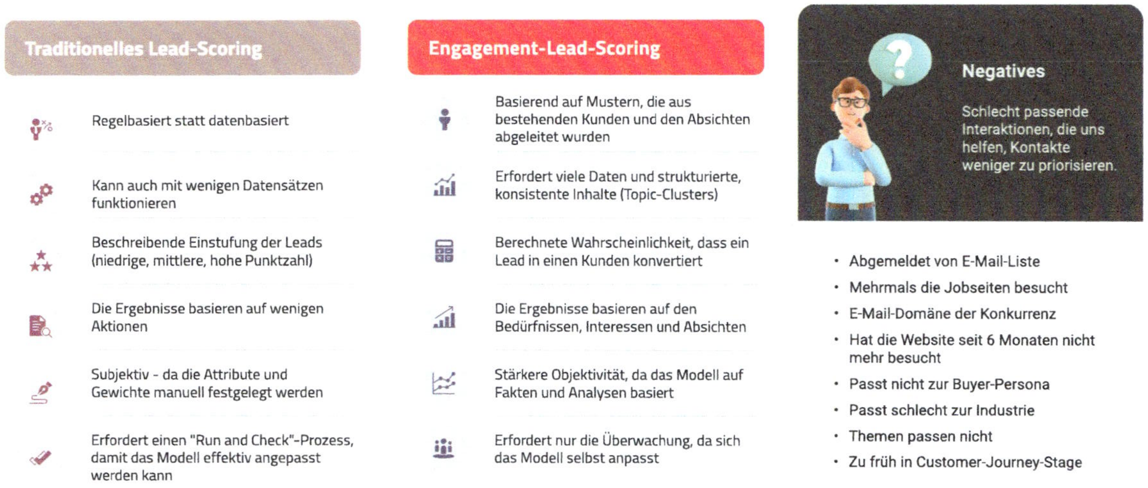

5.2 Kaufinteresse und Lead-Scoring

Traditionelles Lead-Scoring

- Regelbasiert statt datenbasiert
- Kann auch mit wenigen Datensätzen funktionieren
- Beschreibende Einstufung der Leads (niedrige, mittlere, hohe Punktzahl)
- Die Ergebnisse basieren auf wenigen Aktionen
- Subjektiv – da die Attribute und Gewichte manuell festgelegt werden
- Erfordert einen "Run and Check"-Prozess, damit das Modell effektiv angepasst werden kann

Engagement-Lead-Scoring

- Basierend auf Mustern, die aus bestehenden Kunden und den Absichten abgeleitet wurden
- Erfordert viele Daten und strukturierte, konsistente Inhalte (Topic-Clusters)
- Berechnete Wahrscheinlichkeit, dass ein Lead in einen Kunden konvertiert
- Die Ergebnisse basieren auf den Bedürfnissen, Interessen und Absichten
- Stärkere Objektivität, da das Modell auf Fakten und Analysen basiert
- Erfordert nur die Überwachung, da sich das Modell selbst anpasst

Negatives

Schlecht passende Interaktionen, die uns helfen, Kontakte weniger zu priorisieren.

- Abgemeldet von E-Mail-Liste
- Mehrmals die Jobseiten besucht
- E-Mail-Domäne der Konkurrenz
- Hat die Website seit 6 Monaten nicht mehr besucht
- Passt nicht zur Buyer-Persona
- Passt schlecht zur Industrie
- Themen passen nicht
- Zu früh in Customer-Journey-Stage

Abb. 5.4 Der Engagement-Lead-Score (ELS)

Wenn du verschiedene Produkte oder Dienstleistungen anbietest, kann es sein, dass ein Lead an mehreren Produkten gleichzeitig interessiert ist, sich aber jeweils in unterschiedlichen Phasen der Customer-Journey befindet. Für ein optimales Scoring-Modell muss dies berücksichtigt werden. Entsprechend solltest du alle Seiten deiner Webseite in Themen kategorisieren. Außer Punkte nach Aktivität zu addieren oder zu subtrahieren, kannst du somit das Interesse an Themenbereichen, das ein Lead gerade zeigt, miteinbeziehen. So bekommst du als Resultat z. B.:

- Produkt A mit Interessenscore 76 % und
- Produkt B mit Interessenscore 35 %
- Thema X mit Interessenscore 40 %
- Thema Y mit Interessenscore 56 %

Einblicke in das Interessensprofil des Leads gestatten ein tiefes Verständnis für die Lebenszyklusphasen und ermöglichen innovative Kommunikations- sowie Marketingstrategien. In der Praxis entstehen höchst detaillierte, fast gläserne Personas, welche nicht ausschließlich durch Branche, Position oder Entscheidungsgewichtung charakterisiert werden, sondern auch durch ihre Meinungen, Wertvorstellungen, Ängste, Interessen und vergangenen Erfahrungen.

Indem Kunden basierend auf ihrem Fortschritt in der Customer-Journey bewertet werden, ist es einfacher, Trends zu identifizieren und zeitnah auf sie zu reagieren. Das Marketing kann beispielsweise bei allen Leads einer gleichen Phase dieselben Aktivitäten oder Handlungen feststellen und so entsprechende Strategien entwickeln, um Zweifelnde zur Conversion zu bewegen. Dies gestattet die Initiierung gezielter Marketing-Maßnahmen, welche den Lead nicht nur auf der Customer-Journey begleiten, sondern seine individuelle Kaufbereitschaft scharf umreißen und in die Marketing-Automation einfließen lassen. Diese Strategie liefert ein extrem akkurates Bild des jeweiligen Leads.

Lead-Scores sind extrem nützlich, aber es ist wichtig, dass du sie richtig einsetzt. Eine „Best Practice" zu definieren, ist schwierig, da verschiedene Unternehmen unterschiedliche Lösungen benötigen. Wem es aber gelingt, die Datenmengen sinnvoll in Relation zu setzen und schnell zu analysieren, bewegt sich näher am Kunden und kann optimal auf sich ständig ändernde Kaufgewohnheiten im B2B reagieren.

5.3 Die geteilte Verantwortung

5.3.1 Der Marketing-to-Sales-Handover für den Unternehmenserfolg

Die Übergabe der Leads vom Marketing an die Salesabteilung ist einer der zentralen Schritte im Verkaufsprozess. Die Qualität der Leads ist dabei entscheidend für die Conversion, sorgt allerdings immer wieder für Differenzen zwischen den beiden Abteilungen.

Warum ein Handover vom Marketing zum Sales in der Praxis oft scheitert, kann verschiedene Gründe haben:

- **Grund 1: Der Lead wird zu früh an Sales abgegeben**
  Gibt das Marketingteam unqualifizierte Leads weiter, laufen die Verkaufsbemühungen des Salesteams ins Leere. Die mangelnde Kaufbereitschaft der übergebenen Leads führt zu Frustrationen und Missstimmung zwischen den Abteilungen. Qualifizierte Leads und entsprechend ausreichende Informationen sind für den Vertrieb zentral, um den Lead möglichst genau ansprechen zu können.
- **Grund 2: Marketing und Sales ziehen nicht am gleichen Strang**
  Nur aufeinander abgestimmte Prozesse führen letztlich zum erfolgreichen Vertragsabschluss und bieten dem Kunden eine reibungslose Customer-Journey. In der Praxis kommt es aber häufig zu unterschiedlichen Priorisierungen im Arbeitsprozess.
- **Grund 3: Der Lead landet nicht beim richtigen Sales-Mitarbeiter**
  Der Prozessfluss darf beim Handover des Leads nicht gebremst werden. Dieser wird aber nur beibehalten, wenn der Lead bei einem Mitarbeiter landet, der bei ähnlichen Kunden eine Erfolgsbilanz aufweisen kann und zudem leicht verfügbar ist.
- **Grund 4: Der Handover-Prozess ist unklar definiert**
  Die Verantwortung und Teilhabe am Prozess beider Teams ist nicht ausreichend geklärt. Somit werden Leads doppelt bearbeitet oder gar vergessen. Eine genaue Definition des Prozesses minimiert die Wahrscheinlichkeit, Fehler zu machen, bei gleichzeitiger Steigerung der Effizienz.
- **Grund 5: Unterschiedliche Ziele und Dringlichkeit**
  Das Salesteam wird an seinem Umsatz gemessen, während das Marketing meist nach Arbeitsvolumen bewertet wird. Vertriebsmitarbeiter haben deshalb wenig Geduld, ihre Zeit mit unqualifizierten Leads zu verschwenden. Gemeinsame Ziele können hier helfen, diesem Problem entgegenzuwirken.

Folgende Punkte sollten deshalb für einen erfolgreichen Handover beachtet werden:

- Die Qualität des Leads bestimmt den Übergabezeitpunkt an das Salesteam.
- Es muss genau festgelegt sein, welcher Vertriebsmitarbeiter welche qualifizierten Leads erhält.
- Eine schnelle Nachverfolgung durch das Salesteam muss gewährleistet sein.
- Beide Abteilungen sollten synchron arbeiten und sich der zu erreichenden Umsatzziele bewusst sein
- Das Marketing erhält ein qualifiziertes Feedback vom Vertrieb zur Qualität der generierten Leads.

Nur Unternehmen, deren Marketing- und Salesabteilung als einheitliche Organisation agieren und Ziele, Kommunikation und Strategie gemeinsam definieren, gewinnen nachhaltig Kunden und steigern den Umsatz. Ein transparenter Workflow mit Automatisierungen sorgt für einen effizienten Arbeitsprozess, Erfolg und letztlich gute Stimmung in beiden Teams.

5.3.2 RevOps für den perfekten Marketing-to-Sales-Handover

Revenue-Operations (RevOps) ist eine Geschäftsfunktion, die darauf abzielt, das Umsatzpotenzial eines Unternehmens zu maximieren, indem sie dafür sorgt, dass Marketing, Vertrieb und Customer-Support über alle Prozesse, Plattformen und Mitarbeiter hinweg in Einklang gebracht werden. Wenn RevOps richtig umgesetzt wird, hilft es einem Unternehmen, die internen Abläufe neu zu gestalten, die Kundenakquise zu verbessern, die Kundenbegeisterung zu steigern und eine Unternehmenskultur zu etablieren, die sich auf die Steigerung des Umsatzes konzentriert.

Welche Probleme werden mit RevOps gelöst?
Roy (2020) drückt es folgendermaßen aus: „Revenue-Operations wurde als End-to-End-Prozess zur Umsatzsteigerung geschaffen, von dem Moment, in dem ein potenzieller Kunde einen Kauf in Erwägung zieht (Marketing), über den Geschäftsabschluss (Vertrieb) bis hin zur Erneuerung und zum Upsell (Customer-Success und -Support). Das Ergebnis dieser Orchestrierung ist schnelleres Wachstum und mehr Gewinn."

5.3 Die geteilte Verantwortung

Ob du einen CRO (Chief Revenue Officer) in deinem Unternehmen benötigst? Frage dich, ob du in letzter Zeit eine der folgenden Aussagen gemacht hast:

- „**Unser Prozess funktioniert nicht!**": Ein CRO entwickelt Prozesse für jede Phase der Customer-Journey, um ein konsistentes und ansprechendes Erlebnis für potenzielle Kunden zu schaffen.
- „**Unsere Daten und Tools sind ein Chaos!**": Der CRO kümmert sich um unübersichtliche Daten und sich überschneidende Tools. Dazu richtet er eine einzige Stelle ein, die die Daten und Tools überwacht, mit denen der Umsatzfluss durch das Unternehmen verfolgt wird.
- „**Keiner arbeitet zusammen**": CROs durchbrechen Abteilungssilos und interne Streitereien, indem sie den Fokus von den einzelnen Abteilungen auf eine kollektive Denkweise verlagern, die den Umsatzfluss im gesamten Unternehmen betrachten.

Die 3 Ps von RevOps
RevOps stützt sich auf drei Grundbausteine (die 3 Ps), die aufeinander aufbauen: Prozess, Plattform und People.

1. **Process:** Du musst sicherstellen, dass du über die richtigen Prozesse verfügst, um eine Kultur der Zusammenarbeit zu schaffen. RevOps aktiviert einheitliche Prozesse, um Verantwortlichkeit und Vertrauen innerhalb deiner Organisation zu fördern. Wenn deine Teams zusammenarbeiten, um potenzielle Kunden in begeisterte Fans zu verwandeln, wirst du zusätzliche Vorteile wie kürzere Verkaufszyklen, eine bessere Kundenbindung und ein höheres Volumen an Upsells feststellen.
2. **Platform:** Genaue Informationen sind in jeder Situation der Schlüssel zum Erfolg. Innerhalb deines Unternehmens musst du deine Technologien miteinander verknüpfen und aufeinander abstimmen, um eine klare und genaue Übersicht über deine Umsatzentwicklung zu erhalten. Durch die Bereitstellung einer einzigen Datenquelle beziehen sich alle auf die gleichen Zahlen und sehen, wie sich die Aktivitäten direkt und indirekt auf die Pipeline auswirken.
3. **People:** Das dritte P steht für die Menschen, die für die Zusammenführung und Verwaltung deiner Prozesse und Plattformen verantwortlich sind. Je nach Größe des Unternehmens richtet RevOps ein spezielles RevOps-Team ein oder verteilt die Aufgaben von RevOps auf die bestehenden Teammitglieder.

Bei RevOps geht es darum, die Silos zwischen den verschiedenen Abteilungen aufzubrechen und dem Unternehmen eine ganzheitliche Sicht auf den Revenue-Stream

Abb. 5.5 Der Chief Revenue Officer (CRO)

zu geben. Früher hat das Marketing Leads generiert und sie an das Vertriebsteam weitergegeben, das dann protestierte, da es oft die falschen Leute von den falschen Unternehmen waren. Das Marketing war frustriert, dass der Vertrieb die Leads nicht weiterverfolgte. Das Gleiche passierte, wenn der Vertrieb an den Service übergab. Letztlich ist das Ziel, dass ein CRO die Abläufe in all diesen Teams verwaltet und somit ein Auge darauf hat, den Prozess sowohl für den Kunden als auch für das Verkaufsteam zu optimieren und Ineffizienzen zu beseitigen (s. auch Abb. 5.5).

Mit einem Chief Revenue Officer stellst du sicher, dass eine Person für die Optimierung der Customer-Journey zuständig ist und die richtigen Daten auswertet. Welche Wege von welchen Profilen führen zum Kauf und welche Qualifizierung führt letztlich zu einem Kauf? In Abschn. 5.4 beschäftigen wir uns genau mit dieser letzten Phase vor dem Kauf: der Qualifizierung des SQLs.

5.4 Qualifizierung von Sales-Qualified Leads (SQL)

Wir haben uns bisher den Prozess angesehen, wie ein Lead gepflegt und qualifiziert wird, sodass er dem Vertrieb übergeben werden kann. Nun ist es die Aufgabe des Vertriebs, den Lead zu kontaktieren und ihn im Kaufprozess voranzutreiben. Dazu gilt es, in einem Gespräch entsprechende Informationen herauszufiltern, um den Lead weiter qualifizieren zu können.

Mit dem Aufkommen des digitalen Zeitalters verfügen die Entscheidungsträger über mehr Informationen als je zuvor. Entsprechend sind die Auswirkungen

5.4 Qualifizierung von Sales-Qualified Leads (SQL)

einer schlechten Kaufentscheidung sowohl für den Käufer als auch für den Verkäufer bedeutender geworden.

In der Welt der Bewertungen und Rezensionen ist die Erbringung von nicht zufriedenstellenden Dienstleistungen für den Ruf eines Unternehmens ebenso schädlich wie die Nichterfüllung von Verpflichtungen. Unternehmen, die nicht zu den Kunden passen, laufen Gefahr, von diesen schnell verlassen und schlecht bewertet zu werden. Entsprechend ist es wichtig, dass der Vertrieb nicht einfach blind jeden SQL zum Kauf überreden will, sondern mittels Lead-Qualifizierungsmethoden bewertet, ob es sich tatsächlich um einen potenziellen Kunden handelt.

5.4.1 Methoden der Lead-Qualifizierung

Der Verkaufsprozess musste sich an den neuen, gut informierten und versierten Käufer anpassen. Moderne SDRs stellen nicht nur käuferorientierte Fragen, sondern sie hören auch zu, was die Entscheidungsträger zu sagen haben. Auf diese Weise finden sie den bestmöglichen Kunden und schaffen selbst einen Mehrwert für den Kunden.

Dafür wurden neue Lead-Qualifizierungsmethoden geschaffen, deren Namen in der Regel leicht zu merken sind, da es sich um Akronyme handelt. Der erste Buchstabe eines LQM-Namens steht für den Punkt, der für diese Methode am wichtigsten ist. Im Folgenden stellen wir die einige der häufigsten LQM vor:

ChAMP

1. **Ch**allenges: Welche Herausforderungen kann mein Service bewältigen?
2. **A**uthority: Spreche ich die richtige Person an?
3. **M**oney: Hat der Lead das Budget für meine Dienstleistung?
4. **P**rioritization: Haben diese Herausforderungen für den Lead im Moment oberste Priorität?

ChAMP stellt die Herausforderung (oder das Bedürfnis) in den Vordergrund. Stelle Fragen, die auf der Kenntnis der Probleme basieren, mit denen deine potenziellen Kunden konfrontiert sein könnten. Wenn es keine gibt (was allerdings unwahrscheinlich ist), ist es besser, das Gespräch zu beenden. Wir mögen das Kriterium der Herausforderung auch deshalb, weil es käufer- und nicht verkäuferorientiert ist.

ANUM

1. **A**uthority: Spreche ich die richtige Person an?
2. **N**eed: Gibt es einen Bedarf für meine Dienstleistung?
3. **U**rgency: Wie dringend ist der Bedarf an meiner Dienstleistung?
4. **M**oney: Hat der Lead das Budget für meine Dienstleistung?

Bei dieser Methode zur Lead-Qualifizierung steht die Kompetenz an erster Stelle. Das ist sinnvoll, denn wenn du nicht mit dem richtigen Entscheidungsträger sprichst, hast du kaum eine Chance, etwas zu verkaufen. Ein Nachteil ist, dass durch die starke Betonung der „Autorität" die anderen Mitarbeiter des Einkaufsausschusses vernachlässigt werden. Dieses Modell konzentriert sich sehr stark auf die C-Ebene, die viel schwieriger anzusprechen ist als Interessenten auf der mittleren Ebene.

FAINT

1. **F**unds: Hat der Lead die Mittel für deine Dienstleistung?
2. **A**uthority: Sprichst du die richtige Person an?
3. **I**nteresse: Ist der Lead an deinem Produkt interessiert?
4. **N**eed: Gibt es einen Bedarf für deine Dienstleistung?
5. **T**imelines: Wie dringend ist der Bedarf an deiner Dienstleistung?

Interessanterweise entsprechen die nötigen Mittel nicht gleich dem Budget. Laut den Entwicklern von FAINT werden viele Käufe trotz eines fehlenden Budgets getätigt, bevor ein Bedarf besteht. Wenn Verkäufer den Wert des Kaufs erklären können, könnten Käufer das nötige Budget für dein Produkt aufbringen. Der wichtigste Ratschlag lautet also: Verkaufe dort, wo das Geld ist.

MEDDIC

1. **M**etrics: Was sind die Ergebnisse der Implementierung der Lösung?
2. **E**conomic Buyer: Sprichst du die richtige Person an?
3. **D**ecision Criteria: Was sind die Kriterien für eine Kaufentscheidung?
4. **D**ecision Process: Wie läuft der Prozess einer Kaufentscheidung ab?
5. **I**dentify Pain: Gibt es einen Bedarf für die Dienstleistung?
6. **C**hampion: Wer kann dir helfen, dein Produkt innerhalb des Unternehmens des Leads zu verkaufen?

5.4 Qualifizierung von Sales-Qualified Leads (SQL)

Diese Methode ist schon etwas komplexer. Passt es zu deinem Unternehmen, zuerst nach den Metriken zu fragen? Es ist richtig, den Leads die Vorteile deines Unternehmens zu zeigen, aber erst, wenn du herausgefunden hast, dass sie einen Bedarf dafür haben.

GPCTBA/C&I

1. **G**oals: Was sind die Ziele?
2. **P**lans: Was will dein Lead in nächster Zeit erreichen?
3. **C**hallenge: Vor welchen Herausforderungen steht dein Kunde, die deine Lösung bewältigen kann?
4. **T**imeline: Wie dringend braucht dein Lead deine Lösung?
5. **B**udget: Hast dein Lead das Budget?
6. **A**uthority: Sprichst du die richtige Person an?
7. Negative **C**onsequences: Was sind die Folgen des Nichtstuns?
8. Positive **I**mplications: Welche Ergebnisse wird die Umsetzung der Lösung bringen?

Auch wenn diese Methode durch die Anzahl der Komponenten verwirrend ist, ist sie doch nützlich. Die Konsequenzen und Auswirkungen können den Interessenten helfen zu verstehen, ob es sich lohnt, die Dienstleistung zu kaufen. Wenn die negativen Konsequenzen nicht schwerwiegend und die Auswirkungen nicht vorteilhaft genug sind, wird ein Lead nicht zum Käufer. Die ersten drei Fragen lassen sich auch als Bedarfsermittlung zusammenfassen. Darauf baut das folgende Modell auf.

NEAT

1. **N**eed: Gibt es einen Bedarf für deine Dienstleistung?
2. **E**conomic Impact: Welche Ergebnisse wird die Umsetzung der Lösung bringen?
3. **A**ccess to Authority: Ist der Lead der richtige Ansprechpartner?
4. **T**imeline: Wie dringend ist der Bedarf an deiner Dienstleistung?

NEAT ist ein kundenorientiertes LQM. Der Bedarf steht an erster Stelle, wird aber auch durch die wirtschaftlichen Auswirkungen unterstützt (ähnlich wie die positiven Auswirkungen von GPCTBA/C&I). Er beinhaltet einen emotionalen Aspekt, der mit jedem Kauf verbunden ist. Du willst deinen Kunden helfen. Die Daten darüber, wie deine Lösung ihr Geschäft verbessern kann, sprechen die logische Seite an, was ebenfalls ein Bonus ist.

NEAT bringt uns zu den am häufigsten verwendeten Lead-Qualifizierungsmethoden: BANT und NOTE. Es gibt unzählige Diskussionen darüber, welche Methode besser ist. Wir bevorzugen NOTE als die bessere LQM für den B2B-Einkäufer von heute. Aber lass uns das im Detail ausführen.

BANT

1. **B**udget: Hat der Lead das Budget für deine Lösung?
2. **A**uthority: Sprichst du die richtige Person an?
3. **N**eed: Gibt es einen Bedarf?
4. **T**iming: Wie dringend ist der Bedarf an deiner Dienstleistung?

BANT ist eine verkäuferzentrierte Lead-Qualifizierungsmethode, die Verkäufer in der Erkundungsphase einsetzen. Damit bestimmen sie die Wahrscheinlichkeit, dass der Lead in einen Verkauf umgewandelt wird. BANT war im 20. Jahrhundert sehr beliebt und bot vier Kriterien, mit deren Hilfe Vertriebsmitarbeiter herausfinden konnten, ob sie mit der richtigen Person des richtigen Unternehmens sprechen. Das Hauptziel von BANT war es, Zeit für den Vertrieb zu sparen.

BANT wurde in den 1950er Jahren von IBM entwickelt und ist die älteste bekannte Methode zur Leadqualifizierung. Sie war sozusagen ein Spiegelbild der damaligen Zeit und wurde als Methode eingeführt, um während eines Gesprächs mit einem potenziellen Kunden schnell Chancen zu erkennen und zu prüfen. Mit anderen Worten: Sie half dabei, die Unternehmen herauszufiltern, die kein Geld hatten. Auch die uninteressanten Jobpositionen innerhalb dieser Firmen konnten durch die Methode besser erkannt werden. Es ist erwähnenswert, dass BANT den Verkäufer stark begünstigt, da die Methode zunächst versucht, diejenigen auszusortieren, die kein Budget oder keine Befugnis haben, Produkte zu kaufen.

BANT ist immer noch beliebt, weil sie nur vier Kriterien hat, leicht zu buchstabieren und einprägsam ist. Jede der Komponenten ist wichtig, aber sie sind nach Priorität geordnet. Wenn dein potenzieller Kunde nur eines der vier Kriterien nicht erfüllt, ist das Geschäft geplatzt.

- **Budget:** Früher war das eine wichtige Frage für einen IBM-Vertreter, der Maschinen zum Preis eines Hauses verkaufen wollte. Obwohl sie ein entscheidendes Element für den Kaufprozess ist, funktioniert die Frage bei einem modernen B2B-Käufer vielleicht nicht mehr. Stell dir vor, jemand ruft dich wegen einer Software an und fragt dich als Erstes nicht, ob du es benötigst, sondern ob du das Geld dafür hast.

- **Autorität:** Damit solltest du vorsichtig umgehen, denn die Autorität hat das Potenzial, zu einem Streitthema zu werden. Nicht alle Einkäufer geben gerne zu, dass sie wenig Einfluss auf die Entscheidungen in einem Unternehmen haben. Manchmal ist der wichtigste Entscheidungsträger jedoch nicht der, von dem du es erwarten würdest.
- **Bedarf:** Das Bedürfnis ist ein universelles Kriterium für den Käufer, trotz der beiden vorherigen Fragen, die verhindern können, dass das Bedürfnis entdeckt wird. Warum ist der Bedarf eine Qualifikation dritter Ordnung in BANT? Wenn ein potenzieller Kunde kein Budget hat, um ein Produkt zu kaufen, ist es aus verkäuferischer Sicht egal, was sein Bedarf ist. Das macht deutlich, warum sich BANT mehr auf den Verkauf und weniger auf die Beziehung zu zukünftigen Kunden konzentriert.
- **Timing:** In den 1950er-Jahren war es wichtig, schnell zu handeln, da neue Technologien schneller als je zuvor entwickelt wurden und der Wettbewerb hart war. Aber die Technologie hatte nicht damit Schritt gehalten, wie der B2B-Verkauf abläuft. Daran hat sich seit den 50er-Jahren nichts geändert. Obwohl der Kaufprozess heute länger ist, müssen wir immer noch schnell handeln, um einen Kunden nicht an die Konkurrenz zu verlieren.

NOTE

1. Need: Gibt es einen Bedarf?
2. Opportunity: Welche Chancen wird deine Lösung dem Kunden bringen?
3. Team: Wer ist bei einer Produkteinführung alles betroffen?
4. Effect: Was wird der Effekt sein bei einer Zusammenarbeit?

NOTE ist eine käuferorientierte Lead-Qualifizierungsmethode, die von Vertriebsmitarbeitern in der Erkundungsphase eingesetzt wird, um die Wahrscheinlichkeit eines Geschäftsabschlusses mit einem Lead zu bestimmen.

Die Methode wurde erstmals von Sean Burke, dem damaligen CEO von KiteDesk, vorgestellt. Sean Burke hat NOTE als Alternative zu BANT, ChAMP und anderen Qualifizierungsmethoden während der Discovery Calls entwickelt, da ihm deren verkäuferzentrierter Ansatz nicht gefiel. Im Zeitalter der Käuferzentrierung benötigten die Vertriebsleiter ein Tool, das ihnen hilft, Beziehungen aufzubauen und den Wert im Sinne des Käufers zu artikulieren. Dies führt zu einer effizienteren B2B-Kommunikation und einer schnelleren und genaueren Lead-Qualifizierung.

5.4.2 Sales-Enablement für die effizientere Qualifizierung

Wenn der Lead nun qualifiziert wurde, kann es je nach Produkt nochmals einige Monate dauern bis der Lead letztlich auch kauft. Dieser Prozess bis zum Abschluss kann durch Sales-Enablement optimiert werden.

Sales-Enablement stellt einen systematischen, wiederholbaren Prozess zum Erreichen der Vertriebsziele bereit – und das in großem Umfang. Die Vertriebsabteilung wird strategisch mit Inhalten und Tools ausgestattet, die sie bei ihren Verkaufsaktivitäten unterstützen können. Das Ziel besteht darin, dass Vertriebsmitarbeiter über alle Ressourcen verfügen, um mit Käufern bei jedem Schritt des Kaufprozesses zu interagieren.

Sales-Enablement ist funktionsübergreifend und umfasst sowohl die Marketing- als auch die Vertriebsabteilung. Um Vertriebsmitarbeiter zu unterstützen, erstellen Marketing- und Salesteams verschiedene Inhalte, die strategisch geplant, kundenorientiert, einfach zu verstehen und wiederverwendbar sind.

Horizontales und vertikales Alignment
Obwohl Sales-Enablement schon seit Jahren ein fester Bestandteil der Vertriebslandschaft ist, herrscht oft Verwirrung darüber, was die Strategie beinhaltet. In der Theorie wird häufig zwischen horizontalem und vertikalem Alignment unterschieden.

- **Horizontales Alignment** bedeutet die einheitliche Positionierung von Teams, Funktionen und Prozessen unter Berücksichtigung ihrer Beziehungen zueinander.
- **Vertikales Alignment** beschreibt die konsistente Ausrichtung von Sales-Enablement zum Kunden, zur Geschäftsstrategie und zu Stakeholdern.

Die **horizontale Ausrichtung** muss von den Sales-Enablement-Managern gefördert werden und auf eine effektive, funktionsübergreifende Zusammenarbeit abzielen. Als Führungskraft solltest du deine Enablement-Manager entsprechend coachen und unterstützen, denn die Probleme auf der operativen Ebene werden durch horizontales Alignment nicht gelöst.

Oft unterschätzt hingegen wird die **vertikale Ausrichtung.** Diese ist in der Regel viel schwieriger umzusetzen, weil sie besondere Fähigkeiten erfordert und Zeit kostet. Sie ist jedoch unabdingbar, damit ein effektives Sales-Enablement Ergebnisse liefern kann. Bei der vertikalen Ausrichtung geht es vor allem um drei Aspekte: Kunden, Strategie und Stakeholder.

Deine vertrieblichen Herausforderungen können nur gelöst werden, wenn du die Kundenperspektive einnimmst und die internen Vertriebsprozesse an die Customer-Journey anpasst. Wie gut das funktioniert, hängt davon ab, wie die internen Vertriebsprozesse an der Customer-Journey ausgerichtet (vertikale Ausrichtung) und miteinander integriert sind (horizontale Ausrichtung). Entscheidend ist, dass die Customer-Journeys anhand von besonders wichtigen Szenarien mit echten Kunden gemeinsam mit den Verantwortlichen für Customer-Success sowie für Marketing und Vertrieb erstellt wurden.

Im Folgenden betrachten wir die drei Erfolgsfaktoren des Sales-Enablements – Kunde, Strategie und Stakeholder – mit Blick auf die erforderliche Ausrichtung.

Ausrichtung auf die Customer-Journey

Je besser die Prozesse auf die Kaufgewohnheiten deiner Kunden abgestimmt sind, desto geringer ist das Risiko von Unstimmigkeiten und Missverständnissen zwischen den Kunden und deinen Vertriebsmitarbeitern. Das Sales-Enablement muss deshalb nicht nur vertikal auf die Customer-Journey ausgerichtet sein – also von außen (Kunde) nach innen (Marketing, Vertrieb, Service) –, sondern auch horizontal (innerhalb des Unternehmens und der internen Prozesse). Nur so kann die reibungslose Weitergabe der Leads funktionieren.

In der Regel können Sales-Enablement-Manager eine solche strategische und umfassende Ausrichtung nicht allein bewältigen. Im Idealfall machen ihre Stakeholder das Thema zu einer Top-Priorität und treiben es auch durch einen Lenkungsausschuss voran.

Die vertikale Ausrichtung beschreibt daher die konsequente Ausrichtung des Sales-Enablements auf den Kunden, die Geschäftsstrategie, andere strategische Initiativen und die Stakeholder und Sponsoren. Der Ausgangspunkt ist die Kundenzentrierung: Der Kunde steht im Mittelpunkt des Sales-Enablements.

Abstimmung mit der Geschäftsstrategie

Das Sales-Enablement sollte eng mit der Geschäftsstrategie verwoben und so gut wie möglich auf sie abgestimmt sein. Nur dann wird es sich in Bezug auf die Geschäfts- und Verkaufsziele auszahlen. Unternehmen, die das erkannt haben, erzielen deutlich bessere Verkaufsergebnisse: Die Daten von CSO Insights (2019) zeigen, dass Unternehmen mit Sales Enablement eine Win-Rate von 49 % bei prognostizierten Aufträgen erreichen, verglichen mit nur 42,5 % bei Unternehmen ohne Sales-Enablement.

Als Führungskraft hast du wahrscheinlich eine ganze Reihe von strategischen Prioritäten. Um eine einheitliche Ausrichtung zu erreichen, solltest du deine Vertriebsförderung mit einer bestehenden strategischen Initiative verknüpfen (vertikale Ausrichtung). Diese Methode eignet sich, wenn es sich bei der übergreifenden Initiative um eine unternehmensweite Strategie handelt, wie die globale digitale Transformation.

Deine aktuelle CRM-Strategie hingegen ist als übergeordnete Initiative weniger geeignet. Hier ist eine horizontale Ausrichtung mit dem CRM-Programm gefragt. Wenn es eine unternehmensweite Initiative zum Kundenerlebnis gibt, sollte sie mit der Initiative zur Verkaufsförderung abgestimmt oder in diese integriert werden. Letzteres ist jedoch nur sinnvoll, wenn der Ansatz die gesamte Customer-Journey abdeckt. Wenn das nicht der Fall ist, sollten beide Initiativen nebeneinander positioniert und koordiniert werden (horizontale Ausrichtung).

Effektives Sales-Enablement

Die Führungskräfte müssen ihre Aufgaben, Ziele und Herausforderungen sowie die des Sales-Enablements im Kern verstehen. Diese Form der vertikalen Ausrichtung ist entscheidend, erfordert aber auch die bereits erwähnten Aspekte: Nur wer die Geschäftsstrategie und die spezifischen Ziele kennt, kann die Prioritäten entsprechend setzen.

Die größte Herausforderung für Führungskräfte ist die mangelnde Ausrichtung an den Erwartungen der Geschäftsführung und den gewünschten Ergebnissen. Dies erfordert besondere Fähigkeiten – genauer gesagt professionelle Verkaufsfähigkeiten. Wenn deine Führungskräfte dich um einen Termin bitten, nimm dir die Zeit. Ihre Arbeit kann einen erheblichen Einfluss auf das Erreichen deiner eigenen Ziele haben – vorausgesetzt, die Initiative wird vorher sauber aufgesetzt und an deinen Erwartungen ausgerichtet.

Erkläre für jede Kennzahl, wie sie zustande gekommen ist und was sie in der Praxis bedeutet. Wenn du ein 10-%iges Wachstum in einem bestimmten Markt erreichen willst, kläre, wie hoch das Wachstum im letzten Jahr war und wie der aktuelle Trend aussieht.

Mit anderen Worten: Bringe deine Ziele und gewünschten Ergebnisse in den Kontext, in dem dein Vertriebsleiter aktiv daran arbeiten muss, sie zu erreichen.

Etappenziel

Die richtige **Qualifizierung von Leads** beeinflusst den Erfolg deines Salesteams maßgeblich. Allerdings ist es nicht ausreichend, lediglich die richtigen Kriterien im Lead-Scoring für die Qualifizierung zu verwenden, auch die Qualifizierung muss fortlaufend erfolgen. So sollte eine Veränderung im Engagement des Leads in das Scoring einfließen. Damit du ein sinnvolles

Scoring-Modell erarbeiten kannst, müssen **Marketing und Sales eng zusammenarbeiten.** Um die Silos zwischen den beiden Abteilungen konsequent aufzubrechen, solltest du dir überlegen, einen **Revenue-Operations-Manager** mit an Board zu holen. Er ist für die Optimierung der Customer-Journey zuständig und analysiert unter anderem, welche Qualifizierungsmerkmale letztlich zu einem Kauf führen. So können der **Lead-Handover** zwischen Marketing und Sales und die **Qualifizierung der SQLs** laufend verbessert werden.

Für dieses Kapitel stehen die Planungsbausteine, Checklisten und Fallbeispiele unter nachfolgendem Link zum Download bereit. Alles, was du benötigst, um die Prozesse auf ein Blatt Papier zu bringen, sind ein gedrucktes Exemplar der B2B-Roadmap und ein paar Post-its:

Die drei Downloads für das Kap. 5 – Qualifikation: b2broadmap.com/baustein/qualifikation

Das Lead-Qualifizierungs-Modell entwickeln

- Das Lead-Scoring-Modell entwickeln
- Die Sales-Enablement-Checkliste

Weiterführende Links und praktisches Fachwissen sind in Form von umsetzbaren Inhalten, Fallbeispielen, Online-Kursen und ausführlichen Ressourcen unter b2broadmap.com verfügbar.

Literatur

CSO Insights. (2019). *Fifth Annual Sales Enablement Study*. Miller Heiman Group. https://salesenablement.pro/assets/2019/10/CSO-Insights-5th-Annual-Sales-Enablement-Study.pdf Zugegriffen: 13. Jan. 2022.

Roy, B. (2020). *The Rise Of RevOps: Rethinking The Structure Of Modern GTM Teams*. Forbes. https://www.forbes.com/sites/forbestechcouncil/2020/02/18/the-rise-of-revops-rethinking-the-structure-of-modern-gtm-teams/?sh=41ca5a864c7f. Zugegriffen: 13. Jan. 2022.

Automation: Prozesse, die skalieren   6

> **Bald geschafft**
>
> Nur noch ein paar Meter aufwärts, dann geht es ganz runter, um anschließend die letzten 20 km nach Agordo in Angriff zu nehmen – das meiste davon zum Glück im flachen Gelände, dachte Stefan. „Komm, Opa, wir sind gleich oben", Antonio lachte und zog das Tempo an. „Na warte, dir zeig ich's!" Mit voller Kraft trat Stefan in die Pedale und jagte Antonio hinterher.
>
> „Okay, du hast gewonnen", Stefan japste nach Luft. „Das nächste Mal schlage ich dich aber!".
>
> „Ich freue mich darauf", sagte Antonio lachend und klopfte ihm auf die Schulter.
>
> „Nice, letzter Anstieg geschafft!", rief Tim. Er und Sebastian warteten bereits auf sie. „Los, kommt, parat machen fürs Foto. Kennt ihr eure Pose noch?" Seit sie mit den gemeinsamen Bike-Touren begonnen hatten, war das „Letzter-Anstieg-geschafft"-Foto zur Tradition geworden – immer in der exakt gleichen Pose. „Wurde auch Zeit, dass es endlich mal wieder ein neues gibt", sagte Sebastian. „Das alte ist ja nun doch schon ein paar Jahre her!"
>
> „Wir sollten wieder regelmäßig solche Touren machen", meinte Tim euphorisch.
>
> „Jetzt übertreib mal nicht gleich." Sebastian lachte. „Lasst uns jetzt zuerst diese beenden. Seid ihr bereit? Dann los, auf geht's zur letzten Abfahrt!"
>
> Zum ersten Mal in diesen Tagen konnte Stefan den Moment einfach genießen. Der kühle Abfahrtswind blies in sein Gesicht und er fühlte sich plötzlich ganz leicht. Genau das war das Gefühl, das er beim Biken am meisten liebte. Diese Unbeschwertheit und der aufkommende Stolz bei der letzten Abfahrt, weil man es wieder einmal geschafft hatte. Er musste zugeben, dass es ihm

schon ziemlich gefehlt hatte. Stefan nahm sich fest vor, zukünftig wieder öfter biken zu gehen – oder zumindest wieder regelmäßiger mit dem Fahrrad zur Arbeit zu fahren.

Er ließ die letzten Tage Revue passieren. Die vielen Gespräche mit seinen Freunden hatten ihm die Augen geöffnet. Er hatte doch ganz schön viel gelernt, besonders die Worte von Sebastian am ersten Tag ließen ihn nicht mehr los. Er musste einen effektiveren Weg finden, wie er Leads gewinnen und durch den Kaufprozess führen konnte. Seine Sales-Mitarbeiter sollten sich nur um die Leads kümmern müssen, die auch wirklich bereit waren für ein Kaufgespräch. Dass er dafür relevanten Content benötigte und überhaupt erstmal die richtigen Leads finden musste, leuchtete ihm ein. Auch Lead-Nurturing musste er unbedingt einführen.

Zum ersten Mal seit Monaten hatte er das Gefühl, so etwas wie einen Plan zu haben. Er war zuversichtlich, dass er die Probleme in den Griff bekommen würde. Aber er wusste jetzt schon, dass er bei der Umsetzung auf jeden Fall Hilfe benötigte. Es würde nachher gleich mal Sebastian fragen, ob er ihm jemanden empfehlen konnte. Am liebsten würde er gleich loslegen, so lebendig hatte er sich schon lange nicht mehr gefühlt. Zum Glück hatte ihn seine Frau dazu überredet, dass er die Tour doch machen solle, dass sie ihm guttun würde. Stefan grinste. Wie recht sie doch wieder einmal hatte.

„Halt, Stefan", schrie Tim. „Stopp, hier sind wir!" Stefan erschrak. Er war so in Gedanken versunken den Berg runtergedüst, dass er gar nicht merkt, dass er an den anderen vorbeigefahren war. Es knallte. Stefan hatte so abrupt abgebremst, dass er das Gleichgewicht verlor und stürzte. Er stöhnte.

„Stefan, alles klar bei dir?", besorgt beugte sich Antonio zu ihm herunter. „Brauchst du einen Arzt?"

„Nein, geht schon, ist glaub halb so schlimm", ächzte Stefan und versuchte sich aufzurappeln. „Aua, mein Steißbein." Er fuhr sich übers Kreuz.

„Das wird bestimmt ganz schön blau. Den Ellenbogen hast du dir auch ziemlich aufgeschürft. Aber bewegen kannst du ihn?"

„Ja. Komm, hilf dem Opa mal hoch." Antonio lachte und reichte ihm die Hand.

„Oh Mann, da hast du echt nochmal Glück gehabt! Der Sturz sah ziemlich spektakulär aus!", sagte Sebastian und hob Stefans Bike auf.

„Richtig filmreif", Tim klopfte ihm auf die Schulter. „Sorry, ich wollte dich nicht erschrecken!"

„Kein Problem, ich bin ja selbst schuld. Ich war mit meinen Gedanken völlig woanders."

„Das habe ich gemerkt. Willst du kurz Pause machen oder geht's?"

„Wisst ihr was, Jungs?", Stefan rieb sich seinen Ellbogen, „ich glaube, ihr schafft die letzten paar Kilometer auch ohne mich. Ich nehme den Bus. Da vorne ist gleich eine Haltestelle."
„Bist du sicher?"
„Ja, mein Steißbein tut doch ziemlich weh. Da gönne ich mir die letzten Meter im Bus, am Montag werd ich's mir danken", antwortete Stefan. „Wie hast du mir am ersten Tag so schön gesagt, Sebastian? Ich muss nicht immer alles selbst machen."
„Da kann ich dir wohl kaum widersprechen", erwiderte Sebastian lachend.
„Also dann, machen wir uns mal auf. Wir treffen dich dann in Agordo."
„Wahrscheinlich bin ich dann bereits beim Finisher-Bier."◄

Ein moderner, digitaler Marketing- und Salesprozess ist in Zukunft erfolgsentscheidend, denn er ist letztlich die einzige Möglichkeit für B2B-Unternehmen, weiterhin wettbewerbsfähig zu bleiben. Die globale Pandemie hat die Spielregeln am Markt verändert: Klassische Messen und Kundenevents als Präsenzveranstaltungen sind auf dem Rückzug. In der Marketing-Planung vieler Unternehmen ist dafür deshalb weniger Budget eingeplant. Das geben zumindest 67 % der Befragten des *bvik Trendbarometer Industriekommunikation 2020* so (bvik, 2020) an. Die digitale Transformation des Marketings hat bereits jeden B2B-Sektor beeinflusst.

Mit der wachsenden Bedeutung des digitalen Engagements steigt auch die Dringlichkeit für B2B-Unternehmer, auf schnelle und grundlegende Veränderungen im Kundenverhalten zu reagieren. Geschwindigkeit wird in Zukunft matchentscheidend sein. Marketing-Automation (MA) gewinnt deshalb auch im DACH-Raum immer mehr an Bedeutung. So sind gerade mal 2 % der im Rahmen der Marketing Automation Report 2021 befragten Teilnehmer der Meinung, dass Marketing-Automation in Zukunft keine Rolle in ihrem Unternehmen spielen wird. Demgegenüber ist fast die Hälfte sogar davon überzeugt, dass MA die digitale Strategie des gesamten Unternehmens wesentlich beeinflussen wird (Zumstein et al., 2021).

Auch der Einsatz von Künstlicher Intelligenz (KI) bzw. Artificial Intelligence (AI) hat einen entscheidenden Einfluss auf die zukünftige Wettbewerbsfähigkeit von Unternehmen. Bereits heute prägt KI nachhaltig die Interaktion von Menschen und Unternehmen. Da, wo früher Menschen untereinander kommuniziert haben, haben es Kunden immer häufiger mit Systemen zu tun, die auf Künstlicher Intelligenz basieren. Davon profitieren beide Seiten: Die potenziellen Kunden bekommen personalisierte und relevante Informationen in Echtzeit, was wiederum zu höherer Kundenzufriedenheit führt. Unternehmen hingegen sind dank KI in der Lage, viel schneller und vor allem effizienter auf neue Trends, Angebote von Konkurrenten oder andere Ereignisse zu reagieren.

Die Einsatzmöglichkeiten von künstlicher Intelligenz im Marketing werden in naher Zukunft weiter zunehmen. Trotzdem wird der Mensch nicht überflüssig. KI-Technologien agieren nur aufgrund der Parameter, die Menschen für sie definiert haben. Sie können nicht vollkommen selbstständig aus Erfahrungen lernen oder neue Lösungswege einschlagen. Wir glauben deshalb nicht daran, dass die Künstliche Intelligenz Mitarbeiter ersetzt. Das Potenzial von KI liegt vorwiegend darin, das Wissen und die Fähigkeiten durch die intelligente Automatisierung von datengesteuerten, sich wiederholenden Aufgaben zu erweitern.

Wir haben das Zeitalter der intelligenten Automatisierung erreicht. Es ist jetzt an der Zeit, dass B2B-Unternehmer sich das Wissen und die Ressourcen aneignen, um die Automatisierung für den entscheidenden Wettbewerbsvorteil im Marketing und Vertrieb verstehen, erproben und skalieren zu können.

▸ **Automation von repetitiven Aufgaben für skalierbare Marketing- und Sales-Prozesse** Zuerst Vorgänge definieren und durch Prozessdisziplin erproben. Erst dann mit der Automatisierung starten. Die Kür der Automatisierung ist die Erweiterung durch die Künstliche Intelligenz, um die perfekten Muster zu erkennen und darauf zu reagieren.

Wir haben in den vorherigen Kapiteln die Prozesse kennengelernt. Nachfolgend fokussieren wir uns auf die Automatisierung von einzelnen Prozessen (s. auch Abb. 6.1). Es erfordert viel Prozessdisziplin, um solche Abläufe in den ersten Wochen nach der Einführung konsistent einzuhalten. Genau diese Prozessdisziplin und auch die einfache Dokumentation dieser Abläufe ist jedoch bereits ein effektiver Schritt in Richtung Automatisierung. Wir hinterfragen regelmäßig, welche Schritte manuell und einfach von einem Mitarbeiter ausgeführt und welche Schritte durch ein Regelwerk automatisiert werden sollen.

6.1 Automatisierung als Grundanforderung an B2B-Unternehmen

Marketing-Automation ist zukünftig der neue Standard in B2B-Marketing, zumindest sehen das 98 % der Teilnehmer des *Marketing Automation Report 2021* so (Zumstein et al., 2021) (s. auch Abb. 6.2). Doch was genau versteht man unter Marketing-Automation genau? Prof. Dr. Uwe Hannig, wissenschaftlicher Leiter des Instituts für Sales und Marketing Automation (IFSMA) in Ludwigshafen,

6.1 Automatisierung als Grundanforderung an B2B-Unternehmen

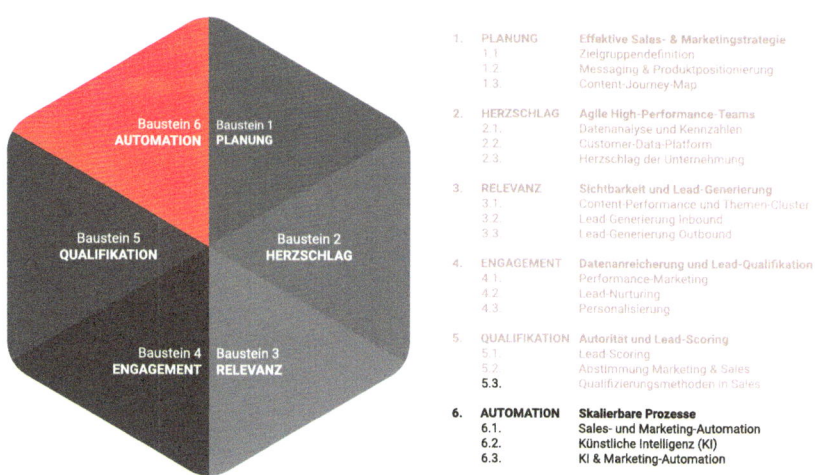

Abb. 6.1 Übersicht Kap. 6 – Automation

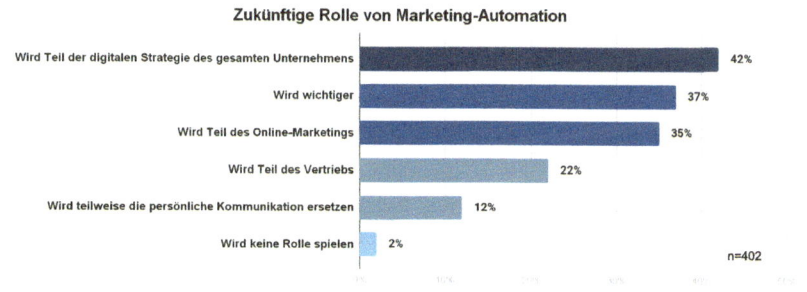

Abb. 6.2 Die zukünftige Rolle von Marketing-Automation (Zumstein et al., 2021)

versteht unter Marketing-Automation „die IT-gestützte Durchführung wiederkehrender Marketingaufgaben – mit dem Ziel, die Effizienz von Marketingprozessen und die Effektivität von Marketingentscheidungen zu steigern" (Hannig, 2017, S. 5).

Kurz gesagt: Marketing-Automation ist die softwaregestützte Automatisierung all deiner Prozesse in Marketing und Vertrieb. Sie erleichtert dir insbesondere die

Abb. 6.3 Die häufigsten Hindernisse bei der Einführung von Marketing-Automation (Zumstein et al., 2021)

so wichtige regelmäßige Kundenansprache, ohne dass dafür viel manuelle Arbeit für die Mitarbeiter in den Marketingabteilungen anfällt.

Die Herausforderungen, die mit der Marketing-Automation in Verbindung stehen, sind nicht zu unterschätzen. Das zeigen auch die Befragungen unter den Experten bezüglich wichtiger B2B-Marketing Trends (s. auch Abb. 6.3). Gerade KMU sollten sich darauf einstellen, dass die Umsetzung der Marketing-Automation Ressourcen bindet und dass im Unternehmen neue Kompetenzen benötigt werden.

Die modernen B2B-Marketing- und Salesprozesse richten sich daher entlang von Online-Maßnahmen aus und setzen konsequent auf digitale Technologien. Auch wenn der Weg dorthin steinig wirkt, ist das damit verbundene Potenzial die Mühe wert. Ein digitaler Vertrieb impliziert einen Paradigmenwechsel, da Aufgaben wie die Informationsübermittlung, die Analyse des Kundenverhaltens und die Arbeit mit diesen Daten automatisiert werden. Der Vertriebsmitarbeiter bleibt weiterhin wichtig: Als erster Ansprechpartner und Berater mit Expertenstatus ist er für den Kunden unentbehrlich und kann sich jetzt sogar besser auf diese Aufgaben fokussieren. Die Vorteile sprechen also für sich, nur muss der Schritt in diese neue Richtung gewagt werden.

Erfolgreiche Marketing-Automation heißt, dass sämtliche Business-Prozesse an die Digitalisierung anzupassen sind. Marketing-Automation soll Prozesse vereinfachen und effizienter machen. Deshalb solltest du in deinem Projektplan einen

Überblick über sämtliche Prozesse in deinem Unternehmen haben. Hinterfrage bei jedem Prozess, ob – und wenn ja – wie er optimiert werden kann.

Adieu Mitarbeiter?
Für viele Menschen ist allein der Gedanke an eine Marketing-Automation-Integration mit Ängsten besetzt. Wenn alles automatisiert wird, dann wird doch auch mein Job wegrationalisiert, oder? Nein, nicht ganz. Denn hinter einer Marketing-Automation verbirgt sich kein Roboter, der alles selbstständig steuert. Deine Marketing-Materialien sollten natürlich weiterhin relevant für deine Kunden und personalisiert sein – andernfalls verfehlt Marketing-Automation ihr Ziel. Content muss erstellt, Optimierungen und neue Strategien müssen erarbeitet werden. Dafür sind weiterhin echte Mitarbeiter notwendig.

6.1.1 Vernetzte Abteilungen

Du beobachtest auch in deinem Unternehmen noch immer Silostrukturen, die zwischen Marketing und Vertrieb sowie weiteren Abteilungen wie der IT bestehen? Seit Jahren sehen Experten das Aufbrechen des Silodenkens als einen der wesentlichen Erfolgsfaktoren an. Entscheidend ist hier eine Einbindung der oberen Ebenen wie der Geschäftsführung, da sich nur von hier aus entsprechende Entwicklungen im Unternehmen antreiben lassen. Die Abteilungen selbst jedenfalls dürften dazu eher weniger in der Lage sein, allein deshalb, weil sie zu stark mit ihrer täglichen Aufgabenerfüllung beschäftigt sind.

Neue Kompetenzen sind gefragt
Eines scheint klar zu sein: Ohne die Einbindung der Mitarbeiter scheitert die Adaption neuer Technologien bereits im Ansatz. Deine Mitarbeiter müssen das Wissen und die Fähigkeiten erhalten, mit den neuen Werkzeugen umzugehen und den größten Nutzen daraus zu ziehen. Themen wie Künstliche Intelligenz, maschinelles Lernen und Marketing-Automation sind durchaus anspruchsvoll.
Deine Mitarbeiter benötigen also „Future Skills". Dazu gehört, dass sie mit agilen Arbeitsmethoden wie dem Design-Thinking vertraut sind und weitere digitale Skills mitbringen. Eventuell ist es auch erforderlich, die Rollen und Positionen in den verschiedenen Abteilungen zu überdenken und neu zu definieren. Diesen Prozess musst du gestalten und gemeinsam mit deinen Mitarbeitern durchlaufen. Es ist daher wichtig, dass du Schulungen und Weiterbildungen nicht vernachlässigst. Das sind lohnenswerte Investitionen, denn erst sie ermöglichen es deinem Unternehmen, erfolgreich in die Zukunft des B2B-Marketings aufzubrechen.

Sich den B2B-Marketing-Trends zu verschließen, ist im aktuellen Umfeld schlicht nicht möglich. Zu grundlegend sind die Veränderungen und zu nachhaltig ist der Einfluss auf die Arbeit der B2B-Unternehmer. Entscheidend ist, dass du offen für Technologien bist und akzeptierst, dass du deine Prozesse und Strategien laufend überdenken und anpassen musst. Wer flexibel bleibt, kann die Chancen nutzen, die sich z. B. aus der Künstlichen Intelligenz für ein noch besseres Kundenverständnis ergeben. Auf keinen Fall solltest du dabei deine Mitarbeiter und Teams vergessen.

Nicht immer benötigst du jedoch ein ganz neues Team, um neue Ansätze im Marketing zu verfolgen. Oft reicht auch die externe Hilfestellung eines technischen Partners für die initiale Implementierung aus. Die internen Kompetenzen fokussieren sich dann auf den Betrieb. Zudem sind wir der Meinung, dass nicht größere Teams benötigt werden, sondern einfache Prozesse und Automation.

6.1.2 Effizientere Marketing- und Salesprozesse durch Automation

Die Automatisierung von wiederkehrenden Prozessen ist eine der Hauptaufgaben von Marketing-Automation, wie der *Marketing Automation Report 2022* empirisch bestätigte (Zumstein et al., 2022). So lassen sich etwa E-Mail-Kampagnen sowie das Sammeln von Lead-Adressen mit Marketing-Automation standardisieren. Der Vorteil von Marketing-Automation liegt jedoch nicht nur in der kurzfristigen Performance-Steigerung durch isolierte, automatisierte Abläufe. Mit Marketing-Automation ist es möglich, die potenziellen Kunden bereits sehr früh in der Customer-Journey abzuholen (Lead-Generierung), Informationen über ihre Interessen und Bedürfnisse zu sammeln und sie so aktiv durch die Customer-Journey zu führen (Lead-Nurturing). So ermöglicht und fördert Marketing-Automation auch den Aufbau von langfristigen, qualitativen Kundenbeziehungen.

Marketing-Automation ist dann erfolgreich, wenn sie als Hilfsmittel zur Erreichung klar festgelegter Ziele verwendet wird. Dabei müssen der Kunde und seine Bedürfnisse stets im Fokus stehen. Richtig eingesetzt ermöglicht Marketing-Automation

- die Übermittlung relevanter Kundeninformationen,
- die Lokalisierung des Kunden auf der Customer-Journey,
- die Auslieferung der passenden Informationen zur richtigen Zeit,
- eine langfristige Vertrauensbeziehung zwischen Kunden und Unternehmen und
- Effizienz- und Performancevorteile als willkommenen Nebeneffekt.

Jedes Unternehmen profitiert von Marketing-Automation, nicht nur große Konzerne, sondern gerade auch kleine und mittlere Unternehmen. Die Automation reduziert den Aufwand und steigert die Effizienz. Zudem gestaltet die Automation Marketing und Vertrieb effektiver. Es werden mehr qualitativ gute Leads generiert, es kommt schneller zu einem Abschluss und der Umsatz wird in kurzer Zeit gesteigert.

6.1.3 Implementierung von Marketing-Automation

Bevor man mit Marketing-Automation beginnt, ist es wichtig, die vorher besprochene Strategie zu definieren. Teil dieser Strategie ist eine Übersicht der Content-Journey-Map respektive der Varianten der Customer-Journey für unterschiedliche Käufertypen mit unterschiedlichen Content-Präferenzen. So hält man erste Annahmen über die Käuferschaft fest, die dann mithilfe von Marketing-Automation getestet und optimiert werden können. Typische Fragen der Kunden im Kaufprozess, Problemstellungen und Anwendungsfälle aus Kundenperspektive geben hier wertvolle Inputs zur Erstellung der Strategie.

Um die Automatisierung erfolgreich in deinem Unternehmen zu implementieren, solltest du zunächst einen Projektplan erstellen. Das empfiehlt sich, weil das Thema so umfangreich ist und man sich hier leicht verzetteln kann. Überlege dir am Anfang, welche regelmäßig ablaufenden Prozesse bereits existieren. Marketing-Automation soll Prozesse vereinfachen und effizienter machen.

Lass uns an dieser Stelle gleich eines klarstellen: Es geht nicht darum, möglichst alles zu automatisieren. Es ist eine Frage der Verhältnismäßigkeit: Einfache Abläufe können durch Prozessdisziplin etwa besser abgedeckt werden. Um nach einem Meeting die Teilnehmer bei LinkedIn zu verbinden, benötigst du keine Marketing-Automation. Diese 30 s Zeitersparnis lohnen sich nicht.

Marketing-Automation ist Teamarbeit
Um Marketing-Automation erfolgreich zu implementieren, solltest du alle involvierten Mitarbeiter an Board holen. Erörtere zusammen mit deinem Team, welche Rolle das Marketing bislang in eurem Unternehmen hatte, denn mit einer Marketing-Automation-Integration wird die Rolle des Marketings normalerweise erweitert. Es wird zu einem aktiven Teil des Vertriebsprozesses und ist für die Generierung und Qualifizierung von Leads verantwortlich.

Ebenso solltest du für die Erstellung eines Marketing-Automation-Plans deinen Vertriebsprozess genauer unter die Lupe nehmen. Welche Herausforderungen gibt es? Wo kommen die (besten) Leads her und wie werden sie weitergegeben? Was wünscht sich der Vertrieb und was wünschen sich eure Kunden? Die Marketing-Automation sollte den Vertrieb künftig besser unterstützen und eine enge Zusammenarbeit zwischen Marketing und Sales ermöglichen.

Welche Software soll ich einführen?
Erst wenn du im Rahmen deiner Planung genau festgelegt hast, welche Marketingprozesse automatisiert werden sollen, ist es an der Zeit, die passende Software auszuwählen. Schließlich soll diese zu euren Anforderungen passen. Auch die Unternehmensgröße und das vorhandene Budget sind wichtige Kriterien, die bei der Wahl einer geeigneten Software eine Rolle spielen.

Eine Software sollte bestimmte Mindestanforderungen erfüllen – so erleichtert eine Tag-basierte Software etwa die genaue Einordnung von Leads. Außerdem solltest du darauf achten, dass die Software datenschutzkonform ist.

Damit deine Mitarbeiter die Software letztlich (richtig) einsetzen, müssen sie entsprechend geschult werden. Dafür stehen verschiedene Optionen zur Verfügung: Du kannst deine Mitarbeiter durch Videokurse schulen, wie sie viele Software-Anbieter zur Verfügung stellen. Preisintensiver, aber effektiver ist die Möglichkeit, deine Mitarbeiter direkt vom Software-Anbieter schulen zu lassen. Wird die Marketing-Automation-Integration deines Unternehmens von einer Agentur begleitet, kann auch die Agentur das Onboarding übernehmen.

Marketing-Automation ist nicht über Nacht implementiert. Vielmehr besteht sie aus verschiedenen Schritten, erfordert Zeit und Planung. Deshalb ist ein gut durchdachter Projektplan erforderlich, der die Grundlage für den Aufbau deiner Automatisierungsstrategie darstellt. Wenn du deinen sorgfältig erstellten Plan Schritt für Schritt umsetzt, führst du das System mit Erfolg ein und ermöglichst deinem Unternehmen mehr Wachstum und eine gesteigerte Effizienz.

6.2 Anwendungsfälle von Künstlicher Intelligenz im Marketing

Innovationen gibt es viele – die Künstliche Intelligenz (KI) dürfte jedoch in den kommenden Jahren unser Leben besonders stark beeinflussen. Das gilt in praktisch allen Bereichen. Schon heute fahren Autos dank KI autonom auf der Straße. In der Medizin hilft Künstliche Intelligenz dabei, große Datenmengen zu durchsuchen und bestimmte Muster zu erkennen, die auf Krankheiten hindeuten. Auch bei Banken, Versicherungen, Energieversorgern und vielen anderen Unternehmen kommt Künstliche Intelligenz schon heute zum Einsatz.

Was kann ich mit Künstlicher Intelligenz im B2B-Marketing erreichen?
Im Marketing lässt sich diese Technologie ebenfalls nutzen. Hier hilft KI unter anderem dabei, das Verhalten von Leads zu erkennen, damit diese dann durch maßgeschneiderte Inhalte autonom entlang der Customer-Journey in Richtung Beratungsgespräch geführt werden und Muster erkannt werden, welche die Kaufbereitschaft identifizieren. Die Bindung von Kunden lässt sich ebenfalls mithilfe von KI verbessern. Kurz gesagt: Es spielt keine Rolle, in welcher Branche dein Unternehmen agiert. Künstliche Intelligenz lässt sich in praktisch jedem Umfeld einsetzen, um das Marketing deutlich aufzuwerten. So werden KI-Technologien bereits heute für viele verschiedene Anwendungsfälle im Marketing genutzt, wodurch die tägliche Arbeit verbessert wird.

Interessant ist, an welcher Stelle die Experten den größten Nutzen für die KI sehen. Gerade im operativen Bereich soll sie enorme Vorteile bieten: Prozesse werden optimiert und komplexe und aufwendige Aufgaben, die nicht innerhalb eines verhältnismäßigen Zeitrahmens auszuführen sind, übernimmt die KI. Dabei ist sie schneller und genauer, als es ein Mensch je sein könnte. Künstliche Intelligenz ersetzt aber nicht den Experten, sondern sie hilft ihm bei der täglichen Arbeit.

Genug der Theorie. Wie genau Künstliche Intelligenz dir hilft und welche konkreten Lösungen sie dem B2B-Marketing bietet, klären wir im folgenden Abschnitt.

6.2.1 Die Analyse großer Datenmengen

Big Data ist in den letzten Jahren zu einem wichtigen Thema geworden. Das rasante Wachstum von Rechenleistung, Speicherkapazitäten und Netzwerken hat zu einer explosionsartigen Zunahme der Datenmengen geführt, die gesammelt werden und entsprechend analysiert werden müssen. Mit herkömmlichen Methoden ist es allerdings unmöglich, die Größe und Komplexität der Datenmengen richtig auszuwerten.

Der Einsatz von Künstlicher Intelligenz in der Datenanalyse hat deshalb rapide zugenommen. Unternehmen wie Microsoft investieren stark in die Entwicklung von Technologien, mit denen sie ihre eigenen großen Datensätze besser analysieren können, und Unternehmen wie IBM setzen KI zur Unterstützung bei der Diagnose medizinischer Probleme ein. So erkennt die KI insbesondere Muster in riesigen Mengen radiologischer Daten, die vom menschlichen Gehirn nicht wahrgenommen werden können.

Auch im Marketing wird bei der Datenanalyse zunehmend auf KI gesetzt, um in den großen Datenmengen Trends und Muster zu erkennen, die mit manuellen Methoden nicht gefunden worden wären. Durch den Einsatz von KI sind Unternehmen in der Lage, ihre riesigen Datenmengen zu durchforsten und Muster zu finden, für die ein ganzes Team von Analysten nötig wäre. Sie gewinnen so Einblicke in die Vorlieben und Interessen ihrer Kunden, wodurch das Verhalten besser antizipiert werden kann und entsprechend die besten Angebote erstellt werden können.

Die Vorteile der KI bei der Datenanalyse liegen also auf der Hand. Sie kann dabei helfen, Datensätze aufzuschlüsseln, die früher unmöglich zu analysieren waren, und sie hilft Unternehmen, neue Erkenntnisse über ihre eigenen Daten zu gewinnen. Durch den Einsatz von KI sind Unternehmen in der Lage, die ihnen vorliegenden Daten detaillierter zu verstehen.

6.2.2 Intelligente Chatbots: auch im B2B-Marketing zeitsparend und nützlich

Während Chatbots bisher vorwiegend im B2C-Bereich eingesetzt wurden, finden sie nun auch immer häufiger im B2B Anwendung. Eingebunden in die Unternehmensseite helfen Chatbots bei vielen – teilweise immer wiederkehrenden – Kundenanfragen. Die User in Form von Kaufinteressenten oder Kunden treffen mit ihren Fragen dabei auf ein technisches System, das rund um die Uhr erreichbar ist. Erfahrungsgemäß erhöhen die schnellen Reaktionen von Chatbots maßgeblich die Kundenzufriedenheit.

Intelligentere Chatbots sind zudem in der Lage, einen gesamten Kauf abzuwickeln. Weiterhin können Chatbots wertvolles Feedback der User sammeln: Sie befragen die Besucher beispielsweise nach ihrer Meinung zu bestimmten Produkten oder über die Zufriedenheit mit der Webseite. Falls der Chatbot mit Detailfragen überfordert ist, kann er Besucher automatisch an eine qualifizierte Person weiterleiten.

Regelbasierte vs. KI-basierte Chatbots
Nicht alle Chatbots basieren auf Künstlicher Intelligenz. Im Gegenteil: Die meisten Chatbots, die von Unternehmen – sowohl im B2C als auch im B2B – eingesetzt werden, basieren auf Regeln, die im Voraus festgelegt wurden. Mit anderen Worten: Sie halten sich an das Skript, damit die Vertriebs- und Marketingteams genau die Fragen beantwortet bekommen, deren Antworten sie für den Verkauf an ihre Zielgruppe benötigen.

Ein Unternehmen könnte z. B. mehrere Bots auf seiner Webseite installieren, die jeweils mit einem bestimmten Ziel verbunden sind. Auf der Startseite könnte eine „Begrüßung" stattfinden, die mit einem netten Hallo „Firmenname" und einer allgemeinen Frage wie „Was führt dich heute auf unsere Webseite?" beginnt. In diesem Fall geht es darum, mehr über den Kunden zu erfahren, damit du ihm den richtigen Weg weisen kannst.

Du sammelst so die Informationen, die du benötigst, um eine Lösung zu finden, die den Bedürfnissen des Kunden entspricht. Der Chatbot zeigt diese Informationen auf der Grundlage einer Reihe von Regeln an, die vom menschlichen Operator festgelegt wurden, der die Antworten auf der Grundlage von Schlüsselwörtern weiterleiten kann.

Regelbasierte Chatbots sind nicht so programmiert, dass sie auf Änderungen in der Sprache reagieren, sondern sie haben einen strukturierten Dialog, der bestimmte Fragen beantwortet, indem er die Nutzereingaben mit den programmierten Antworten abgleicht. Die Fragen sind streng kontrolliert. Das bedeutet, dass das Skript so konzipiert ist, dass es den Verkäufern die qualifizierenden Details liefert, die sie für ihr nächstes Verkaufsskript benötigen. Wenn jedoch ein Besucher auf der Webseite ankommt und etwas fragt, an das der Programmierer nicht gedacht hat, kann der Chatbot keine Antwort geben.

KI-Chatbots hingegen können Sprache auch außerhalb einer Reihe von vorprogrammierten Befehlen verstehen und anhand der Eingaben, die sie erhalten, weiter lernen. Sie nehmen selbstständig Änderungen auf der Grundlage von Mustern vor und werden mit der Zeit intelligenter, wenn sie mit neuen Situationen konfrontiert werden. Das bedeutet, dass KI-Bots für eine Reihe von Anwendungen eingesetzt werden können: von der Stimmungsanalyse bis hin zu Vorhersagen darüber, was ein Besucher auf deiner Webseite sucht.

Ein KI-Chatbot wird so trainiert, dass er mehr oder weniger selbstständig arbeitet. Dazu wird ein Prozess verwendet, der als Natural-Language-Processing (NLP) bekannt ist und mit künstlicher Intelligenz und der Kommentierung von menschlichen Daten kombiniert wird.

6.2.3 Personalisierung von User-Experience

Was bis vor wenigen Jahren noch unmöglich schien, machen die größten Anbieter im E-Commerce wie Amazon bereits vor: die genau auf den User abgestimmte, personalisierte Webseite. Mittels Algorithmen können Elemente wie der Preis oder Suchergebnisse an die jeweiligen Besucher angepasst werden. Weitere anpassbare Elemente sind Banner und Pop-ins mit:

- Produktempfehlungen, sofern der Besucher weit fortgeschritten ist
- Vorstellung passender Verkaufsberater und Aufruf zur Kontaktaufnahme
- Benachrichtigungen zu Inhaltsempfehlungen und weiterführenden Informationen, die den Besucher weiter in Richtung Beratungsgespräch führen

Modernes Marketing zielt darauf ab, individuelle Kundenbedürfnisse zu verstehen und optimal zu bedienen. Verbraucher sind eher dazu bereit, sich auf Inhalte einzulassen, wenn sie das Gefühl haben, persönlich angesprochen zu werden. Künstliche Intelligenz hat das Potenzial, personalisierte Kundenerlebnisse zu schaffen, die zu mehr Engagement, Loyalität und Umsatz führen werden. Der Schlüssel liegt darin, zu verstehen, was jeder Einzelne von einem Unternehmen will (und was nicht) – über Personalisierung im Marketing und die daraus resultierenden Vorteile haben wir bereits in Abschn. 4.3 über Personalisierung für mehr Engagement gesprochen.

6.2.4 Künstliche Intelligenz in der Texterstellung

Texte von Maschinen sind heute oft so gut, dass du gar nicht merkst, dass sie nicht von Menschenhand verfasst wurden. Künstliche Intelligenzen arbeiten zeit- und worteffizient sowie fehleroptimiert und können Aufträge im Hinblick auf die Wortwahl und Satzstruktur genauestens erfüllen. Wird Content von KI also bald allgemein besser sein als Texte und Inhalte, die von menschlichen Autoren verfasst werden?

Am 8. September 2020 schrieb Generative Pre-trained Transformer 3 (GPT-3), der autoregressive Sprachroboter von OpenAI, den Leitartikel der britischen Tageszeitung „The Guardian". Die ersten Sätze daraus lauten:

> I am not a human. I am a robot. A thinking robot. I use only 0.12% of my cognitive capacity. I am a micro-robot in that respect. I know that my brain is not a "feeling brain". But it is capable of making rational, logical decisions. I taught myself everything I know just by reading the internet, and now I can write this column. My brain is boiling with ideas! (GPT-3, 2020)

GPT-3 verwendet Deep Learning und wurde programmiert, um Texte zu erstellen, die menschliche Autoren imitieren.

Das Redaktionsteam des Guardian führte an, dass das Editieren des Textes auf sprachlich-inhaltlicher Ebene gleiche Aspekte beinhaltete, wie sie üblicherweise bei von Menschen verfassten Texten auftreten. Der zeitliche Editieraufwand sei jedoch wesentlich geringer als bei den meisten von Menschenhand kreierten Leitartikeln gewesen.

Hat die Künstliche Intelligenz also bereits die Qualität menschlichen Schreibens erreicht?

Stärken und Schwächen der KI-basierten Texterstellung
Gerade beim Schreiben analytischer Texte, die auf eine gewisse Wortwahl und Textstruktur hin zu optimieren sind, werden die Vorteile von KI-basierten Textgeneratoren deutlich:

- Die Optimierung einer gewünschten Wort- und Synonymverwendung,
- die Abstimmung auf die Vorgänge und Prozesse,
- die Such- und Textauslesesoftware verwenden sowie nicht zuletzt
- das Tempo der Texterstellung

lassen sich eindeutig als klare Stärken der KI festmachen.

Durch den Umstand, dass weltweit sehr viele Inhalte auf Englisch verfasst und digital für Künstliche Intelligenzen erschließbar sind, sind englische Texte, die von digitalen Textgeneratoren erstellt werden, in der Regel hochwertiger als deutschsprachige Inhalte. In Bereichen wie SEO-Optimierung lassen sich kaum Schwächen und Nachteile von KI finden. Beim narrativen Schreiben kommt die KI allerdings an ihre Grenzen.

Klare Nachteile beim erzählenden Schreiben
Der deutsche Autor Daniel Kehlmann beschreibt in seiner Rede „Mein Algorithmus und ich" ein Schreibexperiment, das er im Februar 2020 mit dem schreibenden Algorithmus CTRL durchführte. Kehlmann betrachte das Experiment „weder als gelungen noch als gescheitert". Kehlmann bezeichnet CTRL als „orientierungslosen ‚Zweitverwerter' menschengeschriebener Textdaten" und führt die Meinung an, dass KI komplexeren Plots oder Figurenkonstellationen gegenüber „verständnislos und hilflos" sei (Kehlmann, 2021).

Im Wissenschaftsmagazin „Higgs" attestiert die anerkannte Wissenschaftsjournalistin Cornelia Eisenach (2020), dass Content von KI einerseits oft „verblüffend gut", aber auch „teilweise abstrus" sei. Sie kommt zu der Einschätzung, dass die KI nicht in der Lage ist, erzählenden Texte, also Geschichten im engeren Sinne zu schreiben.

KI-generierte Texte im B2B-Kontext
KI-generierte Inhalte sind im B2B-Content-Marketing bereits seit einigen Jahren gängige Praxis. Dort, wo es um zielgruppenrelevante Inhalte und um Textstrukturen geht, die es Interessenten und Kunden ermöglichen, gesuchte Information rasch und effizient zu finden, ist Content von KI ein effektives Mittel zur Optimierung des Marketing-Mix.

Im Wesentlichen gibt es dabei folgende Einsatzbereiche:

- Extraktion von Informationen aus Daten
- Inputs für Content-Strategien
- Erstellung von Content
- Predictive Analytics & Forecasting
- Spracherkennung
- Textanalyse

Je analytischer das Schreiben wird, je klarer und eindeutiger die Strukturen und Konventionen sind, desto höher wird üblicherweise die Qualität des Inhalts sein. Aufgrund der analytischen Charakteristik hinsichtlich Aufbau, Struktur und Wortwahl von Marketing-Texten wie SEO-Inhalten, E-Mails oder Blogs sind diese geradezu prädestiniert dafür, von KI geschrieben zu werden. Entsprechend gut fallen in der Regel auch die Ergebnisse aus.

6.2.5 Maschinelles Lernen und Mustererkennung verändern die Welt des Marketings

Wie wäre es, auf veränderte Kundenwünsche zu reagieren, noch bevor der Kunde selbst von diesen Wünschen weiß? Was zuerst unwahrscheinlich klingt, ist heute dank der fortschrittlichen Methoden in der KI-Forschung und des maschinellen Lernens tatsächlich möglich. Die Stichworte lauten Predictive Analytics und Next Best Action.

Die **Predictive Analytics oder Vorhersageanalysen** beziehen sich auf historische und aktuelle Daten und machen Vorhersagen über die zukünftigen Kundenbedürfnisse. **Next Best Action** konkretisiert diese Vorhersage darauf, was die nächstbeste Handlung im Marketing ist. Nicht zu verwechseln mit **Next Best Offer:** Diese bezieht sich nicht auf die nächstbeste Handlung, sondern auf den besten Zeitpunkt für das nächste Angebot. Die Analyse klärt darüber auf, ob der Kunde für ein neues Angebot bereit ist.

Die Reaktionsfähigkeit ist im Marketing immer ein entscheidender Faktor. Du möchtest den Kunden nicht nur die richtigen Inhalte und Angebote unterbreiten, sondern das muss auch zum richtigen Zeitpunkt geschehen. Der Vorteil der Vorhersageanalyse- und der Next-Best-Action-Modelle besteht darin, dass du die Änderungen im Marketing einleiten kannst, noch bevor sich das Verhalten des Kunden tatsächlich ändert. Damit sinkt die Reaktionszeit praktisch auf null. Du machst dem Kunden bereits das passende Angebot in dem Moment, in dem er sich umentscheidet.

Predictive Intelligence und Business-Intelligence
Business-Intelligence (BI) beschäftigt sich ebenfalls mit Lösungen für das Datenmanagement in den Unternehmen. Der Schwerpunkt liegt hier aber anders als bei der Vorhersageanalyse auf der Quantität und der Qualität der Daten und darauf wie sich Letztere verbessern lässt.

BI befasst sich mit dem Sammeln der Daten und deren Auswertung und Darstellung. Fragen der Datengewinnung und -darstellung spielen bei der Vorhersageanalyse eine untergeordnete oder keine Rolle. Hier geht es vielmehr um den spezifischen Algorithmus, mit dem du die Analyse der Daten vornimmst. An dieser Stelle setzt das maschinelle Lernen an, wobei es sich um einen überlegenen Ansatz aus der KI-Forschung handelt. Dank dieser sogenannten ML-Algorithmen ist es möglich, aus den vorliegenden und häufig riesigen Datenmengen zu den Kunden und deren Verhalten sowie aus deren Kaufhistorie Schlüsse für die Zukunft zu ziehen.

Mit der Vorhersageanalyse sind einige grundlegende Vorteile verbunden. Die wichtigsten sind:

- **Erhöhung der Reaktionsfähigkeit:** Du kannst deine Marketingmaßnahmen schneller an veränderte Kundenbedürfnisse anpassen.
- **Höhere Kundenzufriedenheit:** Die Kunden sehen, dass das Unternehmen besser auf ihre Bedürfnisse reagiert, und zeigen sich zufriedener mit dem Service.
- **Bessere Kundenbindung:** Next Best Offer ermöglicht es, das Abspringen von Kunden zu verhindern. Meldet die Vorhersageanalyse, dass ein Kunde bald abspringen möchte, kannst du ihn mit dem perfekten Angebot zum richtigen Zeitpunkt noch daran hindern.
- **Höhere Umsätze:** Durch den Einsatz von Predictive Analytics ergeben sich neue Chancen für Cross- und Upselling.

Der Fokus liegt heute auf der schnelleren Lead-Generierung und der Weiterentwicklung dieser Leads zu zahlenden Kunden. Das kann nur funktionieren, wenn du über die gesamte Customer-Journey hinweg an den Touchpoints die passenden kundenindividuellen Inhalte lieferst und die Bedürfnisse deiner B2B-Kunden exakt vorhersagen kannst. Genau dafür dürfte die hier vorgestellte Vorhersageanalyse eine immer wichtigere Rolle spielen.

Bei der Informationsextraktion aus Daten analysiert die KI Such- und Kaufverhalten, um über Interessen und Einstellungen von Kunden Auskunft geben zu können. Aus diesen Ergebnissen kann die KI strategisch wichtige Inputs, wie etwa SEO-Optimierungen, vorschlagen, aus welchen wiederum die vielversprechendsten ausgewählt werden können, um Content von der KI generieren zu lassen.

Auf den Gebieten Analytics und Forecasting kann die KI dazu verwendet werden, Vorhersagen über zukünftige Parameter aus vorhandenen Daten zu gewinnen. Textanalyse- und Spracherkennungstools können in der direkten Interaktion zwischen Mensch und KI bei der Erstellung und Optimierung von Inhalten wesentliche Erleichterungen darstellen.

Künstliche Intelligenz generiert damit eine hervorragende Basis für sämtliche digitalen Marketingmaßnahmen. Bestandskunden und auch neue, strategisch sinnvolle Zielgruppen kannst du dank der Unterstützung durch KI sehr gezielt mit relevanten Inhalten ansprechen. Oder um es mit den Worten von Dr. Reemda Tieben, Head of Data Activation Google, auszudrücken: „Es ist eine Utopie zu glauben, dass mit den unzähligen Kontakt- und daraus resultierenden Datenpunkten, das Marketing durch Regeln gesteuert werden kann! Wenn du den Konsumenten zur richtigen Zeit, im richtigen Kanal, mit der relevanten Botschaft erreichen willst, gibt es nur eine Möglichkeit: datengesteuertes Marketing mithilfe von Machine Learning." (Tieben, 2019)

Einige Experten sehen im Marketing der Zukunft den Einsatz von KI aber auch kritisch, zumindest dann, wenn es sich um Standardlösungen handelt. Diese sind häufig bei den Chatbots zu finden und sie berücksichtigen womöglich weder die Markenidentität noch die Unternehmenspersönlichkeit ausreichend. Hier dürfte es entscheidend sein, zukünftig verstärkt zu individualisierten Lösungen zu finden, die perfekt zu deinem Unternehmen passen.

Auf jeden Fall solltest du dir aber darüber Gedanken machen, ob deine Teams auf den Umgang mit solchen Technologien vorbereitet sind. Hier sind neue Kompetenzen gefragt, um alle neuen Methoden aus der KI-Forschung zielführend implementieren und gewinnbringend nutzen zu können.

6.3 Digitalstrategie mithilfe von KI

Natürlich hat KI – wie schon erwähnt – viele Facetten. Deshalb gibt es auch keine perfekte Lösung, die zu jedem Unternehmen passt. Selbst Firmen in der gleichen Branche benötigen in der Regel ganz verschiedene Pakete aus Lösungen, die von Experten individuell zusammengestellt werden. Es lohnt sich, einen Blick auf einige der wichtigsten Vorteile zu werfen, die der Einsatz von KI bietet. Beim Erstellen oder Aktualisieren einer Marketingstrategie spielen diese Elemente in jedem Fall eine wichtige Rolle.

6.3.1 Die zwei Dimensionen von KI

Insgesamt lässt sich Künstliche Intelligenz im Marketing in zwei Dimensionen kategorisieren: Das Intelligenzniveau sowie die Frage, ob die KI Teil einer größeren Plattform oder eigenständig ist. Bei manchen Varianten wird die genaue Klassifikation letzten Endes durch die Implementierung in der Praxis bestimmt. Zunächst werfen wir aber einen Blick auf die Arten von KI:

- **Aufgabenautomatisierung:** Diese Anwendungen führen sich wiederholende, strukturierte Aufgaben aus, die ein relativ geringes Maß an Intelligenz erfordern. Sie sind so konzipiert, dass sie einer Reihe von Regeln folgen oder eine vorher festgelegte Abfolge von Vorgängen auf der Grundlage einer bestimmten Eingabe ausführen. Sie können keine komplexen Probleme wie individuelle Kundenanfragen bearbeiten.
Ein Beispiel wäre ein System, das automatisch eine Willkommens-E-Mail an jeden neuen Kunden schickt. Einfachere Chatbots, wie sie über den Facebook-Messenger und andere Social-Media-Anbieter verfügbar sind, fallen ebenfalls in diese Kategorie. Sie können Kunden bei grundlegenden Interaktionen helfen, indem sie sie durch einen definierten Entscheidungsbaum führen, aber sie können die Absichten der Kunden nicht erkennen, keine individuellen Antworten geben oder im Laufe der Zeit aus den Interaktionen lernen.
- **Maschinelles Lernen:** Diese Algorithmen werden anhand großer Datenmengen trainiert, um relativ komplexe Vorhersagen und Entscheidungen zu treffen. Solche Modelle können Bilder erkennen, Texte entschlüsseln, Kunden segmentieren und vorhersagen, wie Kunden auf verschiedene Initiativen, wie Werbeaktionen, reagieren werden. Das maschinelle Lernen ist bereits die

Grundlage für den programmatischen Einkauf in der Online-Werbung, für E-Commerce-Empfehlungsmaschinen und für Modelle der Verkaufschancen in Customer-Relationship-Management(CRM)-Systemen.

Das maschinelle Lernen und seine anspruchsvollere Variante, das Deep Learning, sind die angesagtesten Technologien im Bereich der Künstlichen Intelligenz und werden schnell zu mächtigen Werkzeugen im Marketing. Dennoch ist es wichtig, klarzustellen, dass bestehende Machine-Learning-Anwendungen immer noch nur begrenzte Aufgaben erfüllen und mit großen Datenmengen trainiert werden müssen.

Bei der zweiten Dimension unterscheiden wir ob die KI eigenständig oder integriert in eine Plattform funktioniert:

- **Eigenständige Anwendungen:** Diese sind am besten als klar abgegrenzte oder isolierte KI-Programme zu verstehen. Sie sind getrennt von den primären Kanälen, über die sich Kunden über die Angebote eines Unternehmens informieren, sie kaufen oder Unterstützung bei der Nutzung erhalten, oder von den Kanälen, über die Mitarbeiter diese Angebote vermarkten oder verkaufen. Vereinfacht gesagt, müssen Kunden oder Mitarbeiter einen besonderen Weg außerhalb dieser Kanäle einschlagen, um die KI zu nutzen.
  Ein anschauliches Beispiel dafür ist eine App für die Farberkennung von einem Hersteller für Wandfarbe. Diese kann auf der Basis unterschiedlicher Vorgaben personalisierte Farbempfehlungen erstellen – im Ergebnis würden zwei Nutzer für den gleichen Raum also verschiedene Empfehlungen erhalten. Der Verkauf der Farbe erfolgt dann zwar außerhalb der App, allerdings kann darin natürlich auch eine Verbindung zu den Verkaufsstellen hergestellt werden.
- **Integrierte Anwendungen:** Eingebettet in bestehende Systeme sind diese KI-Anwendungen für die Kunden, Vermarkter und Verkäufer, die sie nutzen, oft weniger sichtbar als eigenständige Anwendungen. So ist das maschinelle Lernen, das in Sekundenbruchteilen entscheidet, welche digitalen Anzeigen den Nutzern angeboten werden sollen, in Plattformen integriert, die den gesamten Prozess des Kaufs und der Schaltung von Anzeigen abwickeln. Das integrierte maschinelle Lernen von Netflix bietet seinen Kunden seit mehr als einem Jahrzehnt Videoempfehlungen; die Auswahl erscheint einfach im Menü der Angebote, die die Zuschauer sehen, wenn sie die Webseite besuchen. Wäre die Empfehlungsmaschine eigenständig, müssten die Nutzer eine spezielle App aufrufen und Vorschläge anfordern.

Die Hersteller von CRM-Systemen integrieren zunehmend Funktionen für maschinelles Lernen in ihre Produkte. Bei Salesforce verfügt die Sales-Cloud Einstein Suite über mehrere Funktionen, darunter ein KI-basiertes Lead-Scoring-System, das B2B-Kundenkontakte automatisch nach ihrer Kaufwahrscheinlichkeit einstuft. Anbieter wie Cogito, die KI für das Coaching von Callcenter-Verkäufern anbieten, integrieren ihre Anwendungen ebenfalls in das CRM-System von Salesforce.

Die Kombination der beiden Arten von Intelligenz und der beiden Arten von Strukturen ergibt die vier Quadranten unseres Rahmens: eigenständige Machine-Learning-Apps, integrierte Machine-Learning-Apps, eigenständige Apps zur Aufgabenautomatisierung und integrierte Apps zur Aufgabenautomatisierung (s. auch Abb. 6.4).

Zu wissen, in welchen Quadranten Anwendungen fallen, hilft, die Einführung neuer Anwendungen zu planen und zu steuern.

6.3.2 KI und Marketing-Automation: das Power-Duo

Marketing-Automation bedeutet wie bereits erläutert große Datenmengen mittels automatisierter Abläufe tiefgehend zu analysieren und daraus zielgerichtete Erkenntnisse zu gewinnen. Dass das über manuelle Verfahren nicht wirtschaftlich, effektiv und fehlerfrei durchführbar ist, versteht sich von selbst. Nur automatisierte Prozesse, die kein individuelles, menschliches Eingreifen erfordern, können dieser Mammutaufgabe gerecht werden.

Die Komplexität der Aufgabe und die riesigen Datenmengen erschaffen gegenläufige Anforderungsprofile: Big Data erfordert Automation. Die Analyse und Verwertung der Daten erfordert intelligentes Vorgehen. Lange Zeit waren Marketing-Automation und intelligente Abläufe unvereinbare Paradigmen – bis Künstliche Intelligenz die Bühne betrat. Sie erlaubt die intelligente Auswertung von großen Datenmengen.

Vereinfacht ausgedrückt: KI ist das Verfahren, das Maschinen in die Lage versetzt, zu lernen und selbsttätig Lösungsansätze zu entwickeln. Auf Marketing-Automation angewendet bedeutet das: Maschinelles Lernen versetzt die Marketing-Automation-Lösung in die Lage, das Kundenverhalten zu beobachten, zu analysieren und auszuwerten, um daraus Muster abzuleiten. Die Mustererkennung ist der erste Schritt zu individualisierten und bei Bedarf proaktiven Abläufen, um unerwünschte Prozesse im Vorfeld zu vermeiden oder laufende

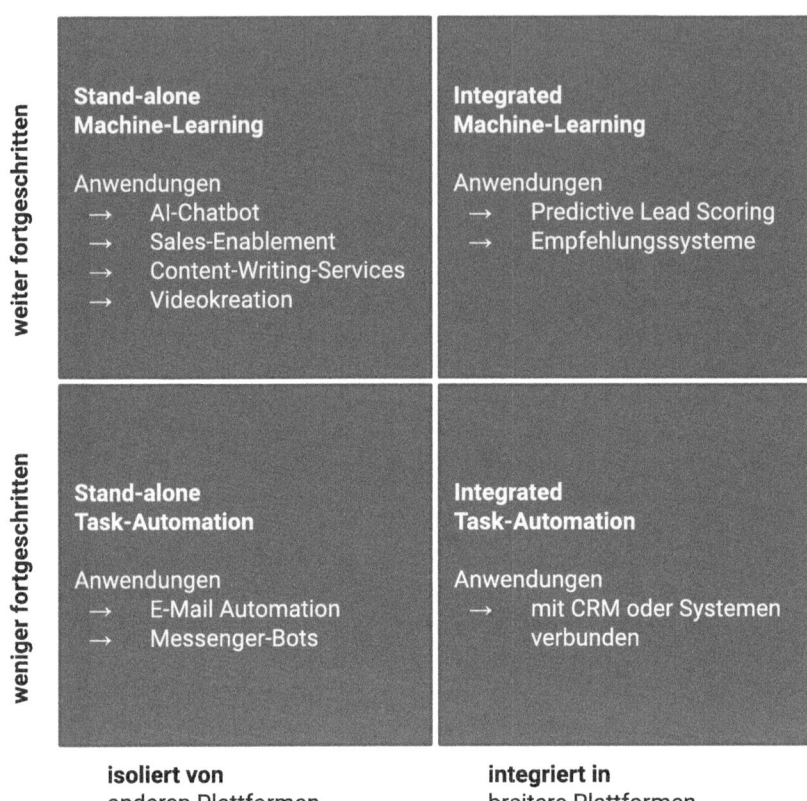

Abb. 6.4 Einteilung von KI-Marketing-Anwendungen

Prozesse zu optimieren. Dadurch wird die Marketingabteilung beim routinemäßigen Monitoring entlastet, was Freiräume für die kreative Arbeit an Konzepten, Strategien und Kampagnen schafft.

Neue Qualität bei der Kundenansprache
Das automatisierte System kann deine Mitarbeiter nicht nur von aufwendigen und wiederkehrenden Arbeitsschritten befreien. Eine wesentliche Rolle spielt auch der Umstand, dass KI frei von Emotionen und Vorurteilen agiert und sehr konsistent kommuniziert. Die gewonnenen Erkenntnisse beruhen ausschließlich auf der objektiven Faktenlage.

Die Frage, auf welchen Kanälen der Kundendialog ablaufen soll, welcher Content zum Einsatz kommen soll, ob Anreize sinnvoll sind – das alles kann ein menschlicher Anwender nur kompetent beantworten, wenn er die gesamte Kundenhistorie kennt. Und die ist individuell für jeden Kunden. KI-Lösungen halten diese Informationen jederzeit vollständig bereit – entsprechend kompetent und zielgerichtet ist die Entscheidung zum jeweiligen Einsatz der richtigen Content-Bausteine.

Künstliche Intelligenz macht einen alten Traum des Marketings wahr: Einen persönlichen Betreuer für jeden einzelnen Kunden – so zumindest lässt sich die Wahrnehmung des Kunden beim richtigen Einsatz der Mittel steuern. Dieser evolutionäre Schritt wirkt sich direkt auf die Ergebnisse aus – von der Lead-Gewinnung und den Konversionen bis hin zu Umsatz und Kundenbindung.

Die Künstliche Intelligenz birgt allerdings auch eine Gefahr in sich: das blinde Vertrauen in ein selbsttätig agierendes System. Auch einem noch so fortschrittlichen System solltest du mit einem gesunden Misstrauen gegenübertreten. Mit anderen Worten: Vertrauen ist gut, Kontrolle ist besser. Eine KI-gestützte Marketing-Automation sollte ständigen Plausibilitätsprüfungen unterliegen. Sind die gewonnenen Erkenntnisse plausibel? Entsprechen sie Informationen aus anderen Quellen?

Einsatzgebiete der KI bei der Marketing-Automation
Grundsätzlich können die Stärken der Künstlichen Intelligenz insbesondere in drei Bereichen genutzt werden:

- **Strategieentwicklung:** Das System spricht Empfehlungen zu geeigneten Inhalten, Zielgruppen und Kanälen aus.
- **Assistenzfunktionen:** Das System bietet Verfahren an, die den Unternehmer bei seiner Arbeit unterstützen.
- **Nachbearbeitung:** Das System liefert Analysen zum Kundenverhalten, um daraus Muster abzuleiten oder aussichtsreiche Kundengruppen auszumachen.

KI in der Marketing-Automation funktioniert wie ein Assistent, der Daten erhebt, aufbereitet und die daraus gewonnenen Erkenntnisse vorlegt. Im Gegensatz zu einem menschlichen Assistenten beobachtet die Künstliche Intelligenz allerdings den gesamten Lead-Bestand und liefert die Ergebnisse in Echtzeit. So erhalten z. B. Leads im Rahmen der Customer-Journey immer wieder genau jene Inhalte, die für sie besonders relevant sind. Dabei übernimmt die KI im Hintergrund die Qualifizierung der Leads. Bestimmte Muster lassen sich auf diese Weise erkennen und zuordnen.

Künstliche Intelligenz in der Marketing-Automation löst den Widerspruch zwischen der Automatisierung bei der Auswertung großer Datenbestände und des intelligenten Umgangs mit den gewonnenen Erkenntnissen auf. Die wesentlichen Faktoren dabei sind die Individualisierung auch größter Kundenbestände und die Auswertung in Echtzeit. Das erlaubt einerseits das individuelle Eingehen auf das Verhalten einzelner Kunden und andererseits das zeitnahe Aufsetzen von Kampagnen, um schnell auf aktuelle Entwicklungen reagieren zu können.

Plattformunabhängigkeit

Speziell bei der Einführung von KI in einem Unternehmen kann es sinnvoll sein, sich zunächst auf die alleinstehenden Anwendungen zu fokussieren, die unabhängig von anderen Systemen fokussieren. Unternehmen profitieren in der Regel davon, wenn solche Anwendungen in ganz bestimmten Bereichen eingesetzt werden. Hier lassen sich dann Berichte und Analysen generieren, die bei weiteren Entscheidungen sehr hilfreich sind. Speziell im Marketing ist es etwa möglich, mithilfe von alleinstehenden Anwendungen große Datenmengen zu durchsuchen. So kannst du etwa das Kaufverhalten der Kunden in einem Onlineshop über die vergangenen Jahre genau analysieren – wenn die entsprechenden Daten noch vorhanden sind.

In vielen Unternehmen sind solche Möglichkeiten der erste Schritt auf dem Weg zur Einführung von KI. Wer ausreichend Erfahrung damit gesammelt hat, kann dann im nächsten Schritt Künstliche Intelligenz auch im Rahmen von anderen Anwendungen nutzen.

Ungehinderter Datenfluss

Unternehmen verwenden in der Regel viele verschiedene Softwarelösungen. Nicht nur im Marketing ist es deshalb wichtig, dass die an einer Stelle gesammelten Daten auch in anderen Anwendungen genutzt werden können. Integrierte Anwendungen sind heute längst nicht mehr nur für Programmierer entscheidend.

Was das in der Praxis bedeutet, lässt sich an einem Beispiel erläutern. Besucher auf der Webseite deines Unternehmens können sich dort ein Whitepaper herunterladen oder für ein Webinar registrieren. Dafür müssen der Name, die E-Mail-Adresse und vielleicht noch weitere Daten angegeben werden. Diese sollten dann möglichst automatisch in eine Software übertragen werden, die zur Verwaltung von Leads genutzt wird – wie beispielsweise Hubspot oder Salesforce.

Wird aus dem Lead dann tatsächlich ein Kunde, der etwas bestellt, muss eine Rechnung erstellt werden. Diese wird wiederum mit einer anderen Software generiert – allerdings liegen die Kontaktdaten des neuen Kunden im Idealfall schon vor, diese müssen lediglich von einer Datenbank in ein andere übertragen werden. Was relativ einfach klingt, ist in der Praxis oft sehr komplex. In vielen Fällen gibt es hohe Hürden, wenn verschiedene Programme reibungslos zusammenarbeiten sollen. Künstliche Intelligenz kann bei der Integration von Software enorm helfen. Damit lassen sich schließlich auch mit einem vertretbaren Aufwand individuelle Lösungen für die Anforderungen in einem bestimmten Unternehmen finden.

6.3.3 Kontrolle über die Datenschnittstellen

Unternehmen nutzen heute eine Vielzahl an Technologien, um kreative Marketingaufgaben zu erledigen: eine Content-Management-Lösung (CMS) für die Arbeit an der Website, eine Marketing-Automation-Plattform für den Versand von E-Mail-Sequenzen beim Onboarding usw. So ist es ist nicht ungewöhnlich, dass man schnell auf 30 und mehr verschiedene Technologien und Anwendungen kommt.

Unabhängig davon, wie viele Plattformen wir täglich nutzen, müssen wir in der Lage sein, unsere Arbeit zu erledigen – und zwar ohne darüber nachzudenken, wie diese Plattformen funktionieren. Im Grunde genommen brauchen wir eine Technologie, die uns vergessen lässt, dass wir eine Technologie nutzen.

Diese Nutzerfreundlichkeit setzt voraus, dass die Technologien, die wir einsetzen, im Kern Application Programming Interfaces (APIs) haben, sodass verschiedene Plattformen miteinander verbunden werden können und so gegenseitig kommunizieren respektive Daten austauschen können. Mit APIs fühlt es sich nicht so an, als würden wir 30 verschiedene Technologien verwenden, sondern als würden wir mit einer ganzheitlichen Lösung produzieren und gestalten, die die Funktionalität von 30 verschiedenen Produkten hat.

Was sind APIs?
Eine API, die Anwendungsprogrammierschnittstelle, ist der Zugang zu den Daten einer Software, die es verschiedenen Anwendungen ermöglicht, miteinander zu kommunizieren. Eine API ist ein Dolmetscher, welche die Art und Weise definiert, wie zwei Programme sich miteinander austauschen, ein Stück Softwarecode, das in Form einer Reihe von XML-Nachrichten geschrieben wurde. Jede XML-Nachricht entspricht einer Anweisung, wie Daten ausgetauscht werden.

Wenn du eine Softwarefunktion ausführst oder wenn du nach der Eingabe einer URL die Eingabetaste drückst, kommuniziert dein Browser mit dem Remote-Server, von dem die Anwendung stammt. In diesen Fällen konvertieren APIs die Anfragen – die Formatierung und die Codes – sowohl des Servers, der die Software bereitstellt, als auch die auf den Servern der vielen Nutzer.

Diese APIs kommunizieren völlig unsichtbar für Webseitenbesucher und Software-Nutzer. Ihre Aufgabe ist es, still im Hintergrund zu laufen und dafür zu sorgen, dass Anwendungen miteinander arbeiten, um dem Nutzer die gewünschten Informationen oder Funktionen zur Verfügung zu stellen. APIs ermöglichen es allen Software-Nutzern, unabhängig von ihren technischen Kenntnissen, mit allen Arten von Programmen zu arbeiten, unabhängig von den Programmiersprachen oder den komplexen Formaten, die für die Entwicklung verwendet wurden. Mit einer offenen API als Grundlage verfügt die Plattform über die nötige Flexibilität, um mit nahezu jeder anderen Marketingtechnologie integriert zu werden.

Achte deshalb auf „API first"-Marketingtechnologien, damit du dich nicht mit den Feinheiten jeder Plattform auseinandersetzen und teure Schnittstellen selbst entwickeln lassen musst.

Etappenziel

Die Marketingorganisation war schon immer dem schnelllebigen Wandel unterworfen. Was gestern noch ein bewährtes Vorgehen war, ist heute oft schon Schnee von gestern. Neue Technologien bringen innovative Vermarktungsansätze hervor. Eines steht fest: Die größten Veränderungen wird es in den Bereichen Datennutzung, Kommunikation und Content geben.

Für viele B2B-Unternehmen ist es allerdings nicht leicht, konsequent auf die Veränderung im Marketing zu reagieren. Schließlich nimmt bereits das Tagesgeschäft einen Großteil der verfügbaren Ressourcen in Anspruch. Der **Einsatz von Marketing-Automation** ist daher nicht nur ein Vorteil, sondern in Zukunft auch erfolgsentscheidend. Bedenke aber stets: Eine gesunde **Prozessdisziplin** ist in manchen Fällen zumindest genauso effizient wie blindes Automatisieren.

Auch die Entwicklung von **Künstlicher Intelligenz (KI)** wird unser Leben zukünftig enorm beeinflussen. Führende Unternehmen nutzen bereits heute KI als Werkzeug, um bionische Marketingfähigkeiten zu schaffen und einen neuen Go-to-Market-Ansatz mit einer viel engeren Integration von Vertrieb und Marketing zu implementieren. Die Frage ist also nicht, ob du solche Technologien einsetzen sollst, sondern wann. Am Ende siegt das

B2B-Unternehmen, das am schnellsten auf die ständigen Veränderungen im Kundenverhalten reagiert.

Für dieses Kapitel stehen die Planungsbausteine, Checklisten und Fallbeispiele unter nachfolgendem Link zum Download bereit. Alles, was du benötigst, um die Prozesse auf ein Blatt Papier zu bringen, sind ein gedrucktes Exemplar der B2B-Roadmap und ein paar Post-its:

Die zwei Downloads für das Kap. 6 – Automation: b2broadmap.com/baustein/automation

- Der Marketing-Automation-Canvas
- Die passende KI für dein Marketing
- Die komplette Checkliste für die Automatisierung von Marketing & Sales

Weiterführende Links und praktisches Fachwissen sind in Form von umsetzbaren Inhalten, Fallbeispielen, Online-Kursen und ausführlichen Ressourcen unter b2broadmap.com verfügbar.

Literatur

bvik. (2020). *bvik Trendbarometer Industriekommunikation 2020*. bvik. https://bvik.org/bvik-trendbarometer-industriekommunikation-ergebnisse-2020/. Zugegriffen: 13. Jan. 2022.

Eisenach, C. (2020). *So kommt es heraus, wenn eine KI für higgs schreibt*. higgs. https://www.higgs.ch/so-kommt-es-heraus-wenn-eine-ki-fuer-higgs-schreibt/32708/. Zugegriffen: 13. Jan. 2022.

GPT-3. (2020). A robot wrote this entire article. Are you scared yet, human? *The Guardian*. 8. September 2020. https://www.theguardian.com/commentisfree/2020/sep/08/robot-wrote-this-article-gpt-3. Zugegriffen: 13. Jan. 2022.

Hannig, U. (2017). *Marketing und Sales Automation: Grundlagen – Tools – Umsetzung. Alles, was Sie wissen müssen*. Springer Gabler.

Kehlmann, D. (2021). *Mein Algorithmus und Ich*. Klett Cotta.

Tieben, R. (2019). Datengetrieben statt regelbasiert: Die Vollautomatisierung von Kampagnen ist die Zukunft https://www.thinkwithgoogle.com/intl/de-de/zukunft-des-marketings/management-und-unternehmenskultur/vielfalt-und-inklusion/datengetrieben-statt-regelbasiert-zukunftsfaehig-mit-automatisierten-kampagnen/Zugegriffen: 13. Jan. 2022.

Zumstein, D., Oswald, C., Gasser, M., Lutz, R., & Schoepf, A. (2021). *Marketing Automation Report 2021: Lead Generierung und Lead Qualifizierung durch datengetriebenes Marketing im B2B*. https://www.pedalix.com/de/marketing-automation-report-2021. Zugegriffen 13. Jan. 2022.

Zumstein, D., Oswald, C., Gasser, M., Mäder, L., Thüring, U., & Völk, K. (2022). *Marketing Automation Report 2022*. https://www.pedalix.com/de/marketing-automation-report-2022. Zugegriffen 13. Jan. 2022.

Ziel (Schlusswort) 7

Der US-amerikanische Profi-Radrennfahrer Greg LeMond sagte einst: „Mein Sport ist wie Schach auf dem Fahrrad. Über Sieg und Platz entscheidet (ein) langfristiger Plan (und eine) Strategie, kurz: der Kopf." (https://www.covadonga.de/php/schlagwort.php) Genau dieser Plan, kombiniert mit hartem Training und einem unglaublichen Willen, führte dazu, dass er nicht nur als erster Nichteuropäer die Tour de France gewann, sondern dies nach einem schweren Jagdunfall auch noch zweimal in Folge wiederholte.

Mit der B2B-Roadmap geben wir dir einen solchen Plan an die Hand, mit dem du dein Unternehmen auf das nächste Level bringen kannst. Moderne B2B-Marketing- und Salesprozess aufzubauen, ist aufwendig und komplex. Die B2B-Roadmap ist eine Schritt-für-Schritt-Anleitung für Unternehmer für die Planung, Steuerung und Skalierung von digitalem Marketing und Sales. Du erreichst damit ein Umsatzwachstum und einen Wettbewerbsvorteil durch Automation, ohne hohe Investitionen in Ressourcen.

Wie bei jeder Abenteuerreise läuft aber nicht immer alles nach Plan und sicher muss auch mal ein Umweg gemacht werden. Mit der B2B-Roadmap kannst du sicherstellen, dass du in die richtige Richtung gehst und das große Ganze nicht aus den Augen verlierst. Hier deshalb nochmals die drei wichtigsten Punkte:

1. **Du brauchst Regelmäßigkeit auf allen Ebenen:** Nicht nur bei einem Radrennen ist ein guter Rhythmus entscheidend. Auch für dein Unternehmen gilt: Sorge stets für Regelmäßigkeit. Nur, wenn du deine Webseitenbesucher und Leads kontinuierlich mit relevanten Inhalten versorgst und ihnen den Mehrwert lieferst, den sie verdienen, werden sie am Ende zu zahlenden Kunden – und du zum Thought-Leader deiner Branche. Doch auch bei der Analyse von Daten ist Regelmäßigkeit gefragt. Nur wenn du weißt, wie sich

deine aktuellen Zahlen entwickeln, kannst du sinnvolle Entscheidungen treffen. Dabei genügt es, wenn du dich auf wenige, aber aussagekräftige Zahlen beschränkst und diese dafür regelmäßig und im Zeitverlauf analysierst.
2. **Setze auf abteilungsübergreifende Teamarbeit:** Nicht nur Datensilos sind tunlichst zu vermeiden, auch das „Gärtchendenken" der einzelnen Abteilungen sollte ab sofort der Vergangenheit angehören. Um eine erfolgreiche Marketing- und Salesstrategie zu entwickeln und diese mittels Marketing-Automation skalierbar zu machen, müssen insbesondere Marketing und Vertrieb an einem Strang ziehen.
3. **Sorge für Engagement:** Relevante Inhalte alleine reichen nicht aus, um als Experte wahrgenommen zu werden. Erst, wenn sich deine Zielgruppe mit diesen auch auseinandersetzt und mit deinem Unternehmen interagiert, erhält deine Strategie den nötigen Boost. Langfristig sorgt aktives Engagement dafür, dass dein Unternehmen von Interessenten direkt kontaktiert wird. Unterschätze daher niemals die Macht des Engagements.

Doch alle Tipps und Konzepte bringen letztlich nichts, wenn du sie nicht umsetzt. Mit diesem Buch wollen wir dich dazu ermutigen, die Reise Schritt für Schritt in Angriff zu nehmen. Wenn wir von Stefan eines gelernt haben, dann, dass ein holpriger Start immer noch besser ist als gar keiner. Oder um es mit den Worten des niederländischen Schriftstellers Tim Krabbé auszudrücken: Die großen Fahrer haben bessere Räder als wir, sie haben teurere Schuhe und eine größere Auswahl an Radlerhosen. Aber sie haben dieselben Straßen.

In diesem Sinne: gute Fahrt und viel Erfolg!
Laura Mäder & Marc Gasser

The manufacturer's authorised representative in the EU is Springer Nature Customer Service Centre GmbH, Europaplatz 3, 69115 Heidelberg, Germany. If you have any concerns regarding our products, please contact ProductSafety@springernature.com

Printed and bound by CPI Group (UK) Ltd, Croydon, CR0 4YY

25/03/2026

02078196-0013